Sermões sobre
CRISTO EXALTADO

Sermões sobre
CRISTO EXALTADO

de

Jonathan Edwards

Originally published in English under the title
Christ Exalted Sermons of Jonathan Edwards, by Jonathan Edwards
Copyright © 2017 Hendrickson Publishers Marketing, LLC
Peabody, Massachusetts 01961-3473, U.S.A

Coordenação editorial: Adolfo A. Hickmann
Tradução: Dâmaris Medeiros Cipriano
Revisão: Dalila de Assis, João Ricardo Morais, Marília Pessanha Lara, Lozane Winter
Projeto gráfico e capa: Audrey Novac Ribeiro
Diagramação: Audrey Novac Ribeiro

Dados Internacionais de Catalogação na Publicação (CIP)

Edwards, Jonathan, 1703–58.
Sermões sobre Cristo exaltado
Tradução: Dâmaris Medeiros Cipriano — Curitiba/PR, Publicações Pão Diário
Título Original: *Christ Exalted Sermons of Jonathan Edwards*
1. Cristocentricidade   2. Teologia   3. Estudo bíblico   4. Salvação

Proibida a reprodução total ou parcial sem prévia autorização, por escrito, da editora.
Todos os direitos reservados e protegidos pela Lei 9.610, de 19/02/1998.
Permissão para reprodução: permissao@paodiario.com

Exceto quando indicado o contrário, os trechos bíblicos mencionados são da edição
Almeida Revista e Atualizada © 2009 Sociedade Bíblica do Brasil.

Publicações Pão Diário
Caixa Postal 4190,
82501-970 Curitiba/PR, Brasil
publicacoes@paodiario.org
www.publicacoespaodiario.com.br
Telefone: (41) 3257-4028

Código: QN874
ISBN: 978-65-5350-107-2

1.ª edição: 2023

Impresso na China

SUMÁRIO

Prefácio 9

Segurança, plenitude e doce
    refrigério em Cristo 21

A excelência de Cristo 61

Jesus Cristo é o mesmo ontem,
    hoje e eternamente 115

Cristo exaltado 145

Verdadeiros santos, quando ausentes do corpo,
    habitam com o Senhor 169

Cristo, o exemplo dos ministros 225

A agonia de Cristo 251

> Se formos zelosos e dedicados em promover a religião, mas não tivermos o cuidado de distinguir a verdadeira da falsa, correremos o risco de trazer mais danos do que benefícios com o nosso zelo e atividade.

JONATHAN EDWARDS
(1703–58)

PREFÁCIO

O tipo de religião que Deus exige e aceitará não consiste em "desejos" débeis, tediosos e inertes — aquelas inclinações fracas que carecem de convicção — que nos elevam a apenas um pouco acima da indiferença. Em Sua Palavra, Deus insiste fortemente em que sejamos sinceros, fervorosos de espírito e que o nosso coração esteja comprometido vigorosamente com a nossa religião: "...sede fervorosos de espírito, servindo ao Senhor" (ROMANOS 12:11).[1]

—JONATHAN EDWARDS

JONATHAN EDWARDS é considerado um dos maiores teólogos dos EUA, um pensador e filósofo que compreendeu profeticamente o impacto que o pensamento iluminista e o esforço científico teriam no pensamento e na experiência cristã.

---

[1] Tradução livre de trecho selecionado do livro *A Treatise Concerning Religious Affections* (1746), de Jonathan Edwards.

SUA ÉPOCA

Edwards nasceu apenas 83 anos após o *Mayflower*[2] haver encontrado um porto seguro na baía de Plymouth, no lado oeste da baía de Cape Cod, em Massachusetts. Menos de metade dos 102 passageiros dessa famosa viagem eram separatistas ingleses — os que buscavam purificar a estabelecida Igreja Anglicana e, por seus esforços, foram perseguidos e expulsos da Inglaterra. Conhecidos como Puritanos, sua fé e seus valores foram codificados no *Pacto do Mayflower* e acabaram se tornando a base do código civil da Nova Inglaterra e a própria estrutura de sua sociedade e vida.

Dedique um momento para imaginar a época. Nos tempos de Jonathan Edwards, as colônias da América do Norte não eram unidas. De fato, estavam separadas por religião, política e países de origem. Cada colônia tinha seus próprios valores e leis distintos, sua própria população de imigrantes, sua própria indústria e comércio. A Nova Inglaterra era apenas isto: Nova *Inglaterra*. Eles eram ingleses com a intenção de criar uma comunidade piedosa em uma nova terra — o tipo de governo e sociedade indisponíveis para eles na Inglaterra.

Na época de Edwards, as colônias estavam fortemente ligadas à Europa, principalmente à Inglaterra, e tais laços foram testados repetidamente. Às vezes, esses laços eram fortemente controlados por tropas inglesas e governadores que pretendiam manter o domínio sobre as colônias e obter o máximo possível de receita para a Coroa. Em outros períodos, as

---

[2] Navio que transportou um grupo de famílias inglesas, os peregrinos, para o Novo Mundo (EUA), em 1620.

colônias pareciam ser deixadas à própria sorte, para estabelecer seu próprio governo e tomar suas próprias decisões.

Em 1700, a população europeia de todas as colônias norte-americanas era de 250 mil habitantes; 91 mil viviam na Nova Inglaterra. Em 1775, a população das colônias havia aumentado para 2,5 milhões de pessoas. Durante a vida de Edwards, as colônias experimentaram um considerável crescimento com todas as pressões e dificuldades a ele inerentes, particularmente na Nova Inglaterra, onde tudo — seus valores, suas leis, sua própria sociedade — era definido e projetado à luz do cristianismo puritano.

Eis de novo a palavra *puritano*. Atualmente ela é distorcida, tendo passado a referir-se, em grande parte, a condutas em relação à prática sexual que deveriam ser, na verdade, creditadas aos vitorianos. Os valores puritanos diziam respeito a famílias fortes, comportamento ético e moral e uma forte ética de trabalho; suas leis codificavam a conduta esperada de um povo piedoso. Embora possa, pelo menos durante algum tempo, influenciar o comportamento, a lei é incapaz de garantir que o coração dos cidadãos seja justo. Não era diferente na Nova Inglaterra.

A colônia de Massachusetts presumia que todos os colonos eram ou deveriam ser cristãos protestantes. Na verdade, ela insistia nisso, proibindo imigrantes católicos romanos ou que não pertencessem ao aprisco. Particularmente no início, boa parte dos primeiros colonizadores foi para lá a fim de escapar de perseguição religiosa. Sua fé era vital e pessoal. Afinal, a fé nominal é inimaginável em uma igreja perseguida. Porém, nos primeiros cem anos da colônia — na época em que Edwards estava pronto para iniciar seu ministério —, os

Puritanos não eram mais a igreja perseguida. Em vez disso, tornaram-se a igreja estabelecida, com todos os benefícios decorrentes, incluindo poder e as receitas de impostos sendo coletadas para sustentar a igreja. E, em uma igreja estabelecida, a fé nominal se torna a norma.

Edwards enfrentou uma geração abastada e feliz, com seus negócios florescentes e uma vida relativamente pacífica. Era uma geração repleta de apatia, materialismo e mundanismo, cuja vida espiritual estava longe da fé vibrante dos colonos que haviam partido da Inglaterra apenas duas gerações antes. Confrontar essa apatia espiritual se tornaria o motivo dos esforços de Edwards.

SUA INFÂNCIA

Jonathan Edwards nasceu em East Windsor, Connecticut, o quinto de 11 filhos e o único filho homem — filho e neto de pastores congregacionais. Ele era um ótimo estudante, fluente em hebraico, grego e latim desde os 13 anos. Era também talentoso em ciências naturais e metodologia científica, além de filosofia. Ele entrou na *Collegiate School of Connecticut* (mais tarde, *Yale*), em 1716, para continuar sua educação formal e se formou como primeiro da classe, em 1720. Imediatamente a seguir, começou seus estudos de teologia. Ele serviu durante um curto período como pastor de uma igreja presbiteriana na cidade de Nova Iorque e depois voltou para *Yale*, em 1724, para tornar-se tutor sênior.

Em 1726, Edwards aceitou um convite da igreja congregacional em Northampton, Massachusetts, para servir como pastor auxiliar de seu avô, Solomon Stoddard. Stoddard era um clérigo altamente respeitado, amado por seus fiéis e respeitado pelos nativos americanos. Edwards serviria nessa igreja durante 23 anos, até muito depois da morte de seu avô, em 1729.

SUA VIDA FAMILIAR

Em 1727, Jonathan Edwards desposou Sarah Pierrepont, uma jovem que ele conhecera quando estudava teologia em *Yale*. O casamento deles era notável para os padrões de qualquer época. Edwards adorava sua esposa Sarah, a quem chamava "minha querida companheira". Juntos, eles criaram um lar amoroso e uma família próspera, um porto seguro onde Edwards conseguia estudar e trabalhar. Sarah o complementava. Ela era prática e socialmente hábil, enquanto ele era distraído e intelectual. O casamento deles era repleto de companheirismo, conversas animadas e alegria. Edwards e Sarah eram mutuamente atenciosos e disponíveis; acalentavam um ao outro, gostavam um do outro e valorizavam um ao outro.

Como tudo que fazia, Edwards era intencional acerca de sua vida familiar. Edwards e Sarah tiveram 11 filhos, que viveram até a idade adulta. Ele dava prioridade à família, passando com os filhos a hora que precedia o jantar rotineiramente, todas as noites. Quando viajava, Edwards levava consigo um dos filhos. Frequentemente, à tarde, Edwards e Sarah andavam a cavalo, momento em que as tarefas e responsabilidades não interrompiam a conversa. Cada um deles reconhecia que sua família e seu relacionamento eram dignos da mesma atenção dada ao estudo ou ao trabalho.

SEU MINISTÉRIO

Jonathan Edwards está inseparavelmente ligado ao avivamento espiritual denominado "Grande Despertamento", pois foi sob a sua pregação em Northampton, Massachusetts, que o Despertamento chegou em 1734. Edwards havia sucedido seu avô Solomon Stoddard como pastor da Igreja Congregacional em Northampton. O próprio Stoddard foi um grande avivalista, pregando em cinco avivamentos sucessivos. Porém, ao assumir o púlpito em 1729, Edwards descobriu que as pessoas eram "muito insensíveis às coisas da religião" — sua fé era seca, insípida e impotente.

Há uma espécie de ironia nessa história. Uma das razões para a grande popularidade de Stoddard é ele ter abrandado os requisitos para filiação à igreja: em vez de prova de conversão, ele abriu os sacramentos a todos, exceto às pessoas cuja vida era abertamente escandalosa. Na prática, essa "aceitação geral" eliminou a necessidade de uma experiência espiritual pessoal com Jesus Cristo. Embora pudesse ser argumentada como necessária a uma sociedade que se definia somente em termos cristãos, tal política acabou servindo para afastar as pessoas da fé, ao invés de as aproximar dela.

Por outro lado, por experiência pessoal e por seus estudos, Edwards tinha uma compreensão íntima de que era possível tornar Deus conhecido deles e que a verdadeira "religião" seria encontrada somente por meio de um relacionamento pessoal com o Senhor. Edwards começou a pregar e, embora isto tenha demorado vários anos, ele começou a ver transformações em 1733. Em 1734, pregou uma série de sermões acerca da justificação pela fé e, no final do referido ano, a centelha havia sido acesa em Northampton.

O avivamento já vinha ocorrendo em Nova Jersey, pela ação de Deus e pelos esforços de Theodore Frelinghuysen e Gilbert Tennent, incentivando as pessoas a saírem de sua letargia espiritual. A mensagem de avivamento era: "A moralidade exterior não é suficiente para a salvação. É necessária uma transformação interior". Atualmente, essa mensagem é muito comum aos ouvidos protestantes norte-americanos, mas, no século 17, era uma palavra nova para as pessoas que dependiam de sua moralidade, de suas ações exteriores e de sua conformação ao comportamento "cristão" para garantir seu lugar no reino de Deus.

O avivamento tomou força em Northampton, espalhando-se por toda a região e até mesmo em Connecticut, a província vizinha. Edwards continuou sua pregação, e Deus continuou abençoando. Em 1740, o Despertamento explodiu por meio da atuação do anglicano George Whitefield, que veio a Boston para sua segunda visita às colônias; dessa vez, uma viagem evangelística de seis semanas pela Nova Inglaterra. Edwards ainda permanecia como figura central, mas Whitefield se tornou o instrumento de expansão, trazendo o avivamento mais generalizado que as colônias já haviam vivenciado.

Em 1750, a proeminência pública do Despertamento havia diminuído. Nesse mesmo ano, após 23 anos de pastorado, a igreja de Northampton exonerou Edwards do cargo. O motivo? Ele queria mudar a política de "aceitação geral" aos sacramentos, iniciada por seu avô. A insistência de Edwards em que "somente pessoas que haviam feito uma profissão de fé poderiam ser admitidas à Ceia do Senhor" enfureceu seus paroquianos, e ele foi convidado a se retirar.

Após alguns escassos meses de desemprego, Edwards encontrou um novo trabalho notável: ser pastor de colonos e missionário entre os índios em Stockbridge, um trabalho iniciado por David Brainerd na fronteira oeste de Massachusetts. Em 1757, ele foi eleito presidente do *College of New Jersey* (Princeton) e, posteriormente, mudou-se para iniciar seu trabalho lá, deixando Sarah em Stockbridge a fim de terminar de embalar a mudança. Poucos meses depois de chegar ao seu novo posto, irrompeu-se uma epidemia de varíola, e Edwards decidiu receber a nova (e arriscada) vacina contra a doença. Pouco tempo depois, em 22 de março de 1758, morreu por conta de complicações decorrentes da vacina. Suas últimas palavras em uma mensagem à sua amada Sarah foram:

> *Diga à minha querida esposa que eu a amo muito e que a união incomum que subsistiu entre nós, durante tanto tempo, foi de uma natureza que eu creio ser espiritual e, portanto, continuará eternamente.*

SEU LEGADO

Embora fortemente associado ao "Grande Despertamento"[3], o legado de Edwards excede em muito o alcance dessa extraordinária obra da graça de Deus nos Estados Unidos. Foi Jonathan Edwards quem lutou, à luz do ensino bíblico e

---

[3] Ocorrido entre 1730 e 1740, no vilarejo de Northampton, Massachusetts (na época uma das 13 colônias inglesas na América do Norte).

da experiência cristã, com as novas questões da descoberta científica, o Iluminismo e a era da razão. Foi Edwards quem enfrentou o emergente clima de racionalismo humanista contra o ensino do Deus pessoal e amoroso. Foi Edwards quem desenvolveu os temas singularmente norte-americanos de uma nação redentora e um povo da aliança, tema que ainda hoje ecoa na mente dos desse povo. Foi Edwards quem abordou o problema da morte espiritual, reconhecendo a necessidade de uma experiência religiosa pessoal e de abraçar a obra sobrenatural do Espírito Santo para despertar e iluminar o coração.

Edwards deixou um legado extraordinário. Ele registrou suas observações do "Grande Despertamento" em várias obras, incluindo *A surpreendente obra de Deus* (1736 – Ed. Shedd, 2017), *A verdadeira obra do Espírito* (1741 – Ed. Vida Nova, 2010) e *Alguns pensamentos sobre o atual reavivamento da religião na Nova Inglaterra* (1742).

Em 1746, ele escreveu seu livro mais famoso: *Afeições religiosas* (Ed. Vida Nova, 2018). Nele, Edwards examina a importância das "afeições" religiosas ou das paixões que "são a mola que põe o ser humano em ação", argumentando persuasivamente que a verdadeira religião reside no coração, o lar das afeições, emoções e inclinações. Durante seu tempo em Stockbridge, Edwards terminou de escrever *A liberdade da vontade e a natureza da verdadeira virtude* e iniciou sua grande *História da obra de redenção*, que ficou inacabada.

E, é claro, Edwards deixou seus sermões. Muito provavelmente, seu sermão mais lembrado seja "Pecadores nas mãos de um Deus irado" (incluído nesta coletânea), frequentemente usado como exemplo da obsessão dos puritanos quanto à condenação eterna e por um Deus colérico. Na verdade, ele é uma chamada ao arrependimento, feita a um público que não nutria a aversão e as dúvidas deste século acerca da realidade do juízo final decretado por Deus. Entretanto, de fato, esse sermão é atípico da pregação de Edwards. Ele falava com mais frequência sobre o amor de Deus e das alegrias da vida cristã do que acerca do fogo do inferno.

A pregação de Edwards refletia duas de suas crenças fundamentais. A primeira: Deus é o centro de toda experiência religiosa — não a humanidade, a razão ou a moralidade. Conforme observado por certo escritor: "semelhantemente à sua teologia, o universo de Edwards é implacavelmente centrado em Deus". A segunda: conhecer a Deus não é meramente um entendimento racional — assentimento intelectual às crenças específicas —, e sim um conhecimento sensato — experimentado, percebido. Assim como o sabor da doçura é diferente da compreensão da doçura, de igual forma um cristão não apenas crê que Deus é glorioso, mas também reconhece a glória de Deus em seu coração.

Esta coletânea é uma excelente amostra dos sermões de Edwards durante seu tempo em Northampton e Stockbridge. Alguns são sermões de avivamento, rogando por arrependimento e correção de vida; outros, pastorais; alguns, instrucionais; e outros, escritos para ocasiões específicas. Porém, cada um é um convite brilhante e pessoal para conhecer a Deus por meio do nosso intelecto e por meio das nossas afeições. Trata-se de sermões que desafiam a mente, mas também, e talvez mais importante que isso, compelem-nos a abrir o coração para o doce amor e a alegria disponíveis para nós em nossa vida em Cristo.

> *Ouso dizer que ninguém jamais foi transformado, seja por doutrina, por ouvir a Palavra ou pela pregação e ensino de outros, sem que as suas afeições tenham sido comovidas por estas coisas. Ninguém busca sua salvação, ninguém clama por sabedoria, ninguém luta com Deus, ninguém se ajoelha em oração tampouco foge do pecado se seu coração permanece inalterado. Resumindo, jamais se realizou nada significativo, pelas coisas da religião, sem um coração profundamente afetado por tais coisas.*[4]
>
> —JONATHAN EDWARDS

---

[4] Tradução livre de trecho selecionado do livro *A Treatise Concerning Religious Affections* (1746), de Jonathan Edwards.

SEGURANÇA, PLENITUDE E DOCE REFRIGÉRIO EM CRISTO[5]

E será aquele homem como um esconderijo contra o vento, e um refúgio contra a tempestade, como ribeiros de águas em lugares secos, e como a sombra de uma grande rocha em terra sedenta. (ISAÍAS 32:2 ACF)

Nas palavras dessa passagem, podemos observar:

a) *A pessoa sobre a qual aqui se profetiza e exalta, o Senhor Jesus Cristo, o Rei mencionado no versículo anterior, reinará com justiça.* Esse Rei é profusamente profetizado no Antigo Testamento, e especialmente nessa profecia de Isaías.

---

[5] Originalmente publicado entre o verão de 1728 e o inverno de 1729. Ministrado novamente em 1752.

Previsões gloriosas eram feitas de tempos em tempos pelos profetas a respeito daquele grande Rei que havia de vir. Não há assunto que seja falado de forma tão magnífica e exaltada pelos profetas veterotestamentários como o do Messias. Eles viram o Seu dia, alegraram-se e buscaram diligentemente, com os anjos, essas coisas.

> *Investigando, atentamente, qual a ocasião ou quais as circunstâncias oportunas, indicadas pelo Espírito de Cristo, que neles estava, ao dar de antemão testemunho sobre os sofrimentos referentes a Cristo e sobre as glórias que os seguiriam. A eles foi revelado que, não para si mesmos, mas para vós outros, ministravam as coisas que, agora, vos foram anunciadas por aqueles que, pelo Espírito Santo enviado do céu, vos pregaram o evangelho, coisas essas que anjos anelam perscrutar.*
> (1 PEDRO 1:11-12)

Somos informados de que "será aquele homem como um esconderijo contra o vento", etc. Há uma ênfase nas palavras "aquele homem". Se isso tivesse sido dito sobre Deus, não seria estranho no Antigo Testamento, pois Ele é frequentemente chamado de esconderijo para o Seu povo, um refúgio em tempos de angústia, uma rocha forte e uma torre alta. Mas o que é tão notável é que diz "aquele homem". Contudo, essa é uma profecia sobre o Filho de Deus encarnado.

b) *As coisas aqui preditas sobre Ele e as recomendações feitas sobre Ele.* Ele será "como um esconderijo contra o vento, e um refúgio contra a tempestade", ou seja, será a segurança e a defesa de Seu povo, para quem fugirão em busca de proteção na hora do perigo e da dificuldade. Eles devem fugir para Ele como alguém que está do lado de fora e, ao ver uma terrível tempestade surgindo, corre para um abrigo a fim de se proteger; desse modo, por mais furiosa que seja tal tempestade, ele estará seguro lá dentro, e o vento e a chuva, embora possam bater impetuosamente contra o telhado e as paredes, não o perturbarão.

Ele será como "ribeiros de águas em lugares secos". Esta é uma alusão aos desertos da Arábia, que eram extremamente quentes e secos. Pode-se viajar muitos dias para lá e não ver nenhum sinal de rio, córrego ou nascente, nada além de um deserto árido e ressecado, de modo que os viajantes estão prontos para serem consumidos pela sede, como os filhos de Israel estavam quando passaram por esse deserto e desmaiavam por não haver água. Agora, quando alguém encontra Jesus Cristo, é comparado a um viajante daqueles desertos, já quase consumido pela sede, e que encontra um rio de água limpa e fresca. E Cristo foi tipificado pelo rio de água que saiu da rocha para os filhos de Israel no deserto: Ele é comparado a um rio, pois há abundância e plenitude nele.

Ele é a "sombra de uma grande rocha em terra sedenta". Ainda se faz alusão ao deserto da Arábia. Não é falado: "como a sombra de uma árvore", porque, em alguns lugares daquele país, não existe nada além de areia seca e pedras num vasto espaço, e nenhuma árvore à vista, e o Sol bate excessivamente quente nas areias, e toda a sombra que é encontrada lá para os viajantes descansarem e se protegerem do Sol forte está sob alguma grande rocha. Aqueles que vêm a Cristo encontram descanso e refrigério, como o viajante cansado naquele lugar tórrido e solitário encontra sob a sombra de uma grande rocha.

Planejamos falar de três proposições explicativas de várias partes do texto.

Primeira, há em Cristo Jesus um fundamento abundante de paz e segurança para aqueles que estão com medo e em perigo. "E será aquele varão como um esconderijo contra o vento, e como um refúgio contra a tempestade." *Segunda*, há em Cristo provisão para a satisfação e pleno contentamento da alma necessitada e sedenta. Ele será "como ribeiros de águas em lugares secos". E *terceira*, há repouso tranquilo e doce refrigério em Cristo Jesus para aquele que está cansado. Ele será "como a sombra de uma grande rocha em terra sedenta".

1. Há em Cristo Jesus um fundamento abundante de paz e segurança para aqueles que estão com medo e em perigo.

Os medos e perigos aos quais os homens estão sujeitos são de dois tipos: temporário e eterno. O ser humano frequentemente sofre com o medo dos males temporais. Vivemos em um mundo mau, onde estamos sujeitos a abundantes tristezas e calamidades. Uma grande parte da nossa vida é desperdiçada lamentando os males presentes ou passados e temendo os que são futuros. Que miseráveis criaturas somos, quando Deus se propõe a enviar Seu julgamento sobre nós! Se Ele visita um lugar com uma doença mortal incurável, que terror se apodera de nosso coração! Se qualquer pessoa adoece e teme pela vida, ou se nossos amigos próximos estão à beira da morte, ou em muitos outros perigos, quão terrível é nossa condição! No entanto, existe um lugar de paz e segurança para aqueles que têm medo e se deparam com tais perigos, pois Cristo é um refúgio em todos os problemas. Há fundamento para acreditar e ter paz nele, seja o que for que nos ameace. Aquele cujo coração está firme, confiando em Cristo, não precisa temer notícia má alguma. "Como em redor de Jerusalém estão os montes, assim o Senhor, em derredor do seu povo, desde agora e para sempre" (SL 125:2).

No entanto, existe um outro tipo de medo e perigo do qual temos um respeito maior: o medo e o perigo da ira de Deus. Os medos de uma consciência apavorada, a expectativa temerosa dos terríveis frutos do pecado e o ressentimento de um Deus irado são infinitamente os mais amedrontadores. Se os homens estão aflitos por causa dessas coisas, e não estão dormindo, ficarão mais apavorados do que com qualquer mal exterior. Eles estão em uma condição muito deplorável, pois estão por natureza expostos à ira de Deus, e, se fossem perceptíveis ao quão sombrio é o caso deles, estariam envoltos em medos terríveis e expectativas desanimadoras.

Deus se agrada em permitir que alguns percebam a verdadeira condição em que se encontram. Ele permite que vejam a tormenta que os ameaça, o quão negras são as nuvens e como estão impregnadas de trovões; que é uma tempestade devastadora e que estão em perigo de serem rapidamente consumidos por ela; que não têm nada para se protegerem dela e que estão em perigo de serem tragados pela ferocidade de Sua ira.

É uma condição assustadora quando alguém é golpeado com um sentimento de pavor da ira de Deus, quando seu coração fica abalado com a convicção de que o grande Deus não está reconciliado com ele, que o tem como culpado de vários pecados e que está zangado o suficiente para condená-lo para sempre. É horrível deitar-se, levantar-se, comer, beber e andar por aí envolto pela ira de Deus, dia após dia. Nesse caso, a pessoa está na iminência de ter medo de tudo. Tem medo de encontrar a ira de Deus aonde quer que vá. Não tem paz em sua mente, mas há um som apavorante em seus ouvidos, sua mente está aflita e perturbada pela tempestade e não é consolada. A coragem está prestes a falhar e o espírito prestes a afundar de medo, pois como pode um pobre verme suportar a ira do grande Deus, e o que ele não daria pela paz de consciência? O que ele não daria se pudesse encontrar segurança? Quando tais temores existem em grande escala, ou persistem por muito tempo, enfraquecem muito o coração e o levam a uma postura e disposição trêmulas.

Bem, semelhantemente, há um fundamento abundante de paz e segurança em Jesus Cristo, e isto aparecerá a partir dos seguintes pontos:

a) *Cristo se comprometeu a salvar todos de seus medos, caso forem a Ele.* E isso é Sua especialidade, a obra na qual Ele se engajou antes da fundação do mundo. É o que sempre esteve em Seus pensamentos e intenções. Jesus se comprometeu desde a eternidade a ser o refúgio daqueles que temem a ira de Deus. Sua sabedoria é tal que Ele jamais se comprometeria com uma obra para a qual não fosse suficiente. Se houvesse alguns em um caso tão terrível que Ele não fosse capaz de defendê-los, ou tão culpados que não fosse capaz de salvá-los, então nunca teria feito isso por eles. Aqueles que estão em dificuldades e com um medo angustiante, se forem a Jesus Cristo, têm isto para aliviá-los de seus temores: que Cristo prometeu que protegeria os que fossem até Ele; que empenhou Sua vida para a segurança deles desejando que fossem um com Ele; e que Jesus fez uma aliança com Deus Pai de que salvaria as almas aflitas e angustiadas que o aceitassem.

Cristo, por vontade própria, tornou-se a garantia e, voluntariamente, se colocou no lugar deles. Se a justiça tem algo contra os que têm medo, Jesus se comprometeu a responder por eles. Por Seu próprio ato, prometeu ser responsável pelo homem, de modo que, caso tenham se exposto à ira de Deus e ao golpe da justiça, não compete a eles, mas a Cristo, responder ou reparar pelo que fizeram. Mesmo que mereçam demasiadamente a ira, estarão seguros como se nunca a tivessem atraído sobre si, pois Ele se comprometeu a defendê-los totalmente. Se estão em Jesus Cristo, a tempestade certamente cai sobre Ele, da mesma forma como, quando estamos sob um bom abrigo, a tempestade, que de outra forma viria sobre a nossa cabeça, cai sobre a proteção.

b) *Ele é escolhido e nomeado pelo Pai para tal obra.* Não precisa haver medo nem ressentimento se o Pai aprovará este compromisso de Jesus Cristo, se o aceitará como um fiador, ou se estará disposto a que Sua ira seja derramada sobre Seu próprio amado Filho, em vez de sobre nós, miseráveis pecadores, pois havia um acordo com Ele a respeito disso antes que o mundo existisse. Era algo muito importante para o coração de Deus que Seu Filho, Jesus Cristo, empreendesse essa obra, e foi o Pai que o enviou ao mundo. É tanto um ato de Deus Pai quanto do Filho. Portanto, quando Cristo estava perto da hora de Sua morte, disse ao Pai que havia terminado a obra que Ele [Deus] lhe dera para fazer (VEJA JOÃO 17:4-5).

Cristo é muitas vezes chamado de eleito de Deus, ou o Seu escolhido, porque foi escolhido pelo Pai para a Sua obra, e o ungido de Deus, pois as palavras "Messias" e "Cristo" significam ungido, visto que Ele é designado e capacitado por Deus para tal obra.

c) *Se estamos escondidos em Cristo Jesus, a justiça e a Lei têm seu curso no que diz respeito a nossos pecados, sem nos causar sofrimento.* A causa do medo e angústia do pecador é a justiça e a Lei de Deus. Elas estão contra ele e são inalteráveis, segundo Seu propósito. Cada jota e til da Lei deve ser cumprido sem alteração e, por fim, Céu e Terra devem ser destruídos. Não há possibilidade de o pecado escapar da justiça divina.

Mas, ainda assim, se a alma trêmula e angustiada com medo da justiça fosse até Cristo, Ele seria um esconderijo seguro. A justiça e a ameaça da Lei seguirão seu curso cabalmente, enquanto ela está segura e intocada, como se Ele fosse destinado a ser eternamente destruído. Cristo suporta o golpe da justiça, e a maldição da Lei recai totalmente sobre Ele. Jesus leva consigo toda a vingança que pertence ao pecado que foi cometido pelo ser humano, e não há necessidade de ser carregado duas vezes. Seus sofrimentos temporais, em razão de Sua infinita dignidade, equivalem plenamente aos eternos sofrimentos de uma simples criatura. E então Seus sofrimentos respondem por aquele que foge para Ele, pois, na verdade, são Seus em virtude da união entre Cristo e ele. Cristo se fez um com os homens. Ele é a cabeça e eles são os membros. Portanto, se Cristo sofre pelo crente, não há necessidade de que este sofra. E para que o homem precisa ter medo? Sua segurança não é apenas compatível com a justiça absoluta, mas também com o teor da Lei. A Lei deixa um espaço justo para tal coisa, como a resposta de uma fiança. Se o fim da punição em manter a autoridade da Lei e a majestade do governo é totalmente assegurada pelos sofrimentos de Cristo como seu fiador, então a lei de Deus, de acordo com a verdadeira e justa interpretação dela, tem seu curso tanto nos sofrimentos de Cristo quanto teria em seus próprios sofrimentos. A ameaça "...certamente morrerás" (GN 2:17) é devidamente cumprida na morte de Cristo, como deve ser entendido. Logo, se aqueles que estão com medo forem até Jesus Cristo, não precisarão temer nenhuma ameaça da Lei, pois tal ameaça não diz mais respeito a eles.

d) *Aqueles que vão a Cristo não precisam temer a ira de Deus por seus pecados, pois a honra de Deus não será maculada por escaparem da punição e se tornarem felizes.* A alma ferida tem consciência do fato de ter ofendido a majestade de Deus e considera-o como um defensor de Sua honra, como um Deus zeloso, de quem não se zomba, infinitamente grande e que não tolera ser afrontado. Que não permite que Sua autoridade e majestade sejam pisoteadas e não aceita que Sua bondade seja menosprezada. Uma visão de Deus sob esse aspecto aterroriza as almas despertas. Pensam em como pecaram excessivamente, contra a luz, contra os frequentes e prolongados apelos e advertências, e como desprezaram a piedade e foram culpados de transformar a graça de Deus em devassidão, dispondo-se da misericórdia de Deus para continuarem em pecado contra Ele. Temem que Deus, cuidando de Sua honra, nunca os perdoará pelo desprezo e desrespeito com que o afrontaram, mas os castigará. Contudo, se forem a Cristo, a honra da majestade e autoridade de Deus não será, de modo algum, prejudicada pela libertação e felicidade deles, pois o que Cristo fez restituiu totalmente a honra de Deus. A autoridade e majestade do Pai foram honradas mais ainda pelo fato de Cristo, uma pessoa tão gloriosa, ter cumprido o que a Lei exigia. Certamente é uma demonstração maravilhosa da honra da majestade de Deus ver uma pessoa infinita e eterna morrendo pela injustiça cometida a Deus. E então Cristo, por Sua obediência, por meio daquele ato de obediência que aceitou sofrer para o nosso bem, honrou a Deus abundantemente mais do que qualquer dos nossos pecados o desonraram, não importando quantos ou qual o tamanho deles! Quão extraordinária honra é para a Lei de Deus que uma pessoa tão magnífica esteja disposta a se submeter e obedecê-la. Deus odeia nossos pecados, porém não mais do que se deleita na realização da obediência de Cristo por nós. Este é um gosto doce para Ele, um sabor de descanso. Deus é plenamente compensado, Ele não deseja nada mais. A justiça de Cristo é de infinito valor e mérito.

e) *Cristo é uma pessoa tão amada pelo Pai que, pelos méritos dele, aqueles que estão em Cristo não precisam ter receio algum quanto a serem aceitos.* Se aceitamos a Cristo, consequentemente, somos aceitos pelo Pai, pois, estamos nele, como membros, como partes, como iguais. Somos o Corpo de Cristo, Sua carne e Seus ossos. Aqueles que estão em Cristo Jesus são um só espírito, portanto, se Deus ama a Jesus, deve necessariamente aceitar aqueles que estão nele e que são dele. Cristo é uma pessoa extremamente amada pelo Pai; o amor do Pai pelo Filho é realmente infinito. Deus, inevitavelmente, ama o Filho; tanto que a probabilidade de Deus não amar Seu filho é a mesma que Ele deixar de existir. Ele é o eleito de Deus, em quem Sua alma se deleita. É o Seu Filho amado, em quem se compraz. O Pai o amava antes da fundação do mundo e teve infinito deleite nele desde toda a eternidade.

Uma consciência aterrorizada, no entanto, pode ter descanso e abundante satisfação de que está segura em Cristo, e que não há o menor perigo, mas que será aceita, e que Deus estará em paz com ela em Cristo.

f) *Deus deu um testemunho público de que Cristo já fez e sofreu o necessário e que está satisfeito com isso ao ressuscitá-lo dos mortos.* Cristo, quando estava em Sua paixão, estava nas mãos da justiça, era prisioneiro de Deus pelos que creem, e aprouve a Deus moê-lo, fazê-lo sofrer e permitir que fosse humilhado. Quando o ressuscitou dentre os mortos, libertou-o, declarando que isso já era suficiente. Se Deus não estivesse satisfeito, por que colocaria Cristo em liberdade tão cedo? Jesus estava nas mãos da justiça, por que Deus não derramou mais ira sobre Ele e o manteve nas cadeias das trevas por mais tempo? Deus o levantou e abriu-lhe as portas da prisão porque esse era Seu desejo. E agora certamente há entrada livre para todos os pecadores no favor de Deus, por meio deste Salvador ressuscitado, que já fez o suficiente e Deus está satisfeito, como declarou e selou pela ressurreição de Cristo, que está vivo e vive para sempre e está fazendo intercessão pelas pobres almas angustiadas que vêm a Ele (VEJA HEBREUS 7:25).

g) *Cristo tem a dispensação da segurança e libertação em Suas próprias mãos, de modo que não precisamos temer, mas, se estivermos unidos a Ele, estaremos seguros.* Deus deu-lhe todo o poder no Céu e na Terra para dar vida eterna a quem vier a Ele. Jesus é instituído o Cabeça sobre todas as coisas para a Igreja, e dele é o trabalho de salvação. Por Seu próprio poder, pode salvar quem lhe agrada e defender aqueles que estão nele. Que maior motivo de confiança Deus poderia nos ter dado do que o Mediador — que morreu pelo homem e por ele intercede — confiando a Cristo a dispensação do mesmo motivo pelo qual Ele se entregou para salvar e pelo qual intercede?

h) *O amor, a compaixão e a graciosa disposição de Cristo são tais que podemos estar certos de que Ele está inclinado a receber todos os que vão a Ele.* Se não o fizesse, fracassaria em Sua própria tarefa, e também em Sua promessa ao Pai e a nós, e Sua sabedoria e fidelidade não permitirão isso. Mas o Salvador é tão cheio de amor e bondade que está disposto a tão somente nos receber e defender, se formos até Ele. Cristo está extremamente pronto a ter piedade de nós, Seus braços estão abertos para nos receber e se deleita em acolher e proteger as almas aflitas que se achegam a Ele. Cristo as recolhe como uma galinha ajunta seus pintinhos sob as asas. É uma tarefa na qual se regozija muito, visto que se deleita em atos de amor, piedade e misericórdia.

Aproveitarei a ocasião do que foi dito agora para convidar aqueles que têm medo da ira de Deus a irem a Jesus Cristo. Você está realmente em uma condição terrível. É desolador ter a ira de Deus iminente sobre nossa cabeça e não saber em quanto tempo cairá sobre nós. E você está, em certa medida, consciente quanto a ser uma condição amedrontadora, está cheio de medo e com problemas e não sabe para onde fugir em busca de ajuda. Sua mente está, por assim dizer, agitada por uma tempestade. Mas quão lamentável é que você passe sua vida em tal condição — quando Cristo o abrigaria, como uma galinha abriga seus pintinhos sob suas asas, se você apenas quisesse — e que você deva viver de forma tão assustadora e angustiada, quando há tanta provisão feita para sua segurança em Jesus Cristo.

Como você ficaria feliz se seu coração fosse persuadido a se aproximar de Jesus Cristo! Então estaria fora de qualquer perigo; quaisquer que fossem as tempestades, poderia descansar com segurança. Poderia ouvir o barulho do vento e o ribombar do trovão, enquanto está seguro nesse esconderijo. Ó, seja persuadido a se esconder em Cristo Jesus! Que maior garantia de segurança você pode desejar? O Salvador se comprometeu a defendê-lo e a salvá-lo, se você for a Ele. Jesus considera isso como a missão dele, pois se envolveu nessa obra antes que o mundo existisse e deu Sua promessa fiel de que não falhará, e se você apenas mantiver sua trajetória até o fim, a vida dele será pela sua. Cristo responderá por você. Você não terá nada a fazer a não ser descansar tranquilamente nele. Pode se aquietar e ver o que o Senhor fará por você. Se houver algo para sofrer, o sofrimento é de Cristo, não seu. Se for necessário fazer algo, o fazer é de Cristo, você não terá nada a fazer a não ser aquietar-se e contemplar.

Você certamente será aceito pelo Pai se sua alma se apropriar de Jesus. Cristo é escolhido e ungido pelo Pai, e enviado para este mesmo propósito, para salvar aqueles que estão em perigo e com medo. Ele é infinitamente amado por Deus e aceitará aqueles que estão nele. A justiça e a Lei não estarão contra você se você estiver em Cristo. Aquela ameaça "…no dia em que dela comeres, certamente morrerás" (GN 2:17), no sentido próprio, não lhe tocará. A majestade e honra de Deus não estão contra você. Não precisa ter medo, pois você será justificado se for a Ele. Há um ato de justificação já completo e declarado para todos os que vão a Cristo pela Sua ressurreição, e assim que você chegar, será declarado livre. Se for a Jesus, será um sinal seguro de que Ele o amou desde a eternidade e que morreu por você. Sim, pode ter certeza de que Cristo morreu pelo homem. O Salvador não abre mão do objetivo de Sua morte, pois a dispensação da vida foi confiada a Ele.

Portanto, você não precisa continuar em uma condição tão perigosa. Existe ajuda para você. Não é necessário ficar tanto tempo na tempestade, pois há um bom abrigo tão perto cujas portas estão abertas para recebê-lo. Ó, apressa-se, portanto, até aquele Homem que é um esconderijo contra o vento e um refúgio contra a tempestade!

Que esta verdade também faça com que os crentes valorizem mais o Senhor Jesus Cristo. Considere ser Ele, e somente Ele, quem os defende da ira divina, e que é uma defesa segura. Sua defesa é uma torre alta, sua cidade de refúgio é impenetrável. Não existe rocha como a Sua. Não há ninguém como Cristo.

Não há outro, ó amado, semelhante a Deus, que cavalga sobre os céus para a tua ajuda e com a sua alteza sobre as nuvens. *O Deus eterno é a tua habitação e, por baixo de ti, estende os braços eternos.* (DEUTERONÔMIO 33:26-27)

Aquele em quem você confia é um escudo para todos os que nele confiam. Ó, aprecie esse Salvador, que mantém sua alma em segurança, enquanto milhares de outros são levados pela fúria da ira de Deus e lançados em furiosas e escaldantes tormentas no inferno! Ó, quão melhor é o seu caso do que o deles! E a quem é devido senão ao Senhor Jesus Cristo? Lembre-se de como era o antes, e como está agora, valorize a Jesus Cristo.

Deixe que aqueles cristãos que estão em dúvidas e temores quanto à condição deles voem renovadamente para Jesus Cristo, que é um esconderijo contra o vento e um refúgio da tempestade. A maioria dos cristãos às vezes fica com medo de falhar ao final. Essas dúvidas são sempre por alguma falta de exercício de fé, e o melhor remédio para elas é um novo recurso da alma para este esconderijo; o mesmo ato que, a princípio, trouxe conforto e paz dará paz novamente. Aqueles que se achegam de forma clara à suficiência de Cristo e à segurança de se comprometerem com Ele para salvá-los do que temem: estes descansarão na certeza de que Cristo os defenderá. Seja direcionado, portanto, em tais ocasiões, a fazer como o salmista:

Em me vindo o temor, hei de confiar em ti. Em Deus, cuja palavra eu exalto, neste Deus ponho a minha confiança e nada temerei. Que me pode fazer um mortal? (SALMO 56:3-4)

2. Há em Cristo provisão para a satisfação e pleno contentamento da alma necessitada e sedenta. Ele será "como ribeiros de águas em lugares secos".

O sentido dessas palavras no texto, "como ribeiros de águas em lugares secos", é um deserto árido e ressecado, onde há grande falta de água e os viajantes estão prontos a morrer de sede, semelhante ao deserto onde os filhos de Israel vagaram. Essa comparação é usada em outras partes das Escrituras: "Ó Deus, tu és o meu Deus forte; eu te busco ansiosamente; a minha alma tem sede de ti; meu corpo te almeja, como terra árida, exausta, sem água" (SL 63:1); "A ti levanto as mãos; a minha alma anseia por ti, como terra sedenta" (SL 143:6). Aqueles que viajam por tal território, que vagueiam no deserto, estão em extrema necessidade de água, estão prestes a perecer pela falta dela e têm grande desejo de saciar a sede.

Diz-se que Cristo é um ribeiro de águas, pois há nele tamanha plenitude, uma provisão abundante para a satisfação da alma necessitada e ansiosa. Quando alguém está extremamente sedento, embora não seja um pequeno gole de água que o satisfará, ao chegar a um rio, encontra uma plenitude; lá ele pode beber em demasia. Cristo é como um rio no sentido de que existe água suficiente não apenas para uma alma sedenta, mas, suprindo-a, a fonte não é reduzida. Não há racionamento para os que chegam depois. Um homem sedento não diminui um rio saciando sua sede nele.

Cristo é como um ribeiro em outro aspecto. Um rio está fluindo continuamente, há fontes de água fresca manando constantemente da nascente, de maneira que um homem pode viver e ser abastecido com água durante toda a sua vida. Sendo assim, Cristo é uma fonte sempre em fluxo, está incessantemente abastecendo o Seu povo, e essa fonte nunca seca. Aqueles que vivem em Cristo podem receber novos suprimentos dele por toda a eternidade. Eles podem ter um aumento de bênçãos cada vez mais novas e que jamais terá fim.

Para ilustrar esta segunda proposição, devo perguntar:

a) O que a alma de todo ser humano deseja natural e necessariamente?

Primeiro, a alma de cada homem inevitavelmente anseia pela felicidade. Este é um apetite universal da natureza humana, que é tanto bom como mau. É tão universal quanto a própria essência da alma, pois flui necessária e imediatamente dessa essência. Não é natural apenas para toda a humanidade, mas também para os anjos. É universal entre todos os seres racionais e inteligentes, no Céu, na Terra ou no inferno, porque flui necessariamente de uma natureza inteligente. Não existe ser racional, nem pode haver, sem amor e desejo por felicidade. É impossível que haja qualquer criatura que ame a miséria, ou não ame a felicidade, pois isso implica uma manifesta contradição, visto que a própria noção de miséria é estar em um estado que a natureza abomina, e a noção de felicidade é estar em uma condição em conformidade com a natureza.

Consequentemente, este desejo por felicidade deve ser insuperável e é algo que não pode ser mudado, nunca pode ser superado, ou de alguma forma diminuído. Tanto jovens como idosos amam a felicidade da mesma forma, bons ou maus, sábios ou insensatos, mesmo que haja uma grande variedade de ideias sobre a felicidade dos homens. Alguns pensam que pode ser encontrada em uma coisa e outros em outra, no entanto, quanto ao desejo por felicidade em geral, não há variedade. Existem apetites particulares que podem ser restringidos, mantidos sob controle e conquistados, mas essa apetência geral pela felicidade jamais pode ser contida.

Segundo, a alma de todo homem anseia por uma felicidade que seja igual à capacidade de sua natureza. A alma do ser humano é como um vaso, a capacidade dela é como a grandeza ou o conteúdo do vaso. No entanto, mesmo que o homem tenha muito prazer e felicidade, se o vaso não estiver cheio, o desejo não cessará. Cada criatura permanece inquieta até desfrutar do que é igual à capacidade de sua natureza. Assim podemos observar nos animais: quando têm aquilo que é adequado à sua necessidade e proporcional à sua capacidade, ficam contentes. O homem é de tal natureza que é capaz de um grau de felicidade extremamente grande. Ele é feito de uma vontade mais elevada do que os animais, sendo assim, deve ter uma felicidade muito maior para satisfazer. Os prazeres dos sentidos exteriores, que agradam os animais, não contentarão o homem. Ele tem outras capacidades de natureza superior que precisam de algo maior para preenchê-las. Mesmo se os sentidos forem saciados, mas as capacidades da alma não forem preenchidas, o homem ficará em um estado de inquietação.

É mais especialmente devido à capacidade de compreensão que a alma é capaz de uma felicidade tão grande e deseja tanto. O entendimento é uma habilidade bastante extensa. Se estende além dos limites da Terra, da criação. Como somos capazes de entender imensamente mais do que de fato entendemos, quem pode dizer até que ponto o entendimento dos homens pode ainda se estender? E à medida que a compreensão aumenta, o desejo também. Deve, portanto, ser um objeto incompreensível que satisfaz a alma. Ela nunca ficará satisfeita com algo para a qual ela pode ver um término, nunca ficará satisfeita com aquela felicidade que pode encontrar um final. Um homem pode parecer ter contentamento por algum tempo em um objeto finito, mas, depois de ter um pouco de experiência, descobre que deseja algo além. Isso é muito aparente na experiência deste mundo inquieto e ansioso. Todos estão perguntando: Quem nos mostrará o bem?

b) Os homens em sua condição de queda têm grande necessidade dessa felicidade.
Eles uma vez desfrutaram dela, mas a humanidade está rebaixada a um estado inferior; somos criaturas naturalmente pobres e destituídas. Viemos nus ao mundo, e nossas almas, assim como nossos corpos, estão em uma condição miserável e infeliz. Estamos tão longe de ter um alimento adequado à nossa natureza que estamos desejando as alfarrobas que os porcos comem.

A pobreza do homem em uma condição natural aparece em seu espírito insatisfeito e ansioso. Mostra que a alma está muito vazia, quando, como a sanguessuga, brada: "Dá, dá", e nunca diz: "Basta!" (PV 30:15). Somos naturalmente como o pródigo, pois já fomos ricos, mas partimos da casa de nosso pai e desperdiçamos nossa riqueza, tornando-nos pobres, famintos e miseráveis (VEJA LUCAS 15:11-16). Os homens em uma condição natural podem encontrar algo para gratificar seus sentidos, contudo não há nada para alimentar a alma, a parte mais nobre e mais essencial perece por falta de alimento. Eles podem ter uma refeição suntuosa diariamente, podem mimar seus corpos, mas a alma não pode ser alimentada em uma mesa luxuosa. Podem beber vinho em taças, porém a parte espiritual não é renovada. As capacidades superiores querem ser supridas tanto quanto as inferiores. A verdadeira pobreza e a real miséria consistem na falta das coisas de que nossa parte espiritual necessita.

c) Os pecadores que estão completamente despertos estão cientes de sua grande necessidade.
Multidões de homens não têm consciência de sua condição miserável e carente. Existem muitos que são, assim, pobres e se consideram ricos e cheios de bens materiais. Na verdade, não existem homens naturais que tenham um verdadeiro contentamento; estão todos inquietos e clamam: "Quem nos dará a conhecer o bem?" (SL 4:6). Mas as multidões não percebem quão extremamente necessitada é sua condição. Porém, a alma que está desperta vê que está muito longe da verdadeira felicidade, que as coisas que possui nunca trarão felicidade, que, com todas as suas posses, é miserável, faminta, pobre, cega e nua. O ser humano se torna consciente da curta continuidade e incerteza dessas coisas e da sua insuficiência para satisfazer uma consciência atribulada. Ele quer algo mais que lhe dê paz e tranquilidade. Se você pudesse dizer-lhe que poderia ter um reino, isso não o acalmaria, pois deseja perdão para os seus pecados e ficar em paz com seu Juiz. Ele é pobre e se torna como um mendigo. Vem e grita por socorro. Não

tem sede, porque ainda não vê onde a verdadeira felicidade é encontrada, mas percebe que não a tem, e também não pode encontrá-la. Ele está sem conforto e não sabe onde encontrá-lo, mas anseia por tal conforto. Ó, o que ele não daria se pudesse encontrar um pouco de paz e conforto satisfatórios!

Assim são as almas famintas e sedentas que Cristo tantas vezes convida a ir até Ele: "Ah! Todos vós, os que tendes sede, vinde às águas; e vós, os que não tendes dinheiro, vinde, comprai e comei; sim, vinde e comprai, sem dinheiro e sem preço, vinho e leite. Por que gastais o dinheiro naquilo que não é pão, e o vosso suor, naquilo que não satisfaz? Ouvi-me atentamente, comei o que é bom e vos deleitareis com finos manjares" (IS 55:1-2). "Aquele que tem sede venha, e quem quiser receba de graça a água da vida" (AP 22:17).

d) *Há em Cristo Jesus provisão para a plena satisfação e contentamento de pessoas como essas.*

Primeiro, a excelência de Cristo é tal que a descoberta dela é extremamente satisfatória e gratificante para a alma. A investigação da alma busca aquilo que é mais excelente. A alma carnal imagina que as coisas terrenas são maravilhosas. Alguns pensam que as riquezas são o que existem de melhor, outros têm a mais alta estima pela honra, e para outros o prazer carnal parece mais interessante, mas a alma não consegue encontrar contentamento em nenhuma dessas coisas, visto que logo encontra um fim para a excelência delas. Os homens mundanos imaginam que existem verdadeiras grandeza e felicidade nas coisas que buscam. Pensam que, se pudessem obtê-las, seriam felizes, e quando as obtêm, mas não conseguem encontrar a tal felicidade, procuram-na em outra coisa, assim sua busca nunca termina.

Mas Jesus Cristo tem verdadeira excelência, tão grande que, quando eles chegam a vê-la, não procuram mais, e a mente descansa ali. Veem nele a glória transcendente e uma doçura inefável. Veem que até agora estiveram perseguindo sombras, porém agora encontraram algo concreto. Que antes procuravam a felicidade num córrego, mas agora encontraram o oceano. A excelência de Cristo é um elemento adequado aos anseios naturais da alma e é suficiente para satisfazê-la. É uma excelência infinita, tal como a mente deseja, na qual não encontra limites. E quanto mais a mente está acostumada a ela, mais magnífica parece. Cada nova descoberta faz essa beleza parecer mais arrebatadora, e a mente não vê fim. Aqui existe espaço suficiente para a mente se aprofundar cada vez mais e nunca chegar ao fundo. A alma fica extremamente extasiada quando olha pela primeira vez para tal beleza e jamais se cansa dela. A mente nunca se sacia, mas a excelência de Cristo é sempre nova e tende ao deleite — mesmo após ter sido vista por mil ou dez mil anos — da mesma forma como foi vista no primeiro momento. Essa excelência de Cristo é um objeto adequado às habilidades superiores do homem, é conveniente para entreter a capacidade da razão e da compreensão, e não há nada tão digno sobre o qual o entendimento possa ser empregado como tal excelência. Nenhum outro aspecto é tão grande, nobre e elevado.

Essa excelência de Jesus Cristo é o alimento adequado para a alma racional. A alma que vai a Cristo alimenta-se e vive disso. É aquele pão que desceu do Céu, do qual aquele que come não morrerá. É a comida dos anjos, é aquele vinho e leite que são concedidos sem dinheiro e sem preço. Esta é aquela gordura na qual a alma que crê se deleita. Aqui a alma ansiosa pode ser satisfeita, e a faminta pode ser saciada com bondade. O deleite e contentamento que se encontram aqui ultrapassam todo o entendimento e são indescritíveis e cheios de glória. É impossível para aqueles que provaram desta fonte, e conhecem a sua doçura, abandoná-la. A alma encontrou o rio da água da vida e não deseja outra bebida; encontrou a árvore da vida e não deseja nenhum outro fruto.

Segundo, a manifestação do amor de Cristo proporciona à alma contentamento abundante. Este amor de Cristo é muito doce e gratificante, é melhor que a vida, porque é o amor de alguém com total dignidade e excelência. A doçura de Seu amor depende muito da grandeza de Sua excelência; quanto mais amável a pessoa é, mais desejável é o Seu amor. Quão doce deve ser o amor dessa pessoa, que é o Filho eterno de Deus, que é de igual dignidade com o Pai! Como deve ser grande a felicidade de ser o objeto do amor daquele que é o Criador do mundo, por quem todas as coisas consistem, que é exaltado à destra de Deus, instituído Cabeça sobre principados e potestades nos lugares celestiais, que tem todas as coisas colocadas sob Seus pés e é Rei dos reis e Senhor dos senhores, o resplendor da glória do Pai! Certamente ser amado por Ele é o suficiente para satisfazer a alma de um verme do pó.

O amor de Cristo também é extraordinariamente doce e satisfatório pela Sua grandeza; é um amor sem medida; incomparável, nunca visto antes. Existiram notáveis exemplos de reciprocidade de amor entre um ser humano e outro, como Davi e Jônatas, mas nunca houve um amor tal como o de Cristo pelos crentes. A natureza satisfatória desse amor também surge de seus doces frutos. Os valiosos benefícios que Cristo concede a Seu povo, e as preciosas promessas que lhes fez, são o fruto desse amor; alegria e esperança são as fontes constantes que fluem deste rio: o amor de Cristo.

Terceiro, em Cristo há provisão para a satisfação e contentamento da alma sedenta e ansiosa, visto que Ele é o caminho para o Pai; não apenas da plenitude de excelência e graça que tem em Sua própria pessoa, mas por meio dele podemos chegar a Deus, ser reconciliados com Ele e felizes em Seu favor e amor. A pobreza e a carência da alma em seu estado natural consistem em ela estar separada de Deus, pois Ele é a riqueza e a felicidade da criatura. Mas naturalmente estamos alienados de Deus, e Ele está alienado de nós; nosso Criador não está em paz conosco. No entanto, em Cristo existe um caminho para uma comunicação livre entre Deus e nós, para irmos até Deus e Ele se comunique conosco pelo Seu Espírito. As Escrituras dizem: "Respondeu-lhe Jesus: Eu sou o caminho, e a verdade, e a vida; ninguém vem ao Pai senão por mim" (JO 14:6). "Mas, agora, em Cristo Jesus, vós, que antes estáveis longe, fostes aproximados pelo sangue de Cristo" (EF 2:13). Logo, "...por ele, [...] temos acesso ao Pai em um Espírito. Assim, já não [somos] estrangeiros e peregrinos, mas concidadãos dos santos, e [somos] da família de Deus" (vv.18-19). Cristo, por ser o caminho para o Pai, é o caminho para a verdadeira felicidade e contentamento: "Eu sou a porta. Se alguém entrar por mim, será salvo; entrará, e sairá, e achará pastagem" (JO 10:9). Por isso, aproveito a ocasião para convidar almas necessitadas e sedentas a irem a Jesus. "No último dia, o grande dia da festa, levantou-se Jesus e exclamou: Se alguém tem sede, venha a mim e beba" (JO 7:37). Você que ainda não se achegou a Cristo está em uma condição pobre e necessitada; está em um deserto árido, em uma terra sedenta. E, se está totalmente desperto, tem a sensação de que está sofrendo e prestes a desmaiar por falta de algo que satisfaça sua alma. Vá até Aquele que é "como ribeiros de águas em lugares secos". Há nele abundância e plenitude; Jesus é como um rio que está sempre fluindo, você pode viver com Ele para sempre e nunca passará necessidade. Vá para Aquele que tem a excelência suficiente para dar pleno contentamento à sua alma, que é alguém de glória transcendente e beleza inefável, onde você pode entreter a visão de sua alma para sempre sem se cansar ou enfadar-se. Aceite o amor oferecido por Aquele que é o Filho unigênito de Deus, e Seu eleito, em quem a alma do Pai se compraz. Vá a Deus Pai, por intermédio de Cristo, de quem você se afastou devido ao pecado. Cristo é o caminho, a verdade e a vida; é a porta pela qual, se alguém entrar, será salvo.

3. Há repouso tranquilo e doce refrigério em Cristo Jesus, para os que estão cansados. Ele será "como a sombra de uma grande rocha em terra sedenta".

A comparação que é usada no texto é muito bonita e significativa. O deserto seco, árido e escaldante da Arábia é uma representação vívida da miséria que os homens causaram a si mesmos pelo pecado. É desprovido de quaisquer habitantes, exceto leões, tigres e serpentes; é infértil e ressecado sem nenhum rio ou nascente; é uma terra seca onde raramente chove, extremamente quente e desconfortável. Os raios de sol escaldantes que estão prontos para consumir os espíritos dos viajantes são uma representação adequada do terror da consciência e do desagrado interior de Deus. Os viajantes não encontram outra sombra para descansar, senão a de uma grande rocha, que se torna um símbolo oportuno de Jesus Cristo, que veio para nos redimir de nossa miséria. Cristo é frequentemente comparado a uma rocha porque é um alicerce seguro para os construtores, é um baluarte e uma defesa inabalável. Aqueles que habitam no topo de uma rocha moram em um lugar mais defensável; lemos sobre aqueles cuja habitação é uma fortaleza rochosa. O Senhor também pode ser comparado a uma pedra, pois é eterno e imutável. Um grande rochedo permanece firme, impassível e intacto por ventos e tempestades de geração em geração; e, Deus escolheu uma rocha para ser um emblema de Cristo no deserto, quando fez jorrar água para os filhos de Israel; e a sombra de uma grande rocha é a representação mais adequada do refrigério que Jesus Cristo concede às almas cansadas.

a) *Há descanso e completo refrigério em Cristo para os pecadores que estão cansados e oprimidos pelo peso do pecado.* O pecado é a coisa mais maligna e odiosa, assim como a mais perniciosa e fatal; é o veneno mais mortal. Primeiro, põe em perigo a vida e a alma, expondo-a à perda de toda felicidade e ao sofrimento da miséria, e traz a ira de Deus. Todos os homens têm este terrível mal pairando sobre si, apegando-se firmemente à alma, governando sobre ela e mantendo-a sob seu domínio e controle absoluto; ele está preso como uma víbora ao coração, ou melhor, ele o segura assim como um leão faz com a sua presa.

Mas, ainda assim, existem multidões que não têm consciência de sua miséria. Estão num sono tal que não estão muito inquietas apesar de tal estado, não é demasiadamente difícil para elas; são tão ignorantes (embriagadamente estúpidas) que não sabem qual é a sua condição e o que será feito delas. Todavia há outros que tiveram seus sentidos restaurados, sentem a dor e veem a destruição que se aproxima. O pecado repousa como um fardo pesado no coração deles; é uma carga que pesa sobre eles dia e noite, não conseguem largá-la para descansar, oprimindo-os continuamente. Está firmemente ligada a eles e pronta para afundá-los; requer um trabalho contínuo do coração para sustentar-se sob tal fardo. Assim, lemos acerca deles que estão "...cansados e sobrecarregados..." (MT 11:28). Ou seja, é como o calor intenso em um deserto seco, onde o Sol os queima o dia todo; eles não têm nada com que se proteger, não encontram nenhuma sombra para se refrescar e deitar-se para descansar é como abrasar-se na areia quente, pois não conseguem se manter longe do calor.

Aqui pode ser apropriado perguntar quem está cansado e sobrecarregado pelo pecado e em que sentido se sente assim. Os pecadores não estão cansados do pecado por qualquer antipatia ou por não gostar dele. Nenhum deles se sente sobrecarregado pelo pecado como o homem piedoso, que carrega dia após dia seu pecado interior como um grande fardo, pois o abomina e deseja desesperadamente livrar-se dele. Ele está pronto para bradar como Paulo: "Desventurado homem que sou! Quem me livrará do corpo desta morte?" (RM 7:24). O homem não regenerado não tem nada dessa natureza, pois o pecado ainda é o seu prazer e ele o ama profundamente. Se ele está debaixo de convicções, seu amor ao pecado em geral não é mortificado; ele o ama e ainda o esconde como um pedaço de doce sob sua língua.

Mas há uma diferença entre estar cansado e sobrecarregado *pelo* pecado e estar cansado *do* pecado. Os pecadores despertos estão cansados devido ao pecado, mas não propriamente cansados dele.

Portanto, eles estão apenas cansados da culpa do pecado, o grande fardo da culpa que se apega à consciência desses pecadores. Deus colocou o sentimento na consciência deles, que antes era como carne queimada, e é a culpa que os aflige. A imundície do pecado e sua natureza maligna, por serem uma ofensa a um Deus santo, benevolente e glorioso, não são um fardo para eles. Mas é a conexão entre o pecado e o castigo, entre o pecado e a ira de Deus, que faz dele um fardo. A consciência deles está repleta de culpa, que é uma imposição da punição. Eles veem a ameaça e a maldição da Lei unidas aos seus pecados e que a justiça de Deus e Sua vingança estão contra eles. Estão sobrecarregados com os seus pecados, não porque haja alguma odiosidade neles, mas porque há o inferno nesses pecados. Este é o aguilhão do pecado, com o qual ele fere a consciência, angustia e cansa a alma.

A culpa de tais pecados está sobre a alma, e o homem não vê como se livrar deles, tendo dias e noites cansativos. Isso o deixa pronto, às vezes, para dizer como o salmista:

> *...quem me dera asas como de pomba! Voaria e acharia pouso. Eis que fugiria para longe e ficaria no deserto. Dar-me-ia pressa em abrigar-me do vendaval e da procela.* (SALMO 55:6-8)

Mas, quando os pecadores vão a Cristo, Ele tira o fardo, o pecado e a culpa deles, o que era tão pesado no coração deles e afligia sua mente.

Primeiro, Ele tira a culpa do pecado, do qual a alma antes não via possibilidade de ser liberta e que, se não fosse removida, levaria à destruição eterna. Quando o pecador vai a Cristo, tudo é tirado de uma vez, e a alma fica livre, é aliviada de sua carga, liberta de sua escravidão, como um pássaro que escapou do laço do passarinheiro. A alma vê em Cristo um caminho para a paz com Deus, pelo qual a Lei pode ser cumprida e a justiça pode ser satisfeita, e ainda assim ela pode escapar de um modo maravilhoso, certo e glorioso. E que descanso é à alma cansada se ver assim entregue, com suas ansiedades e medos totalmente removidos e com o cessar da ira de Deus sobre si; ela sendo levada a um estado de paz com Deus, e sem mais nenhuma ocasião para temer o inferno, pois está para sempre segura! Quão revigorante para a alma é ser imediatamente libertada daquilo que era o seu problema e terror e ser aliviada do seu fardo! É como chegar a uma sombra fresca após viajar em um deserto seco, quente e quase desmaiar sob o calor intenso. E então Cristo também tira o pecado e mortifica essa raiz de amargura que é a causa de todos os tumultos, inquietações interiores que estão na mente, que a tornam como um mar agitado sem descanso, deixando tudo calmo. Quando a culpa é retirada e o pecado é mortificado, então o fundamento do medo, da angústia e da dor é removido, e a alma fica serena e em paz.

Segundo, Cristo coloca força e um princípio de vida nova na alma cansada que vai a Ele. O pecador, antes de vir a Cristo, é como um homem doente que está fraco e abatido, cuja natureza é consumida por alguma forte enfermidade: ele está cheio de dor e tão fraco que não pode andar, nem ficar em pé. Portanto, Cristo é comparado a um médico. "Tendo Jesus ouvido isto, respondeu-lhes: Os sãos não precisam de médico, e sim os doentes..." (MC 2:17). Quando Ele fala a palavra, coloca um princípio de vida naquele que antes estava morto: concede um princípio de vida espiritual e o início da vida eterna. Ele revigora a mente com a mensagem de Sua própria vida e força, renova a natureza, a cria novamente e faz com que o homem seja uma nova criatura.

Assim, os espíritos enfraquecidos e que estão submergindo são agora revividos, e este princípio de vida espiritual é uma fonte contínua de refrigério, como um poço de água viva. "Afirmou-lhe Jesus: Quem beber desta água tornará a ter sede; aquele, porém, que beber da água que eu lhe der nunca mais terá sede; pelo contrário, a água que eu lhe der será nele uma fonte a jorrar para a vida eterna" (JO 4:13-14). Cristo concede o Seu Espírito, que acalma a mente e é como uma brisa refrescante de vento. Ele restabelece "...as mãos descaídas e os joelhos trôpegos" (HB 12:12).

Terceiro, Cristo concede àqueles que vão a Ele conforto e prazer suficientes para fazê-los esquecer todas as suas dores anteriores. Um pouco da verdadeira paz, das alegrias do amor manifesto de Cristo e da real e santa esperança da vida eterna são suficientes para compensar e apagar da mente a lembrança de todo o tédio e cansaço. Essa paz que resulta da verdadeira fé, que excede todo o entendimento, e essa alegria são indescritíveis. Há algo peculiarmente doce e revigorante nessa alegria, que não se acha em outras. O que pode auxiliar a mente humana de forma eficaz, ou dar um motivo mais racional de regozijo, do que a perspectiva de glória eterna na presença de Deus, pela própria promessa em Cristo? Se formos a Cristo, podemos não apenas nos revigorar descansando em Sua sombra, mas comendo Seus frutos; tais coisas são os frutos desta árvore — "...desejo muito a sua sombra e debaixo dela me assento, e o seu fruto é doce ao meu paladar" (CT 2:3).

Antes de prosseguir para o próximo detalhe desta proposta, aplicar-me-ei àqueles que estão cansados, para levá-los a repousarem sob a sombra de Cristo.

O grande problema de tal condição seria você pensar qual motivo teria para aceitar uma oferta de alívio e solução. Você está cansado e, sem dúvida, ficaria feliz em descansar, então considere o seguinte:

- *Não existe solução senão em Jesus Cristo. Nada mais lhe dará a verdadeira tranquilidade.* Se você pudesse voar para o Céu, não a encontraria lá; e se tomasse as asas da alvorada e habitasse nos confins da Terra, em algum lugar solitário no deserto, não poderia se livrar do seu fardo. Então, se você não for a Cristo, ou continuará cansado e oprimido, ou (o que é pior) retornará ao seu antigo sono de morte, a uma condição de estupidez; e não apenas isso, mas você ficará eternamente exaurido pela ira de Deus.
- *Considere que Cristo é uma solução disponível.* Você não precisa desejar as asas de uma pomba para

poder voar para longe e repousar, pois Cristo está perto, se você fosse mais sensível a isso. Paulo menciona: "Mas a justiça decorrente da fé assim diz: Não perguntes em teu coração: Quem subirá ao céu?, isto é, para trazer do alto a Cristo; ou: Quem descerá ao abismo?, isto é, para levantar Cristo dentre os mortos. Porém que se diz? A palavra está perto de ti, na tua boca e no teu coração; isto é, a palavra da fé que pregamos" (RM 10:6-8). Não há necessidade de realizar alguma grande ação para chegar a esse descanso; o caminho para isso é simples: é apenas ir até Ele, é sentar-se sob a sombra de Cristo. Jesus não requer dinheiro para comprarmos o descanso; Ele nos chama para irmos espontaneamente, sem custo algum. Mesmo se formos pobres, sem recursos, podemos ir. Cristo enviou seus servos para convidar os pobres, aleijados, coxos e cegos. Ele não quer ser contratado para aceitá-lo e dar-lhe descanso. Como Mediador é obra dele conceder descanso aos cansados, é a missão para a qual Ele foi ungido e se deleita. "O Espírito do Senhor Deus está sobre mim, porque o Senhor me ungiu, para pregar boas-novas aos quebrantados, enviou-me a curar os quebrantados de coração, a proclamar libertação aos cativos e a pôr em liberdade os algemados" (IS 61:1).

- *Cristo não é apenas uma solução para o seu cansaço e os seus problemas, mas Ele lhe dará abundância do oposto a isso: alegria e deleite.* Aqueles que vão a Cristo não só vão a um lugar de descanso após terem vagado no deserto, mas a uma casa de banquetes, onde podem descansar e festejar. Eles podem ter seus antigos problemas e cansaços resolvidos e percorrer um caminho de deleites e alegrias espirituais.

Cristo não apenas liberta dos medos do inferno e da ira, mas fornece a esperança do Céu e a alegria do amor de Deus. Ele liberta das aflições interiores e da dor da culpa na consciência, que é como um verme corroendo por dentro, e concede deleite e glória interior. Jesus nos tira de um deserto seco de covas e espíritos que torturam e nos leva a uma terra agradável, que mana leite e mel. Ele nos liberta da prisão, nos tira do monturo e nos faz assentar entre os príncipes e herdar o trono de glória. Portanto, se alguém estiver cansado, na prisão, no cativeiro, no deserto, dirija-se ao bendito Jesus, que é "como a sombra de uma grande rocha em uma terra sedenta". Não se demore, levante-se e vá.

b) *Há repouso tranquilo e doce refrigério em Cristo Jesus para o povo de Deus que está cansado.* Os próprios santos, enquanto permanecem nessa condição imperfeita e têm alguns resquícios de pecado no coração, ainda estão sujeitos a muitos problemas, tristezas e cansaço e muitas vezes precisam recorrer novamente a Jesus Cristo para descansar. Mencionarei três casos em que Cristo é uma solução suficiente.

Primeiro, há descanso e doce refrigério em Cristo para aqueles que estão cansados de perseguições. Muitos da Igreja do Senhor neste mundo têm sido perseguidos.

Ocasionalmente, houve alguns intervalos conscientes de paz e prosperidade exterior, mas no geral não tem sido bem assim. Isso corresponde à primeira profecia a respeito de Cristo: "Porei inimizade entre ti e a mulher, entre a tua descendência e o seu descendente..." (GN 3:15). Essas duas sementes estão em inimizade desde a época de Abel. Satanás tem acometido com grande maldade a Igreja de Cristo, e o mesmo acontece com aqueles que são Sua semente. E muitas vezes o povo de Deus foi perseguido em um grau extremo, foi submetido aos tormentos mais intensos que a sagacidade ou arte poderiam conceber, e milhares deles foram atormentados até a morte.

Mas, mesmo em tal caso, há descanso e refrigério em Jesus Cristo. Quando seus cruéis inimigos não lhes deram descanso neste mundo, e quando não puderam fugir, nem evitar a fúria de seus adversários, sendo atormentados gradualmente dia após dia para que seus tormentos fossem prolongados, ainda assim, o descanso foi encontrado em Cristo. Por vezes, no meio da provação, os mártires sempre demonstraram que a paz e a calma da mente deles não foram perturbadas em meio aos maiores maus-tratos. Algumas vezes, alegraram-se e entoaram louvores na tortura e no fogo. Se Cristo tem prazer em enviar o Seu Espírito para manifestar o Seu amor e fala amigavelmente à alma, isso a apoiará mesmo no maior tormento exterior que o homem possa lhe infligir. Cristo é a alegria da alma, e se ela se regozijar e se encher da luz divina, ninguém poderá tirar tal alegria; independentemente da miséria exterior, o espírito a sustentará.

Segundo, há em Cristo descanso para o povo de Deus, quando atormentado por aflições. Se uma pessoa trabalha sob grande fraqueza no corpo, ou sob alguma doença que causa dores fortes e frequentes, tais coisas cansarão uma criatura tão frágil quanto o homem. Pode ser um conforto e um apoio eficaz pensar que ela tem um Mediador, que sabe por experiência própria o que é a dor, que, devido a dor que Ele passou, adquiriu conforto e prazer eternos para o ser humano e fará que seus breves sofrimentos sejam compensados com uma alegria muito maior a ser concedida quando o corpo descansar de seus labores e tristezas aqui.

Se uma pessoa enfrenta grandes dificuldades quanto à subsistência exterior e a pobreza traz abundância de adversidades extremas, ainda assim pode ser uma consideração encorajadora e revigorante pensar que ela tem um Salvador compassivo, o qual, quando esteve na Terra, era tão necessitado que não tinha onde reclinar a cabeça, que se tornou pobre para torná-la rica, comprou para ela riquezas duradouras e fará com que sua pobreza produza um peso de glória superior e eterna.

Se Deus, em Sua providência, chama o Seu povo a lamentar pelos relacionamentos perdidos, e se o golpe da perda se repete, e leva embora um após outro aqueles que lhe eram queridos, é uma consideração encorajadora e revigorante Cristo ter declarado que ocupará tais lugares na vida daqueles que nele confiam. Eles são como a Sua mãe, irmã e irmão. Ele os colocou em uma relação muito próxima a si mesmo: em todas as outras providências aflitivas, é um grande conforto para uma alma crente saber que tem um Intercessor com Deus, que por meio dele pode-se ter acesso com confiança ao Trono da graça e que em Cristo temos tantas promessas, grandes e preciosas, que todas as coisas cooperarão para o bem e resultarão em eterna bem-aventurança. O povo de Deus, sempre que for atingido por aflições, como que por raios de Sol intensos, pode recorrer a Ele, que é como a sombra de uma grande rocha, e receber refrigério e abrigo eficaz.

Terceiro, há em Cristo repouso tranquilo e doce refrigério para o povo de Deus, quando está cansado das bofetadas de Satanás. O diabo, esse inimigo malicioso de Deus e do homem, faz tudo o que está ao seu alcance para obscurecer, atrapalhar, tentar e tornar a vida do povo de Deus desconfortável. Frequentemente, ele levanta incertezas desnecessárias e infundadas, lançando dúvidas, amedrontando a mente com tormentos, tentando dificultar a caminhada cristã. Muitas vezes cria névoa e nuvens de escuridão, incita a corrupção e, assim, enche a mente com preocupação e angústia, cansando a alma, de modo que eles chegam a dizer como o salmista: "Muitos touros me cercam, fortes touros de Basã me rodeiam. Contra mim abrem a boca, como faz o leão que despedaça e ruge" (SL 22:12-13).

Nesse caso, se a alma vai a Jesus Cristo, ela pode encontrar descanso nele, pois Ele veio ao mundo para destruir Satanás e resgatar as almas de suas mãos. Ele tem todas as coisas sob Seus pés, sejam coisas no Céu, na Terra, ou no inferno. Por isso, Cristo pode conter Satanás quando quiser. E podemos estar certos de que Ele está, sem dúvida, pronto o suficiente para ter compaixão de nós sob tais tentações, pois Jesus foi tentado e fustigado por Satanás tanto quanto nós. Ele pode socorrer os que são tentados e prometeu que subjugará Satanás sob os pés de Seu povo. Sendo assim, o povo de Deus, quando for atingido por qualquer um desses cansaços, deve recorrer a Jesus Cristo em busca de refúgio e descanso.

REFLEXÕES

a) *Podemos ver aqui grandes razões para admirar a bondade e a graça de Deus para conosco em nossa condição inferior, pois Ele as providenciou para nossa ajuda e alívio.* Estamos, por nosso próprio pecado contra Deus, mergulhados em toda espécie de maldade, e Deus providenciou uma solução contra isso, não nos deixou desamparados em nenhuma calamidade. Devido ao nosso pecado, nos expusemos à ira, à uma justiça vingativa, mas Deus fez grandes coisas para que pudéssemos ser salvos da ira, pagou um preço infinito para que a Lei pudesse ser cumprida sem sofrimento para nós. Pelos nossos pecados, nos expusemos ao terror da consciência, na expectativa da terrível tempestade da ira de Deus, porém Ele preparou para nós um esconderijo contra tal tempestade, e nos manda entrar em Seus aposentos e nos esconder da indignação.

Tornamo-nos criaturas pobres e necessitadas por causa de nossos pecados, mas Deus proveu para nós ouro provado no fogo. Nós, em virtude do pecado, tornamo-nos nus. Quando Ele passou, percebeu nossa necessidade e nos deu vestes brancas para vestir. Nós nos tornamos cegos, e Deus, em Sua misericórdia, concedeu colírio para que víssemos. Privamo-nos de todo alimento espiritual, somos como o filho pródigo que estava perecendo de fome e teria de bom grado enchido o ventre com a comida dos porcos. Deus notou essa nossa condição, providenciou para nós um banquete completo e enviou Seus servos para convidar os pobres, aleijados, coxos e cegos. Devido ao nosso pecado, nos colocamos em um deserto seco e sedento, mas Deus foi misericordioso, tomou conhecimento de nossa condição e preparou para nós rios de água, água da rocha. Nós, pelo pecado, trouxemos sobre nós mesmos uma escravidão e cativeiro miseráveis. Deus providenciou a nossa liberdade. Nós nos expusemos ao cansaço, Ele proveu um lugar de descanso para nós. Pelo pecado, submetemo-nos a muitos problemas e aflições exteriores. O Pai teve compaixão de nós e em Cristo nos concedeu verdadeiro conforto. Nós nos sujeitamos a nosso grande inimigo, sim, a Satanás, para sermos tentados e esbofeteados. No entanto, Deus se compadeceu e providenciou o Salvador e Capitão da salvação, que venceu Satanás e pode nos libertar. Assim, Deus proveu em Cristo o suficiente para nos ajudar em todos os tipos de males.

Como devemos bendizer a Deus por esta abundante provisão que fez a nós, pobres pecadores como éramos, tão indignos e ingratos! Ele não fez tal provisão para os anjos caídos, que ficam sem solução em todas as desgraças e misérias em que estão mergulhados.

b) *Devemos admirar o amor de Cristo pelos homens, que assim se entregou como solução para todos os seus males e fonte de todo o bem.* Cristo se entregou por nós para ser todas as coisas das quais necessitamos. Queremos roupa, e Cristo não só nos a dá, mas se dá a si mesmo para ser a nossa roupa, para que possamos nos revestir dele. A Bíblia diz: "Porque todos quantos fostes batizados em Cristo de Cristo vos revestistes" (GL 3:27), e ainda: "mas revesti-vos do Senhor Jesus Cristo e nada disponhais para a carne no tocante às suas concupiscências" (RM 13:14).

Queremos comida, e Cristo se entregou para ser o nosso alimento. Ele deu a Sua própria carne para ser a nossa comida e Seu sangue para ser a nossa bebida, para nutrir nossa alma. Assim, Cristo nos diz ser o Pão que desceu do Céu e o Pão da vida. "Eu sou o pão da vida. Vossos pais comeram o maná no deserto e morreram. Este é o pão que desce do céu, para que todo o que dele comer não pereça. Eu sou o pão vivo que desceu do céu; se alguém dele comer, viverá eternamente; e o pão que eu darei pela vida do mundo é a minha carne" (JO 6:48-51). Para que comêssemos a Sua carne, era necessário que Ele fosse morto, como os sacrifícios deveriam ser feitos antes que pudessem ser consumidos. Tão grande foi o amor de Cristo por nós que consentiu em ser morto. Foi como uma ovelha para o matadouro, para que pudesse nos dar Sua carne para servir de alimento para nossas pobres almas famintas.

Precisamos de uma habitação. Devido ao pecado, por assim dizer, saímos de casa e perdemos o lar. Cristo se entregou para ser a habitação do Seu povo: "Senhor, tu tens sido o nosso refúgio, de geração em geração" (SL 90:1). É promessa ao povo de Deus que deveriam habitar no Templo de Deus para sempre e não deveriam sair mais. E nos é dito que Cristo é o Templo da nova Jerusalém (VEJA APOCALIPSE 21:22).

Jesus se entrega ao Seu povo para ser tudo do que necessitam e tudo que contribui para a felicidade deles: "...no qual não pode haver grego nem judeu, circuncisão nem incircuncisão, bárbaro, cita, escravo, livre; porém Cristo é tudo em todos" (CL 3:11). E para que Ele pudesse ser esse tudo, não recusou nada que fosse necessário para prepará-lo para tal missão.

Quando foi necessário que Ele encarnasse, não recusou, mas tornou-se homem e apareceu na forma de um servo. Quando foi preciso que fosse morto, não declinou, mas se entregou na cruz por nós.

Aqui está o amor para admirarmos, louvarmos e nos regozijarmos, com uma alegria que é plena de glória para sempre.

A EXCELÊNCIA DE CRISTO[6]

*Todavia, um dos anciãos me disse:
Não chores; eis que o Leão da tribo de Judá,
a Raiz de Davi, venceu para abrir o livro e
os seus sete selos. Então, vi, no meio do trono
e dos quatro seres viventes e entre os anciãos,
de pé, um Cordeiro como tendo sido morto...*

(APOCALIPSE 5:5-6)

As visões e revelações que o apóstolo João teve sobre os eventos vindouros da providência divina são aqui apresentadas com uma visão do livro dos decretos de Deus, pelos quais esses eventos foram predeterminados. Isto é representado como um livro "na mão direita daquele

---

[6] Agosto de 1736. "O Sr. Edwards escolheu este discurso porque seguiria corretamente outras abordagens que eram principalmente exposições sobre 'despertamento'." Tradução livre da afirmação a respeito deste sermão contida em *Memoirs of Rev. Jonathan Edwards* (Memórias de Jonathan Edwards), de Samuel Hopkins e John Hawksley, impresso por James Black, Londres, 1815.

que estava sentado no trono [...] escrito por dentro e por fora, de todo selado com sete selos" (AP 5:1). Antigamente, os livros costumavam ser feitos com folhas largas de pergaminho, papiro ou algo semelhante, unidas em uma borda e assim enroladas, depois seladas, ou, de alguma forma, presas juntas para evitar seu desdobramento e abertura. Em Jeremias 36:2, lemos sobre o rolo de um livro.

Parece que João teve a visão de um livro que se assemelhava a esse, "escrito por dentro e por fora", ou seja, nas páginas internas e também em uma externa, isto é, aquela que foi usada para enrolá-lo. É mencionado que está "selado com sete selos", significando que seu conteúdo era secreto e estava perfeitamente escondido ou que os decretos de Deus sobre eventos futuros estão selados e ocultos, impossibilitando qualquer criatura de descobri-los até que Deus se agrade em torná-los conhecidos. Nas Escrituras, a perfeição é frequentemente simbolizada pelo número sete, significando o superlativo ou o grau mais perfeito de qualquer coisa, que provavelmente surgiu a partir do conceito de que no sétimo dia Deus contemplou as obras da criação concluídas, descansou e se regozijou nelas por estarem maravilhosamente perfeitas e completas.

Quando João viu o livro, disse:

> *Vi, também, um anjo forte que proclamava em grande voz: Quem é digno de abrir o livro e de lhe desatar os selos? Ora, nem no céu, nem sobre a terra, nem debaixo da terra, ninguém podia abrir o livro, nem mesmo olhar para ele...* (APOCALIPSE 5:2-3)

E chorou muito porque "nem no céu, nem sobre a terra, nem debaixo da terra, ninguém podia abrir o livro, nem mesmo olhar para ele...". João relata como suas lágrimas cessaram depois que "...um dos anciãos [lhe] disse: Não chores; eis que o Leão da tribo de Judá, a Raiz de Davi, venceu..." (v.5). Apesar de nenhum homem, nem anjo, nem qualquer outra criatura poder abrir os selos, ou ser digno do privilégio de ler o livro, ainda assim foi declarado, para conforto desse amado discípulo, que Cristo podia e era digno de abri-los. E temos um relato nos capítulos posteriores de como Ele realmente o fez, abrindo os selos em ordem, abrindo um após o outro, revelando o que Deus havia decretado que aconteceria no futuro. Em Apocalipse 5, ainda temos o relato de Sua vinda, a cena do Cordeiro vindo e tomando "...o livro da mão direita daquele que estava sentado no trono" (v.7) e os exultantes louvores que lhe foram cantados no Céu e na Terra naquela ocasião.

Muitas coisas poderiam ser observadas nas palavras de Apocalipse 5:5-6, porém meu propósito atual é apenas considerar os dois títulos distintos conferidos a Cristo ali:

a) *Ele é chamado de Leão.* Eis aqui o Leão da tribo de Judá. Ele parece ser chamado dessa forma em alusão ao que Jacó, no leito de morte, proferiu em sua bênção à tribo quando abençoou Judá comparando-o a um leão, dizendo: "Judá é leãozinho; da presa subiste, filho meu. Encurva-se e deita-se como leão e como leoa; quem o despertará?" (GN 49:9). E também em referência ao estandarte do acampamento de Judá no deserto, no qual era exibido um leão, conforme a antiga tradição dos judeus. Do mesmo modo, faz referência aos atos corajosos de Davi, que era da tribo de Judá, o qual, na bênção profética de Jacó, foi comparado a um leão. Porém, mais especificamente, com os olhos em Jesus Cristo, que também pertencia à mesma tribo, foi descendente de Davi e é chamado "A Raiz de Davi" no referido texto. Por essa razão, Cristo é chamado "o Leão da tribo de Judá".

b) *Ele é chamado de Cordeiro*. João foi informado sobre um leão que venceu para abrir o livro e provavelmente esperava ver um leão em sua visão. No entanto, enquanto esperava, eis que um cordeiro surgiu para abrir o livro, uma criatura extremamente diferente de um leão. O leão é um predador que costuma massacrar os outros animais, e nenhuma criatura é tão indefesa quanto um cordeiro. Cristo está aqui representado não apenas como um cordeiro, uma criatura muito suscetível de ser morta, mas um "Cordeiro como tendo sido morto", ou seja, com as marcas de suas feridas mortais.

O que observo nessas palavras para a temática desta minha abordagem é o seguinte:

- **Há uma admirável conjunção de diversas excelências em Jesus Cristo.** O leão e o cordeiro, embora criaturas muito diferentes, possuem excelências peculiares. O leão se sobressai pela força e majestade de sua aparência e rugido; o cordeiro tem notável mansidão e paciência, além da excelente natureza da criatura, sendo boa para a alimentação, para a produção de vestimentas e apropriada para os sacrifícios a Deus. Então, vemos que Cristo é comparado aos dois no texto, porque as diferentes excelências de ambos se encontram maravilhosamente nele.

Ao dedicar-me a este tema: *Primeiro*, mostrarei que há uma admirável conjunção de diversas excelências em Cristo. *Segundo*, apresentarei como esta admirável conjunção de excelências aparece nos atos de Cristo. E em *terceiro*, farei a aplicação.

1. Mostrarei que há uma admirável conjunção de diversas excelências em Cristo, que aparecem em três coisas:

a) *Há uma conjunção de excelências em Cristo, que, em nossa maneira de perceber, são muito diversas entre si.* São várias as perfeições e excelências divinas que Cristo possui. Ele é uma pessoa divina, portanto, tem todos os atributos de Deus. A diferença entre Deus e Jesus é principalmente relativa à nossa maneira de concebê-los. E essas excelências mais diversas se encontram na pessoa de Cristo.

Mencionarei dois exemplos.

Primeiro, encontram-se em Jesus Cristo infinita alteza e complacência. Cristo, sendo Deus, é sobretudo infinitamente grandioso e elevado. Ele é superior aos reis da Terra, pois é o Rei dos reis e o Senhor dos senhores. É mais alto do que os Céus e do que todos os anjos. Ele é tão grande que todos os homens, reis e príncipes são como vermes do pó diante dele. Todas "as nações são consideradas [...] como um pingo que cai de um balde e como um grão de pó na balança" (IS 40:15), sim, e os próprios anjos são como nada diante dele. Ele é tão grandioso que não necessita de nossa ajuda, está além do alcance humano. Não podemos ser úteis a Ele visto que está acima de nossas concepções, de maneira que não se pode compreendê-lo. "Qual é o seu nome, e qual é o nome de seu filho, se é que o sabes?" (PV 30:4). Nosso entendimento, se o ampliássemos mais, jamais poderia alcançar a Sua glória divina. "Como as alturas dos céus é a sua sabedoria; que poderás fazer?" (JÓ 11:8). Cristo é o criador e o grande detentor do Céu e da Terra. Ele é o Senhor soberano de todos e governa o Universo fazendo tudo o que lhe agrada. Seu conhecimento é ilimitado, e Sua sabedoria é perfeita. Ninguém pode compreendê-la. Seu poder é infinito e não há quem possa resisti-lo. Suas riquezas são imensas e inesgotáveis, e Sua majestade é infindavelmente temível.

E ainda assim, Ele é de infinita complacência. Ninguém é tão fraco ou inferior que a benignidade de Cristo não seja suficiente para dar graciosa atenção. Ele é benigno não somente para os anjos — humilhando-se para contemplar as coisas que são feitas no Céu —, mas também para criaturas tão pobres como os homens. E não só para observar príncipes e célebres homens, mas também aqueles que são da mais baixa posição e título, os " pobres deste mundo" (TG 2:5 ARC). Esses que são comumente ignorados pelos seus semelhantes, Cristo não os despreza. "Deus escolheu as coisas humildes do mundo, e as desprezadas..." (1CO 1:28). Cristo é complacente ao se importar com os mendigos (VEJA LUCAS 16:20-23) e as pessoas das nações mais esquecidas. Em Jesus Cristo não existe "...bárbaro, cita, escravo, livre..." (CL 3:11). Aquele que é, portanto, exaltado condescende graciosamente em observar as criancinhas: "Jesus, porém, disse: Deixai os pequeninos, não os embaraceis de vir a mim..." (MT 19:14). Além disso, a complacência do Senhor é suficiente para contemplar graciosamente as criaturas mais indignas e pecadoras, aquelas que nada merecem e têm infinitos méritos de maldade.

Sim, tão grande é a condescendência de Cristo que ela não só é suficiente para graciosamente contemplar tais como esses, mas é suficiente para tudo que seja um ato de complacência. Sua condescendência é grande o bastante para se tornar amigo deles, seu companheiro, unir-se as suas almas em casamento espiritual. O bastante para tomar sobre si a natureza humana, tornando-se um deles. Sim, é grande o suficiente para se humilhar ainda mais, até mesmo se expor à vergonha, ser cuspido e se entregar a uma morte indigna no lugar deles. E que ato de bondade pode ser considerado maior? Não obstante, um ato como esse tem Sua condescendência ofertada àqueles que são tão inferiores e mesquinhos, desprezíveis e indignos

Tal conjunção de infinita alteza e humilde complacência, na mesma pessoa, é admirável. Vemos, por meio de diversos exemplos, a propensão que uma alta posição tem nos homens, de fazê-los desenvolver um caráter totalmente contrário. Se um verme estiver um pouco acima de outro por ter mais sujeira ou uma pilha maior de dejetos, que importância ele dará a si mesmo! Que distância ele mantém daqueles que estão abaixo dele! Ele espera que a menor condescendência seja altamente valorizada e reconhecida. Cristo condescende em lavar nossos pés, mas como os grandes homens (ou melhor, os maiores vermes) se considerariam rebaixados por atos de menor condescendência!

Segundo, encontram-se em Jesus Cristo infinita justiça e graça. Sendo Cristo uma pessoa divina, é infinitamente santo e justo e está disposto a executar o castigo devido ao pecado, odiado por Ele. É o Juiz do mundo, infinitamente justo, e não absolverá, de forma alguma, o perverso ou inocentará o culpado.

E, ainda assim, Ele é infinitamente gracioso e misericordioso. Embora Sua justiça seja rigorosa no tocante a todo pecado e violação da Lei, Ele possui graça suficiente e abundante para cada pecador, até mesmo para o maior de todos. E não é apenas suficiente para mostrar misericórdia aos mais indignos e lhes conceder algo bom, mas para outorgar o maior bem. Sim, a Sua graça é abundante para oferecer o bem e fazer todas as coisas por eles. Não há benefício algum ou bênção maior que possam receber, senão a graça de Cristo, que é suficiente para o maior pecador que já existiu. E não apenas isso, mas a Sua graça é grande o bastante não só para fazer grandes coisas, mas também para sofrer a fim de realizá-las; e não apenas sofrer, mas sofrer muito até à morte, o mais terrível dos males naturais. Não uma morte qualquer, mas a mais infame, atormentadora e, em todos os aspectos, terrível que o homem poderia infligir. Sim, e sofrimentos maiores do que o homem poderia infligir, o qual só poderia atormentar o corpo. Cristo tinha sofrimentos em Sua alma que foram os frutos mais imediatos da ira de Deus contra os pecados daqueles a quem o Senhor representava.

b) *Há, na pessoa de Cristo, excelências tão diversas, que, de outra forma, seriam consideradas totalmente incompatíveis em uma mesma pessoa.* Elas não estão em nenhum outro ser, nem divino, humano ou angelical. Nem mesmo os homens e os anjos teriam imaginado que poderiam ser encontradas na mesma pessoa, se não tivessem sido vistas em Cristo. Darei alguns exemplos.

Na pessoa de Cristo, encontramos glória infinita e a mais profunda humildade. Essas duas excelências não se encontram em outra pessoa, senão em Cristo. Nenhuma criatura tem glória infinita além de Jesus, pois, embora a natureza divina abomine o orgulho, a humildade não é propriamente um predicado de Deus Pai e do Espírito Santo, os quais existem apenas em natureza divina. Ela é uma excelência própria apenas da natureza criada. Consiste radicalmente no sentido de uma baixeza e pequenez comparativas perante Deus, ou em uma grande distância entre Deus e a pessoa dessa virtude. Seria uma contradição pressupor algo assim em Deus.

Mas em Jesus Cristo, que é simultaneamente Deus e homem, essas duas excelências distintas estão harmoniosamente unidas. Ele é uma pessoa infinitamente exaltada em glória e dignidade, "pois ele, subsistindo em forma de Deus, não julgou como usurpação o ser igual a Deus" (FP 2:6). Existe igual honra devida tanto a Ele quanto ao Pai: "...que todos honrem o Filho do modo por que honram o Pai..." (JO 5:23). O próprio Deus lhe diz: "O teu trono, ó Deus, é para todo o sempre..." (HEBREUS 1:8). E há o mesmo respeito supremo e culto divino devotado a Ele pelos anjos do Céu, como a Deus Pai: "E todos os anjos de Deus o adorem" (v.6).

Entretanto, por mais que Cristo seja superior a tudo, ainda assim é o mais humilde de todos. Nunca existiu um exemplo tão grande dessa virtude entre homens ou anjos como Jesus. Ninguém foi tão sensível à distância entre Deus e Ele ou teve um coração tão humilde diante de Deus como o homem Jesus Cristo: "...aprendei de mim, porque sou manso e humilde de coração..." (MT 11:29). Que espírito maravilhoso de humildade se manifestou em Seu comportamento quando esteve aqui na Terra! Tendo contentamento em Sua modesta condição exterior, vivendo por 30 anos na família de José, o carpinteiro, e Maria, sua mãe. Depois, escolhendo a simplicidade, pobreza e desprezo, em vez da grandeza terrena. Também no ato de lavar os pés de Seus discípulos e em todos os Seus discursos e atitudes para com eles. E ainda em permanecer alegre, na forma de um servo durante toda Sua vida, e submeter-se a uma imensa humilhação no momento da morte.

Na pessoa de Cristo, se encontram a majestade infinita e a extraordinária mansidão. Essas são duas qualificações que não se encontram em nenhuma outra pessoa além de Cristo. A mansidão, propriamente dita, é uma virtude peculiar apenas da criatura. Raramente encontramos mencionada nas Escrituras como um atributo divino, ao menos não no Novo Testamento, pois ela parece significar uma calma e paz de espírito decorrentes da humildade de seres mutáveis que são naturalmente suscetíveis à perturbação de um mundo tempestuoso e prejudicial. Mas Cristo, sendo simultaneamente Deus e homem, tem tanto majestade infinita quanto mansidão extraordinária.

Cristo foi uma pessoa de majestade infinita. Sobre Ele é mencionado: "Cinge a espada no teu flanco, herói; cinge a tua glória e a tua majestade!" (SL 45:3). É Ele que é poderoso, que cavalga sobre os Céus e Sua excelência sobre o firmamento. Jesus é temível desde os Seus santuários, que é mais forte do que o som de muitas águas, sim, do que as poderosas ondas do mar, diante de quem vai um incêndio e queima Seus inimigos ao redor, em cuja presença a Terra treme e as colinas derretem; que se assenta sobre o círculo da Terra, cujos todos os habitantes são como gafanhotos; que repreende o mar e faz secar os rios. Ele é Aquele cujos olhos são como chamas de fogo, de cuja presença e glória, os ímpios serão punidos pelo Seu poder com a destruição eterna. Ele é o bendito e único soberano, o Rei dos reis e Senhor dos senhores, que tem o Céu por Seu trono e a Terra por estrado de Seus pés; que é o alto e Sublime que habita a eternidade, cujo reino é eterno e o domínio não tem fim.

Contudo, Ele foi o exemplo mais maravilhoso de mansidão e humilde quietude de espírito, conforme as profecias sobre Ele:

Ora, isto aconteceu para se cumprir o que foi dito por intermédio do profeta: Dizei à filha de Sião: Eis aí te vem o teu Rei, humilde, montado em jumento, num jumentinho, cria de animal de carga. (MATEUS 21:4-5)

E Cristo declarou sobre si mesmo: "...sou manso e humilde de coração..." (MT 11:29). Isso está em concordância com o que se manifestava em Seu comportamento, pois nunca se viu tamanho exemplo na Terra de atitudes de mansidão, mesmo sob calúnias e reprovações dos inimigos. Não revidava, mesmo quando era injuriado. Ele tinha um espírito maravilhoso de perdão. Estava pronto para perdoar Seus piores inimigos e orava por eles com orações fervorosas e eficazes. Que mansidão Ele demonstrou ao ser desprezado e zombado pelos soldados! Ele ficou em silêncio e não abriu a boca, mas foi como um cordeiro mudo para o matadouro (VEJA ISAÍAS 53:7). Assim é Cristo, um Leão em majestade e um Cordeiro em mansidão.

Há na pessoa de Cristo a mais profunda reverência a Deus e igualdade com Ele. Cristo, quando esteve na Terra, demonstrava profunda e santa reverência para com o Pai. Ele lhe prestou a mais intensa reverência em oração. Lemos que "...de joelhos, orava" (LC 22:41). Desse modo, Cristo se tornou aquele que havia assumido a natureza humana, mas, ao mesmo tempo, existia na natureza divina, na qual Ele era, em todos os aspectos, igual à pessoa do Pai. Deus Pai não tem nenhum atributo ou perfeição que o Filho não tenha, em grau e glória iguais. Esses traços coexistem apenas na pessoa de Jesus Cristo.

Há na pessoa de Cristo a virtude infinita do bem, e a maior paciência sob os sofrimentos do mal. Ele era completamente inocente e não merecia sofrer. Jesus não merecia a punição de Deus por culpa alguma e não merecia o mal dos homens. Sim, não só era inocente nem merecedor de sofrimento, como era infinitamente digno do amor do Pai, de eterna felicidade e de toda afeição, amor e serviço possíveis de todos os homens.

E, ainda assim, Ele foi perfeitamente paciente sob os maiores sofrimentos que já foram suportados neste mundo. "...suportou a cruz, não fazendo caso da ignomínia..." (HB 12:2). Cristo sofreu da parte do Pai não devido às Suas faltas, mas às nossas, e sofreu pela mão dos homens não por

Suas culpas, mas pelas coisas devido às quais Ele era infinitamente digno do amor e honra deles, o que tornava Sua paciência a mais maravilhosa e gloriosa.

Pois que glória há, se, pecando e sendo esbofeteados por isso, o suportais com paciência? Se, entretanto, quando praticais o bem, sois igualmente afligidos e o suportais com paciência, isto é grato a Deus. Porquanto para isto mesmo fostes chamados, pois que também Cristo sofreu em vosso lugar, deixando-vos exemplo para seguirdes os seus passos, o qual não cometeu pecado, nem dolo algum se achou em sua boca; pois ele, quando ultrajado, não revidava com ultraje; quando maltratado, não fazia ameaças, mas entregava-se àquele que julga retamente, carregando ele mesmo em seu corpo, sobre o madeiro, os nossos pecados, para que nós, mortos para os pecados, vivamos para a justiça; por suas chagas, fostes sarados.
(1 PEDRO 2:20-24)

Não existe ninguém com tal conjunção de inocência, merecimento e paciência sob o sofrimento como Cristo.

Na pessoa de Cristo, estão unidos um espírito superior de obediência com domínio supremo sobre o Céu e a Terra. Cristo é o Senhor de todas as coisas em dois aspectos: como Deus-homem e como Mediador, e, assim, Seu domínio é designado e concedido pelo Pai. Tendo essa delegação da parte de Deus, Jesus é como um vice-regente do Pai (representante administrativo do governante). Mas é Senhor de todas as coisas em outro aspecto, isto é, sendo divino em Sua natureza original, é Senhor e soberano sobre todos por direito, tanto quanto o Pai. Sendo assim, Ele tem domínio sobre o mundo, não só por delegação, mas por Seu próprio direito. Ele não está "subordinado a Deus", como os arianos[7] supõem, mas é *Deus supremo* em todos os desígnios e propósitos.

No entanto, na mesma pessoa encontra-se o maior espírito de obediência aos mandamentos e leis de Deus que já existiu no Universo, o que Cristo manifestou em Sua obediência ao Pai aqui neste mundo. Jesus mesmo afirmou: "...faço como o Pai me ordenou..." (JO 14:31) e ainda: "...assim como também eu tenho guardado os mandamentos de meu Pai e no seu amor permaneço" (JO 15:10). A grandeza de Sua obediência aparece na perfeição e no fato de obedecer a mandamentos demasiadamente difíceis. Ninguém jamais recebeu de Deus ordens tão grandes e árduas como prova de tão grande obediência como Jesus Cristo. Uma destas foi que se rendesse aos terríveis sofrimentos que a Ele foram impostos. Veja o que Ele diz: "...porque eu dou a minha vida [...]. Ninguém a tira de mim; pelo contrário, eu espontaneamente a dou. Tenho autoridade para a entregar e também para reavê-la. Este mandato recebi de meu Pai" (JO 10:17-18). E Cristo foi completamente obediente a esta ordem de Deus: "...embora sendo Filho, aprendeu a obediência pelas coisas que sofreu" (HB 5:8); "...a si mesmo se humilhou, tornando-se obediente até à morte e morte de cruz" (FP 2:8). Nunca houve tal exemplo

---

[7] Seguidores de Ário (256–336 d.C.), que negava a divindade de Cristo. Ário defendia a existência apenas de Deus, o Pai, e que Jesus não era o Filho nem emanação de Deus, pois fora criado por Ele sendo apenas uma criatura superior às demais. Esta heresia ficou conhecida como arianismo e foi difundida a partir do século 4.

de obediência como este em homem ou anjo algum, embora Ele fosse Senhor supremo tanto dos anjos quanto dos homens.

Na pessoa de Cristo, estão unidas a soberania absoluta e a perfeita resignação. Esta é outra conjunção inigualável. Cristo, sendo Ele Deus, é o soberano absoluto do mundo, aquele que ordena todos os acontecimentos. Os decretos de Deus são soberanos, assim como a obra da criação e todas as obras de Sua providência. É Ele quem faz todas as coisas segundo o conselho de Sua própria vontade. "...Tudo foi criado por meio dele e para ele" (CL 1:16); "...Meu Pai trabalha até agora, e eu trabalho também" (JO 5:17); "...Quero, fica limpo!..." (MT 8:3).

Mas, ainda assim, Cristo foi o mais maravilhoso exemplo de resignação que já existiu neste mundo. Ele se resignou absoluta e perfeitamente quando teve uma perspectiva próxima e imediata de Seus terríveis sofrimentos e do cálice amargo do qual deveria beber. A ideia e a expectativa disso fizeram com que Sua alma ficasse cheia de angústia até a morte e o colocaram em agonia de tal forma que Seu suor se tornou em grandes gotas ou coágulos de sangue, caindo ao chão (VEJA LUCAS 22:41-43). Porém, mesmo em tais circunstâncias, Ele estava totalmente resignado à vontade de Deus. "Meu Pai, se possível, passe de mim este cálice! Todavia, não seja como eu quero, e sim como tu queres" (MATEUS 26:39); "Meu Pai, se não é possível passar de mim este cálice sem que eu o beba, faça-se a tua vontade" (v.42).

Em Cristo, encontram-se autossuficiência, confiança e segurança em Deus, que é outra conjunção peculiar à pessoa

de Cristo. Por ser uma pessoa divina, Ele é autossuficiente, não necessitando de nada. Todas as criaturas dependem dele, mas Ele não depende de ninguém. Embora Sua origem e filiação fossem eternas, não são provas de que haja dependência da vontade do Pai, pois essa procedência era natural e necessária, e não arbitrária. Mas, ainda assim, Cristo confiava inteiramente em Deus. Seus inimigos falavam sobre Ele: "Confiou em Deus; pois venha livrá-lo agora..." (MT 27:43). E o apóstolo Pedro testifica que Cristo "...entregava-se àquele que julga retamente" (1PE 2:23).

c) *Essas diversas excelências são expressas nele em relação aos homens, que de outra forma pareceriam impossíveis de serem exercidas sobre o mesmo objeto; como particularmente estas três: justiça, misericórdia e verdade.* Estas são mencionadas em Salmos: "A misericórdia e a verdade se encontraram; a justiça e a paz se beijaram" (SL 85:10 ARC).

A rigorosa justiça de Deus, e até mesmo a Sua justiça vingativa, em oposição aos pecados dos homens, jamais foi tão gloriosamente manifesta como em Cristo. Ele manifestou um infinito zelo pelo atributo da justiça de Deus; por essa razão, quando desejou salvar os pecadores, estava disposto a padecer sofrimentos tão extremos para que a salvação deles não ofendesse a honra desse atributo. E, como é o Juiz do mundo, Ele mesmo exerce uma justiça rigorosa: não inocentará o culpado nem absolverá o ímpio em julgamento.

No entanto, como é maravilhosa a infinita misericórdia demonstrada nele! Que gloriosa graça e amor inefável foram e são exercidos por Cristo para com os pecadores! Embora Ele seja o justo Juiz de um mundo pecaminoso, ainda assim também é o Salvador. Apesar de Ele ser um fogo que consome o pecado, também é a Luz e a Vida dos pecadores.

> *A quem Deus propôs, no seu sangue, como propiciação, mediante a fé, para manifestar a sua justiça, por ter Deus, na sua tolerância, deixado impunes os pecados anteriormente cometidos; tendo em vista a manifestação da sua justiça no tempo presente, para ele mesmo ser justo e o justificador daquele que tem fé em Jesus.* (ROMANOS 3:25-26)

Assim, a verdade imutável de Deus, nas ameaças da Sua lei contra os pecados dos homens, nunca foi tão manifesta como o é em Jesus Cristo. Jamais existiu prova maior da imutabilidade da verdade de Deus nessas ameaças contra o pecado como quando este foi imputado a Seu próprio Filho. E então, em Cristo foi visto o total cumprimento dessas ameaças, que nunca foi e nem será visto em nenhum outro caso, pois a eternidade que levará para o cumprimento dessas ameaças aos outros nunca terá fim. Cristo manifestou um infinito respeito por essa verdade de Deus em Seus sofrimentos. E, em Seu juízo do mundo, Ele faz do pacto das obras, que contém essas terríveis ameaças, Sua regra de julgamento. Cristo cuidará para que este não seja infringido no menor jota ou til. Não fará nada contrário às ameaças da Lei e seu completo cumprimento. No entanto, em Jesus temos muitas promessas grandes e preciosas, promessas de perfeita libertação do castigo da Lei. E esta é a promessa que Ele nos fez: a vida eterna. E "...quantas são as promessas de Deus, tantas têm nele o sim; porquanto também por ele é o amém..." (2 CO 1:20).

2. **Tendo até aqui mostrado que existe uma admirável conjunção de excelências em Jesus Cristo, prossigo agora, para o segundo ponto, apresentando como esta admirável conjunção evidencia-se nos atos dele:** ao assumir a natureza humana; em Sua vida terrena; em Sua morte sacrificial; em Sua exaltação no Céu; e ao subjugar finalmente todo o mal, quando Ele retornar em glória.

a) *Isso torna-se visível no que Cristo fez ao assumir para si a nossa natureza.* Neste ato, Sua infinita condescendência evidenciou-se extraordinariamente: aquele que era Deus tornou-se homem, o Verbo se fez carne e tomou sobre si uma natureza infinitamente inferior à Sua natureza original. E isso parece ainda mais notável nas circunstâncias humildes de Sua encarnação: foi concebido no útero de uma moça simples, cuja pobreza evidenciou-se no momento quando foi oferecer sacrifícios de sua purificação, conforme descrito: "...e para oferecer um sacrifício, segundo o que está escrito na referida Lei: Um par de rolas ou dois pombinhos" (LC 2:24). Isso só era permitido no caso de a pessoa ser tão pobre que não tinha condições de oferecer um cordeiro (VEJA LEVÍTICO 12:8).

Embora Sua infinita condescendência aparecesse na forma de Sua encarnação, ainda assim, Sua dignidade divina também se evidenciava nisso, pois, não obstante Ele ter sido concebido no ventre de uma virgem pobre, foi gerado ali pelo poder do Espírito Santo. Sua dignidade divina também apareceu na santidade de Sua concepção e nascimento. Ainda que tenha sido concebido no ventre de alguém da corrupta raça humana, foi gerado e nasceu sem pecado, como disse o anjo à bem-aventurada virgem:

Descerá sobre ti o Espírito Santo, e o poder do Altíssimo te envolverá com a sua sombra; por isso, também o ente santo que há de nascer será chamado Filho de Deus.
(LUCAS 1:35)

Sua infinita condescendência apareceu maravilhosamente na forma de Seu nascimento. Ele nasceu em um estábulo, pois não havia espaço para eles na pousada. A estalagem estava ocupada por outros, considerados como pessoas mais importantes. A bem-aventurada virgem, sendo pobre e desprezada, foi rejeitada e impedida de entrar. Ainda que ela estivesse em circunstâncias tão necessárias, aqueles que se julgavam melhores não lhe deram lugar. Quando chegou a hora de seu parto, foi obrigada a se abrigar em um estábulo, e, quando a criança nasceu, foi envolta em panos e faixas e colocada em uma manjedoura. Ali estava Cristo, encarnado como um frágil bebê e eminentemente como um cordeiro.

Todavia, essa pequena criança, nascida em um estábulo e deitada em uma manjedoura, nasceu para conquistar e triunfar sobre Satanás, o leão que ruge (VEJA 1 PEDRO 5:8). Cristo veio para subjugar os grandes poderes das trevas e expô-los publicamente ao desprezo, e, assim, restaurar a paz na Terra, manifestando a boa vontade de Deus para com os homens. Veio também para trazer glória a Deus nas alturas, conforme a declaração alegre entoada pelas gloriosas hostes de anjos que apareceram aos pastores enquanto a criança jazia na manjedoura, na qual foi manifesta Sua dignidade divina (VEJA LUCAS 2:10-15).

b) *Esta admirável conjunção de excelências aparece nos atos e em vários momentos da vida de Cristo.*
Apesar de Cristo ter vivido em circunstâncias exteriores modestas, pelas quais Sua condescendência e humildade foram evidenciadas e Sua majestade ocultada, Sua divindade e glória brilharam em muitos de Seus atos através do véu ainda assim. Isto demonstrou que Ele não era apenas o Filho do Homem, mas o grande Deus.

Portanto, nas circunstâncias de Sua infância, Sua pobreza exterior apareceu; no entanto, houve algo então para demonstrar Sua dignidade divina: os sábios foram avisados para irem do Oriente a fim de honrá-lo, guiados miraculosamente por uma estrela, e, adorando-o, presentearam-no com ouro, incenso e mirra. A humildade e mansidão de Jesus apareceram maravilhosamente em Sua sujeição à mãe e ao pai designado, quando era uma criança. Nisso Ele se mostrou um cordeiro. Porém Sua glória divina brilhou quando, aos 12 anos, discursou para os doutores no Templo. Nessa ocasião, Ele se mostrou como o Leão da tribo de Judá.

E então, após começar o Seu ministério publicamente, Sua maravilhosa humildade e mansidão se manifestavam quando escolhia aparecer em contextos desabastados e se contentar neles, mesmo sendo tão pobre que não tinha onde reclinar a cabeça e dependia da caridade de alguns de Seus seguidores para Sua subsistência, como relatado em Lucas 8. Quão manso, condescendente e familiar era o Seu tratamento e discurso com os discípulos, tratando-os como um pai aos seus filhos, sim, como amigos e companheiros! Cristo era paciente, suportando aflição, reprovação e muitas difamações dos escribas, fariseus e outros. Nessas coisas, Ele era como um Cordeiro.

Mesmo assim, Cristo mostrou, ao mesmo tempo, Sua divina majestade e glória de muitas maneiras, particularmente nos milagres que realizou, que evidenciavam obras divinas e manifestavam Sua onipotência, e isso o declarou como sendo o Leão da tribo de Judá. Suas obras maravilhosas e milagrosas mostravam nitidamente que Ele é o Deus da natureza; no fato de toda a natureza estar em Suas mãos, podendo controlar, parar ou mudar o seu rumo conforme desejasse. Ao curar os doentes, dar vista cegos, abrir os ouvidos dos surdos, curar os coxos, Jesus mostrou ser o Deus que fez o olho, o ouvido, e foi o autor da criação do corpo humano. Quando, pelo Seu comando, mortos ressuscitaram, demonstrou ser o autor e a fonte da vida, e "...com Deus, o SENHOR, está o escaparmos da morte" (SL 68:20). Quando caminhou sobre as águas na tempestade e as ondas se levantaram, Ele mostrou ser Aquele de quem Deus outrora falou: "...anda sobre os altos do mar..." (JÓ 9:8). Ao acalmar a tempestade e a fúria do mar com Sua poderosa ordem dizendo: "...Acalma-te, emudece!..." (MC 4:39), demonstrou que tem o domínio do Universo e que é o Deus que faz as coisas pelo poder de Sua palavra, que fala e assim acontece, que comanda e se mantém firme, "...que aplacas o rugir dos mares, o ruído das suas ondas..." (SL 65:7). Ele "fez cessar a tormenta, e as ondas se acalmaram" (SL 107:29).

Ó SENHOR, Deus dos Exércitos, quem é poderoso como tu és, SENHOR, com a tua fidelidade ao redor de ti?!

*Dominas a fúria do mar; quando as suas ondas se
levantam, tu as amainas.* (SALMO 89:8-9)

Cristo, ao expulsar os demônios, apareceu notavelmente como o Leão da tribo de Judá e mostrou ser mais forte do que o "...leão que ruge procurando alguém para devorar" (1PE 5:8). Ele ordenou que saíssem, e foram obrigados a obedecer. Eles tinham muito medo de Jesus, caíram aos Seus pés e suplicaram-lhe que não os atormentasse. Com autoridade, Jesus ordenou que uma legião inteira abandonasse a sua possessão, e não puderam sequer entrar nos porcos sem Sua permissão (VEJA MARCOS 5:7-13). Cristo mostrou a glória de Sua onisciência ao contar os pensamentos dos homens, como vemos frequentemente relatado. Assim, Ele demonstrou ser o Deus mencionado por Amós: "...declara ao homem qual é o seu pensamento..." (AM 4:13). Portanto, em meio à pobreza e humilhação, Sua glória divina resplandeceu em Seus milagres. "...deu Jesus princípio a seus sinais em Caná da Galileia; manifestou a sua glória..." (JO 2:11).

Embora Cristo normalmente aparecesse sem glória exterior e em grande obscuridade, ainda assim, em certa ocasião removeu o véu e revelou-se em majestade divina, na medida em que pudesse ser manifestado exteriormente aos homens nesse estado frágil, quando foi transfigurado no monte. O apóstolo Pedro testifica:

*...nós mesmos fomos testemunhas oculares da sua
majestade, pois ele recebeu, da parte de Deus Pai,
honra e glória, quando pela Glória Excelsa lhe foi
enviada a seguinte voz: Este é o meu Filho amado, em*

quem me comprazo. Ora, esta voz, vinda do céu, nós a ouvimos quando estávamos com ele no monte santo.
(2 PEDRO 1:16-18)

Ao mesmo tempo que Cristo costumava mostrar-se manso, condescendente e humilde quando discursava para os Seus discípulos, aparecendo como o Cordeiro de Deus, também costumava apresentar-se como o Leão da tribo de Judá, quando repreendia severamente, com autoridade e majestade divinas, os escribas, fariseus e outros hipócritas.

c) *Esta admirável conjunção de excelências aparece notavelmente ao oferecer a si mesmo como sacrifício pelos pecadores, em Seus últimos sofrimentos.*
O ato de Cristo foi a maior obra da redenção, evidenciando a admirável conjunção de excelências já mencionadas. Foi na Sua morte, de acordo com o profeta Isaías, que Ele mais se revelou como cordeiro: "...como cordeiro foi levado ao matadouro..." (IS 53:7). Em seguida, Cristo foi oferecido a Deus como um cordeiro sem defeito e sem mancha. Então, Ele pareceu, especialmente, ser o antítipo do cordeiro pascal: "...Cristo, nosso Cordeiro pascal, foi imolado" (1CO 5:7). Todavia, nesse mesmo ato, Jesus apareceu como o Leão da tribo de Judá. Sim, acima de todos os outros atos e em muitos aspectos, conforme será apresentado a seguir.

Então, Cristo esteve no ápice de Sua sujeição, e, ainda assim, acima de todas as outras coisas, Sua glória divina resplandece.

A sujeição de Cristo foi grande ao nascer em uma condição inferior, de uma virgem pobre e em um estábulo; ao se sujeitar a José, o carpinteiro, e Maria, Sua mãe, e depois viver humildemente, muitas vezes não tendo onde reclinar a cabeça; e também ao sofrer inúmeras amargas reprovações, enquanto pregava e fazia milagres. Mas Sua submissão nunca foi tão grande quanto em Seus últimos sofrimentos, tendo início na Sua agonia no Getsêmani até a morte de cruz. Em nenhuma circunstância esteve tão sujeito à afronta, dor no corpo e pesar na alma, como naqueles momentos. Jamais esteve em um exercício tão intenso de condescendência, humildade, mansidão e paciência, como nas Suas últimas aflições. Em tempo algum, Sua glória e majestade divinas foram cobertas com um véu tão espesso e escuro, e Ele nunca se esvaziou assim ou abandonou Sua reputação como em tal circunstância.

No entanto, a Sua glória divina jamais foi tão manifesta em algum outro ato quanto ao entregar-se a esses sofrimentos. Quando o fruto e o propósito desse ato foram descobertos e anunciados, então a glória resplandeceu. Foi a obra mais gloriosa de Cristo realizada em favor da criatura. Esse Seu ato é celebrado pelas hostes angelicais com louvores singulares, como Aquele que é glorioso acima de todos.

> *E entoavam novo cântico, dizendo: Digno és de tomar o livro e de abrir-lhe os selos, porque foste morto e com o teu sangue compraste para Deus os que procedem de toda tribo, língua, povo e nação e para o nosso Deus os constituíste reino e sacerdotes; e reinarão sobre a terra. Vi e ouvi uma voz de muitos anjos ao redor do trono, dos seres viventes e dos anciãos, cujo número era de milhões*

de milhões e milhares de milhares, proclamando em grande voz: Digno é o Cordeiro que foi morto de receber o poder, e riqueza, e sabedoria, e força, e honra, e glória, e louvor. (APOCALIPSE 5:9-12)

Em nenhum outro momento Ele manifestou uma prova tão grande de amor simultâneo a Deus e aos que eram inimigos de Deus como em tal ato. Entregar a Sua vida foi o que mais evidenciou o amor de Cristo pelo Pai sob tão inexprimível sofrimento, em obediência à ordenança de Deus e pela reivindicação da honra de Sua autoridade e majestade. Jamais alguma criatura deu um testemunho como esse de amor a Deus.

E, ainda assim, esta foi a maior expressão de Seu amor aos pecadores, inimigos de Deus: "...nós, quando inimigos, fomos reconciliados com Deus mediante a morte do seu Filho..." (RM 5:10). A grandeza do amor de Jesus por eles é revelado em Seu amor ao morrer. O sangue de Cristo que caía em grandes gotas no chão, em Sua agonia, foi derramado por amor aos inimigos de Deus e aos Seus próprios. A vergonha, a cusparada, o suplício do corpo, a excessiva tristeza até a morte que Jesus suportou na alma por amor aos rebeldes contra Deus foram para salvá-los do inferno e comprar-lhes a glória eterna. Em nenhum momento, Cristo mostrou tão eminentemente Seu zelo pela honra de Deus como quando se ofereceu como uma vítima para a Justiça. E ainda, nisto mais do que em qualquer outra coisa, Ele manifestou o Seu amor àqueles que desonraram a Deus, os quais trouxeram tanta culpa sobre si mesmos que somente o Seu sangue poderia fazer expiação por ela.

Cristo nunca se manifestou tão extraordinariamente pela Justiça divina e, no entanto, nunca sofreu tanto por ela quanto ao se oferecer como sacrifício por nossos pecados. Nos grandes sofrimentos de Cristo evidenciou-se a Sua infinita consideração pela honra da justiça de Deus, pois foi a partir dessa estima que Ele se humilhou.

E ainda nestes sofrimentos, Cristo foi o alvo das expressões vingativas daquela mesma justiça de Deus. Em consequência da nossa culpa, essa justiça implacável lançou toda a sua força sobre Ele e o fez suar sangue, clamar na cruz, e, provavelmente, romper os Seus órgãos vitais. Partiu Seu coração, a fonte de sangue, ou alguns outros vasos sanguíneos e, devido à violenta agitação, transformou Seu sangue em água. Pois o sangue e a água que jorraram do Seu lado, ao ser perfurado pela lança, parece ter sido sangue de uma hemorragia e, talvez, possa ser uma espécie de cumprimento literal destas palavras do salmista: "Derramei-me como água, e todos os meus ossos se desconjuntaram; meu coração fez-se como cera, derreteu-se dentro de mim" (SL 22:14). Esta foi a maneira e os meios pelos quais Cristo se levantou para honrar a justiça de Deus, ou seja, sofrendo Sua terrível execução. Pois, quando Ele tomou o lugar dos pecadores, a justiça divina não podia ter sua devida honra de outra forma senão por Cristo sofrendo a vingança dela.

Nisso evidenciaram-se as diversas excelências que se encontram na pessoa de Cristo, isto é, o Seu infinito zelo pela justiça de Deus e o amor àqueles que se expuseram a ela, que levou Cristo a oferecer a si mesmo como sacrifício.

A santidade de Cristo nunca brilhou tão ilustremente como em Seus últimos sofrimentos e, ainda assim, Ele jamais foi considerado como culpado em tamanho grau.
A santidade de Cristo jamais teve um teste como aquele nem tão grande manifestação. Quando foi provada em tal fornalha, saiu como o ouro ou a prata purificada sete vezes. Sua santidade, sobretudo, manifestou-se em Sua busca constante por honrar a Deus e em Sua obediência a Ele. Sua entrega à morte foi transcendentalmente o maior ato de obediência que alguém tributou a Deus, desde a fundação do mundo.

No entanto, Cristo teve um tratamento cruel como qualquer pessoa perversa teria tido. Ele foi preso como um criminoso, e Seus acusadores o apresentaram como o mais desventurado malfeitor. Em Seus sofrimentos antes da crucificação, foi tratado como sendo o pior e mais desprezível ser humano. Então, foi submetido a uma morte que ninguém sofria, a não ser os piores e mais odiados malfeitores, aqueles que eram culpados dos crimes mais tenebrosos. E Jesus padeceu como se fosse culpado pelo próprio Deus, devido à nossa culpa imputada a Ele. "Aquele que não conheceu pecado, Deus o fez pecado por nós..." (2CO 5:21 NAA). Sujeitou-se à ira como se Ele mesmo tivesse sido pecador e tornou-se maldição por nós.

Cristo, em momento algum, manifestou tanto a Sua aversão ao pecado que insulta a Deus como em Sua morte, retirando a desonra que o pecado havia causado a Deus. E também jamais esteve tão sujeito aos terríveis efeitos do furor e da ira de Deus contra o pecado. Nisso, aparecem aquelas distintas excelências encontradas em Cristo, em outras palavras, o amor a Deus e a graça aos pecadores.

Cristo nunca foi tratado tão indignamente quanto em Seus últimos sofrimentos, todavia, é principalmente por causa deles que Ele é considerado digno.

Ele foi tratado como se não fosse digno de viver. "Eles, porém, clamavam: Fora! Fora! Crucifica-o!" (JO 19:15), preferindo a Barrabás. E Jesus sofreu da parte do Pai, como alguém cujos deméritos eram infinitos, em razão dos nossos que lhe foram imputados.

Porém, foi especialmente por esse ato de sujeitar-se a esses sofrimentos que Ele obteve mérito e pelo qual foi considerado, principalmente, digno da glória de Sua exaltação: "...a si mesmo se humilhou, tornando-se obediente até à morte e morte de cruz. Pelo que também Deus o exaltou sobremaneira..." (FP 2:8-9). E vemos ser por esse motivo em especial que Ele é exaltado como digno pelos santos e anjos no contexto: "Digno", dizem eles, "é o Cordeiro que foi morto" (AP 5:12). Isso mostra nele uma admirável conjunção de infinita dignidade, condescendência e amor aos indignos.

Cristo, em Seus últimos sofrimentos, padeceu extremamente pela mão daqueles para quem estava manifestando o Seu maior ato de amor.

Ele nunca sofreu tanto da parte do Pai (embora, não fosse ódio contra o Filho, mas contra os nossos pecados) como naquela ocasião quando Deus o abandonou, ou tirou o conforto de Sua presença: "Todavia, ao Senhor agradou moê-lo, fazendo-o enfermar..." (IS 53:10). E Cristo jamais havia dado maior manifestação de amor a Deus, como já mencionado.

Da mesma forma, Jesus nunca sofreu tanto pelas mãos dos homens como em tal ocasião e jamais esteve em tão alto exercício de amor a eles. Em nenhuma circunstância foi tão ofendido por Seus discípulos como quando estavam tão despreocupados com Seus sofrimentos não vigiando com Ele sequer uma hora em Sua agonia. E no momento de Sua prisão, todos o abandonaram e fugiram, exceto Pedro, que, apesar disso, o negou com juramentos e maldições. E ainda assim, Jesus estava sofrendo, derramando Seu sangue e Sua alma até a morte por eles. Sim, Ele certamente estava vertendo o Seu sangue também pelos culpados de literalmente derramar o Seu sangue no chão, orando por eles, enquanto o crucificavam e que foram, provavelmente, depois atraídos pela pregação de Pedro. (VEJA LUCAS 23:34; ATOS 2:23,36-37,41; ATOS 3:17; ATOS 4:4.) Isso mostra um admirável encontro da justiça e da graça de Deus na redenção por meio de Cristo.

Foi nos últimos sofrimentos de Cristo, sobretudo, que Ele foi entregue ao poder de Seus inimigos e, ainda, por estes, obteve a vitória.
Cristo jamais esteve tão entregue nas mãos de Seus inimigos como na ocasião de Seus últimos sofrimentos. Por vezes, eles foram contidos quando procuravam ceifar Sua vida, visto que Sua hora ainda não havia chegado. No entanto, agora, tinham permissão para fazer suas vontades. Jesus foi totalmente entregue à maldade e crueldade, tanto dos homens maus como dos demônios. E, quando os inimigos de Cristo vieram para prendê-lo, Ele lhes disse: "Diariamente, estando eu convosco no templo, não pusestes as mãos sobre mim. Esta, porém, é a vossa hora e o poder das trevas" (LC 22:53).

Foi principalmente por meio desses sofrimentos que Ele conquistou e subjugou os Seus inimigos. Cristo nunca feriu tão eficazmente a cabeça de Satanás como quando este feriu o Seu calcanhar. A arma com a qual guerreou e obteve a mais completa vitória e glorioso triunfo sobre o diabo foi a cruz, o mesmo instrumento e arma com a que Satanás pensou ter derrotado Cristo, trazendo-lhe vergonha e destruição. "...tendo cancelado o escrito de dívida, que era contra nós e que constava de ordenanças, o qual nos era prejudicial, removeu-o inteiramente, encravando-o na cruz; e, despojando os principados e as potestades, publicamente os expôs ao desprezo, triunfando deles na cruz" (CL 2:14-15). Em Seus últimos sofrimentos, Jesus minou os alicerces do reino do diabo derrotando Seus inimigos no próprio território deles e vencendo-os com suas próprias armas, do mesmo modo que Davi cortou a cabeça de Golias com a própria espada do gigante. Satanás tinha, por assim dizer, engolido Cristo como o grande peixe fez a Jonas, mas isso lhe foi um veneno letal, causando-lhe uma ferida mortal em suas próprias entranhas. Ele logo ficou nauseado pelo seu bocado e foi forçado a fazer como o grande peixe, colocando-o para fora. Até hoje o diabo está ferido devido Àquele que engoliu como presa. Nos sofrimentos de Jesus Cristo, foi estabelecido o fundamento de toda a vitória gloriosa que Cristo já havia obtido sobre Satanás na destruição de seu reino pagão no Império Romano e todo o sucesso que o evangelho teve desde então, assim como de toda a Sua futura e ainda mais gloriosa vitória que será obtida na Terra. Então, o enigma de Sansão se cumpre com excelência: "Do comedor saiu comida, e do forte saiu doçura" (JZ 14:14). Desse modo, o verdadeiro (atual) Sansão fez mais pela destruição dos inimigos em Sua morte do que em vida ao se render até a morte. Ele derruba o templo de Dagom e destrói milhares de Seus inimigos, mesmo enquanto se divertem com os Seus sofrimentos. Por isso, Jesus, cujo tipo era a arca, derruba Dagom e quebra a cabeça e mãos dele dentro de seu próprio templo, mesmo quando é levado para lá como cativo do deus filisteu (VEJA 1 SAMUEL 5:1-4).

Portanto, Cristo manifestou-se, no mesmo ato, tanto como um leão quanto como um cordeiro: mostrou-se como cordeiro nas mãos de Seus cruéis inimigos, que eram como leões rugindo com garras e mandíbulas devoradoras. E, sim, foi um cordeiro de fato morto por esses leões. E, simultaneamente, Ele foi o Leão da tribo de Judá, que derrotou e triunfou sobre Satanás, destruindo o Seu próprio destruidor, da mesma forma como Sansão fez com o leão que rugiu contra ele, e "...o rasgou como quem rasga um cabrito..." (JZ 14:6). Cristo manifestou-se grandemente como um leão, destruindo gloriosamente Seus inimigos, quando foi levado como um cordeiro para o matadouro. Em Sua maior fraqueza, Jesus foi mais forte, e quando mais sofreu pelas mãos de Seus adversários, mais ruína trouxe sobre eles.

Assim, esta admirável conjunção de distintas excelências foi manifesta em Cristo, ao oferecer a si mesmo a Deus, em Seus últimos sofrimentos.

d) *Esta conjunção ainda se manifesta em Seus atos, em Seu estado atual de exaltação no Céu.* De fato, em Seu atual estado, Ele aparece mais eminentemente na manifestação dessas excelências, pois é comparado a um leão, mas ainda assim, Cristo aparece como um cordeiro: "Olhei, e eis o Cordeiro em pé sobre o monte Sião..." (AP 14:1). De forma semelhante, em Seu estado de humilhação, mostrou-se principalmente como um cordeiro, e, mesmo assim, não apareceu sem a manifestação de Sua majestade divina e poder, como o Leão da tribo de Judá. Embora Cristo esteja agora à direita de Deus, exaltado como Rei dos Céus e Senhor do Universo, ainda subsiste na natureza humana, se sobressai em humildade. A despeito do homem Jesus Cristo ser mais elevado do que todas as criaturas no Céu, ainda sobrepuja a todas em humildade, como o faz em glória e dignidade, pois ninguém mais vê a distância entre o Pai e o Filho como Ele vê. E, apesar de agora mostrar-se em Sua gloriosa majestade e domínio no Céu, aparece como um cordeiro em Seu tratamento condescendente, suave e doce aos Seus santos ali, visto que Ele continua sendo um Cordeiro, mesmo no meio do trono de Sua exaltação, e aquele que é o Pastor de todo o rebanho é também um Cordeiro e vai como tal diante deles no Céu.

Pois o Cordeiro que se encontra no meio do trono os apascentará e os guiará para as fontes da água da vida. E Deus lhes enxugará dos olhos toda lágrima.
(APOCALIPSE 7:17)

Ainda que no Céu todo joelho se dobre diante dele e os anjos prostrem-se para adorá-lo, Ele trata os Seus santos com infinita condescendência, afabilidade e ternura. E, em Seus atos para com os santos na Terra, Cristo ainda aparece como um cordeiro, manifestando abundante amor e ternura em Sua intercessão por eles, como alguém que já experimentou a aflição e a tentação. Ele não se esqueceu do que são tais coisas nem de se compadecer daqueles que estão sujeitos a elas. Ele ainda evidencia Suas excelências de cordeiro no relacionamento com Seus santos na Terra com admirável misericórdia, amor, bondade e compaixão. Contemple-o instruindo, suprindo, apoiando e confortando-os, e, muitas vezes, manifestando-se a eles por meio de Seu Espírito, para cear com eles e eles com Cristo. Observe-o aceitando Seus santos em doce comunhão, dando-lhes ousadia e confiança para virem até Ele e consolando seus corações. No Céu, Cristo ainda aparece, por assim dizer, com as marcas de Suas feridas, como um Cordeiro que foi morto, como na visão de João, no versículo em que Ele apareceu para abrir o livro selado com sete selos; isso é parte da glória de Sua exaltação.

e) *E por último, esta admirável conjunção de excelências se manifestará nos atos de Cristo no juízo final.*
Ele então, superando todas as outras ocasiões, aparecerá como o Leão da tribo de Judá, em infinita grandeza e majestade, quando vier na glória de Seu Pai, com todos os santos anjos. A Terra tremerá diante dele, e as colinas derreterão. Ele se assentará em "um grande trono branco [...] de cuja presença fugiram a terra e o céu..." (AP 20:11). Nesse momento, Cristo aparecerá da maneira mais temível e surpreendente para os ímpios. Os demônios tremem só de pensar nessa manifestação. E quando isso acontecer, os reis, os célebres homens, ricos, poderosos, escravos e livres se esconderão nas cavernas e nas rochas das montanhas e clamarão aos montes e aos rochedos para caírem sobre eles, para escondê-los da face e da ira do Cordeiro. E ninguém pode declarar ou imaginar as espantosas manifestações de ira com as quais se mostrará para eles, ou o tremor, espanto, gritos e ranger de dentes com

os quais se apresentarão diante de Seu trono de juízo, e receberão a terrível sentença de Sua ira.

Ao mesmo tempo, Cristo aparecerá como um Cordeiro para os Seus santos, os receberá como amigos e irmãos, tratando-os com infinita brandura e amor. Nada haverá de temível para eles, pois Ele se revestirá totalmente de candura e ternura. Então a Igreja será reconhecida como Sua noiva, e aquele será o dia das bodas. Os santos serão docemente convidados a irem com Ele, herdar o reino e governar com Cristo por toda a eternidade.

3. Agora mostrarei como o referido ensinamento é benéfico para nós, pois nos dá uma percepção dos nomes de Cristo nas Escrituras e nos encoraja a aceitá-lo como nosso Salvador e Amigo.

a) *A partir desta doutrina, podemos aprender uma razão pela qual Cristo é chamado por tanta variedade de nomes e apresentado com tanta abundância de representações nas Escrituras.* Isso é para nos mostrar da melhor maneira essa variedade de excelências que se encontram harmoniosamente nele. Muitas designações são mencionadas juntas neste versículo:

Porque um menino nos nasceu, um filho se nos deu;
o governo está sobre os seus ombros; e o seu nome
será: Maravilhoso Conselheiro, Deus Forte, Pai da
Eternidade, Príncipe da Paz. (ISAÍAS 9:6)

Isso nos mostra uma conjunção maravilhosa de excelências: a mesma pessoa deveria ser um Filho, nascido e concedido, e ainda ser o Pai da Eternidade, sem começo e fim. Também que Ele deveria ser uma criança e ainda aquele cujo nome é Conselheiro e Deus Forte, e que o Seu nome, em quem tais coisas se unem, seja chamado de Maravilhoso.

Em virtude dessa maravilhosa conjunção, Cristo é representado por uma grande variedade de outras coisas apropriadas, que, de certa forma, são excelentes: em certos lugares, é chamado de Sol, como em Malaquias 4:2; em outros, de Estrela (VEJA NÚMEROS 24:17). E é especialmente representado como "a brilhante Estrela da Manhã" (AP 22:16), por exceder a todas as outras em brilho e ser a precursora do dia. Em Apocalipse 5:5-6, Ele é comparado a um leão em um versículo e, no outro, a um cordeiro. Às vezes, assemelham-no a um cervo jovem ou a um cabrito-montês, outra criatura distinta de um leão. Em algumas passagens, Ele é chamado de rocha ou comparado a uma pérola. Em alguns versículos, é denominado homem de guerra e o Capitão da nossa salvação, em outros é representado como noivo. Em Cântico dos Cânticos 2:1, Cristo é comparado a uma rosa e ao lírio, flores delicadas e belas. Na sequência, é comparado a uma árvore cujo "...fruto é doce ao [...] paladar" (v.3). Já em Isaías 53:2, é chamado de raiz de uma terra seca; já em outra passagem, é chamado de "...árvore da vida que se encontra" — não em terra seca ou estéril, mas — "no paraíso de Deus" (AP 2:7).

b) *Permita que a consideração deste maravilhoso encontro de diversas excelências em Cristo o convença a aceitá-lo e aproximar-se dele como seu Salvador.* Visto que todas as formas de excelências se encontram em Cristo, existem nele todos os tipos de argumentos e motivos para que você o escolha como o seu Salvador e todas as coisas que tendem a encorajar os pobres pecadores a depositarem a sua confiança nele. Sua plenitude e toda a suficiência como Salvador aparecem gloriosamente nessa variedade de excelências de que falamos.

O homem caído está em um estado de grande miséria e desamparado. É uma pobre criatura fraca, como uma criança deixada em seu sangue no dia do nascimento. Mas Cristo é o Leão da tribo de Judá. É forte, embora sejamos fracos. Ele prevaleceu para fazer por nós aquilo que nenhuma outra criatura poderia fazer. O homem caído é uma criatura insignificante, um verme desprezível, mas Cristo, que tomou o nosso lugar, é infinitamente honrado e digno. O ser humano caído é impuro, porém Jesus é infinitamente santo. Ele é odioso, contudo Cristo é constantemente amoroso. O homem caído está debaixo da indignação de Deus, mas Jesus é eternamente amado por Ele. Temos provocado terrivelmente o Pai, todavia Cristo cumpriu aquela justiça que é infinitamente preciosa aos olhos de Deus.

E aqui não há apenas força e merecimento infinitos, mas condescendência, afeição e misericórdia ilimitadas tão grandes quanto o Seu poder e dignidade. Se você é um pobre pecador angustiado, cujo coração teme que Deus jamais tenha misericórdia de você, não tenha medo de ir a Jesus com receio de que Ele não seja capaz ou não esteja disposto a ajudá-lo. Em Cristo, há um forte fundamento e um tesouro inesgotável para responder às necessidades de sua pobre alma. Eis aqui graça infinita e gentileza para convidar e encorajar a miserável, indigna e temerosa alma para chegar a Jesus. Você estará seguro ao Cristo aceitá-lo, pois Ele é um Leão forte em sua defesa. Você não precisará temer, pois será aceito, em virtude de Ele ser como um cordeiro para todos os que nele se refugiam e recebe-os com graça e ternura infinitas. É verdade que Cristo possui uma majestade tremenda. É o grande Deus e está infinitamente acima de você, mas há isto para incentivar e encorajar o pobre pecador: Cristo é homem, assim como é Deus; é uma criatura, assim como é o Criador; e é mais humilde e simples de coração do que qualquer um, no Céu ou na Terra. Isso pode muito bem conceder ousadia ao pobre pecador indigno para ir até Ele. Você não precisa hesitar um só momento, mas pode correr e lançar-se sobre Ele, pois certamente será recebido com graciosidade e mansidão. Embora Ele seja um leão, o será apenas para seus inimigos; para você, porém, será um cordeiro. Isso não poderia ser concebido, exceto na pessoa de Cristo, que houvesse tanto no Salvador, que convida e encoraja os pecadores a confiarem nele. Sejam quais forem suas circunstâncias, não precisa ter medo de ir a um Salvador como este. Ainda que você seja a pior das criaturas, aqui há dignidade suficiente. Ainda que você seja pobre, mau e ignorante, não há perigo de ser desprezado, pois, mesmo Ele, sendo maior que você, também é imensamente mais humilde. Qualquer um que seja pai ou mãe não desprezará um de seus próprios filhos que vier aflito; menos risco existe de Cristo o desprezar, se você for a Ele de coração.

Permita-me aqui argumentar com a pobre, sobrecarregada e angustiada alma.

Do que você tem medo, para ousar não entregar sua alma a Cristo? Tem medo de que Ele não possa salvá-lo, que não seja forte o suficiente para sujeitar os inimigos de sua alma? Como você pode desejar alguém mais forte que "o Deus

Forte", como Cristo é chamado em Isaías 9:6? Existe necessidade de uma força maior do que infinita? Você tem medo de que Ele não esteja disposto a inclinar-se tanto a ponto de notá-lo com Sua graça? Então, olhe para Cristo enquanto Ele estava no meio dos soldados, expondo o Seu rosto abençoado para ser golpeado e cuspido por eles! Contemple-o de costas nuas para os açoites! Veja-o pendurado na cruz! Você pensa que Aquele que teve condescendência suficiente para inclinar-se a estas coisas, e por Seus crucificadores, não estará disposto a aceitá-lo se for até Ele? Ou tem medo de que, se Ele o aceitar, Deus Pai não aceite o Filho por sua causa? Mas considere isto: será que Deus rejeitará Seu próprio Filho, no qual tem infinito prazer desde toda a eternidade e que está unido a Ele de tal maneira que, se o rejeitasse, estaria rejeitando a si mesmo?

O que você pode desejar em um Salvador, que não esteja em Cristo? Ou em que aspecto espera que um Salvador difira de Jesus Cristo? Que excelência falta a Ele? O que há de grande ou bom, venerável ou vencedor, adorável ou cativante, ou o que você pense ser encorajador que não seja encontrado na pessoa de Jesus? Visto que não está disposto a se comprometer com uma pessoa desprezível, você não gostaria que seu Salvador fosse grandioso e honrado? Cristo não é honrado e digno o suficiente para que você dependa dele? Ele não é uma pessoa exaltada o bastante para ser designado para uma obra como a sua salvação? Você não gostaria de, além de ter um Salvador de tal grandeza, que Ele se tornasse (não obstante a Sua exaltação e dignidade) alguém humilhado, para que experimentasse as aflições e provações e aprender, pelo Seu sofrimento, a compadecer-se dos que sofrem e são tentados? E Cristo não foi suficientemente humilhado? Ele não sofreu o suficiente? Você não só desejaria que ele conhecesse as aflições que você sofre agora, mas também aquela ira que teme no futuro, para que se compadeça daqueles que estão em perigo e temem? Este Cristo já teve tal experiência, a qual lhe deu uma compreensão mil vezes maior do que a que você ou qualquer outra pessoa tem. Você gostaria que seu Salvador fosse alguém próximo de Deus, para que Sua mediação pudesse prevalecer com Ele? É possível alguém estar mais próximo de Deus do que Cristo, que é o Seu Filho unigênito, da mesma essência que o Pai? E não apenas perto de Deus, mas também perto de você, com livre acesso a Ele? Você não desejaria tê-lo mais próximo ainda do que se Ele estivesse na mesma natureza que a sua, unido a você por uma união espiritual tão próxima a ponto de ser adequadamente representada pela união da esposa ao marido, do ramo à videira, do membro à cabeça, sim, de modo a ser um só espírito? Pois, assim Cristo estará unido a você, se o aceitar. Você não gostaria de um Salvador que tenha dado um grande e extraordinário testemunho de misericórdia e amor aos pecadores por algo que fez, bem como pelo que disse? Você pode pensar ou conceber coisas maiores do que Cristo fez? Não foi uma grande coisa para quem era Deus assumir a natureza humana, não apenas ser Deus, mas também homem para toda a eternidade? Mas você consideraria o sofrimento pelos pecadores como um testemunho ainda maior de amor por eles, e não apenas um mero sofrer, embora seja sempre uma coisa tão extraordinária o que Ele fez? E você desejaria que um Salvador sofresse mais do que Cristo sofreu pelos pecadores? O que falta, ou o que você acrescentaria se pudesse, para torná-lo mais apto a ser o seu Salvador?

Mas, além disso, para persuadi-lo a aceitar Cristo como seu Salvador, considere duas coisas em particular.

Considere o quanto Cristo aparece como o Cordeiro de Deus em Seus convites a você para ir até Ele com confiança. Com que doce graça e bondade Ele, de tempos em tempos, convida você e o chama: "A vós outros, ó homens, clamo; e a minha voz se dirige aos filhos dos homens" (PV 8:4), "Ah! Todos vós, os que tendes sede, vinde às águas; e vós, os que não tendes dinheiro, vinde, comprai e comei; sim, vinde e comprai, sem dinheiro e sem preço, vinho e leite" (IS 55:1). Que gracioso Ele é ao convidar a todos que têm sede e ao repetir seu convite várias vezes! "Vinde às águas; vinde, comprai e comei; sim, vinde...". Observe a excelência desse deleite que Ele os convida a aceitar: "Vinde e comprai, vinho e leite"! A falta de recursos financeiros não será problema: "...vós, os que não tendes dinheiro, vinde; vinde e comprai, sem dinheiro e sem preço..."! Que razões e argumentos graciosos Ele usa com você!

Por que gastais o dinheiro naquilo que não é pão, e o vosso suor, naquilo que não satisfaz? Ouvi-me atentamente, comei o que é bom e vos deleitareis com finos manjares. (ISAÍAS 55:2)

É o mesmo que dizer:

É totalmente desnecessário continuar trabalhando e se esforçando pelo que não tem serventia, buscando descanso no mundo e em sua própria justiça.
Tenho feito abundantes provisões para você do que

é realmente bom, e satisfará plenamente os seus desejos, e alcançará o seu objetivo, e estou pronto para aceitá-lo. Não precisa ter medo. Se você vier até mim, comprometo-me a suprir suas necessidades e o tornarei uma criatura feliz.

Isto é o que o Senhor promete: "Inclinai os ouvidos e vinde a mim; ouvi, e a vossa alma viverá; porque convosco farei uma aliança perpétua, que consiste nas fiéis misericórdias prometidas a Davi" (IS 55:3), e ainda: "Quem é simples, volte-se para aqui..." (PV 9:4). Como é gracioso e doce tal convite! Você jamais será uma criatura pobre, ignorante e cega demais; você será sempre bem-vindo. E, nas palavras seguintes, Cristo apresenta a provisão que fez a você: "Vinde, comei do meu pão e bebei do vinho que misturei" (v.5).

Você está em uma condição de pobreza e fome e não tem nada para alimentar a sua alma. Tem procurado algo, mesmo assim permanece desprovido. Ouça como Cristo o chama para comer de Seu pão e beber do vinho que Ele misturou! E como Ele aparece como um cordeiro neste texto:

Vinde a mim, todos os que estais cansados e sobrecarregados, e eu vos aliviarei. Tomai sobre vós o meu jugo e aprendeis de mim, porque sou manso e humilde de coração; e achareis descanso para a vossa alma. Porque o meu jugo é suave e o meu fardo é leve.
(MATEUS 11:28-30)

Ó pobre alma aflita! Quem quer que seja, considere que Cristo se refere à sua condição quando chama os que estão cansados e sobrecarregados. Veja como Ele promete repetidamente descanso para os que forem até Ele! No versículo 28, Ele diz: "...vos aliviarei", e no seguinte: "...achareis descanso para a vossa alma". Isso é o que você deseja e o que procura há tanto tempo em vão. Ó, quão doce seria o descanso se você pudesse obtê-lo! Vá a Cristo, e o obterá.

Ouça como Cristo, a fim de encorajá-lo, apresenta-se como um cordeiro! Ele lhe diz ser "manso e humilde de coração", e você tem medo de ir até Ele? E novamente: "Eis que estou à porta e bato; se alguém ouvir a minha voz e abrir a porta, entrarei em sua casa e cearei com ele, e ele, comigo" (AP 3:20). Cristo condescende não só em chamá-lo, mas vem até você, até a sua porta e nela bate. Ele poderia enviar um oficial e prendê-lo como rebelde e vil criminoso, mas, em vez disso, vem, bate à sua porta e deseja que você o receba em sua casa, como Amigo e Salvador. Ele não apenas bate à sua porta como fica lá esperando enquanto você está indisposto e se afasta. E não apenas isso, mas faz promessas sobre o que fará a você se o aceitar, que privilégios lhe concederá. Ceará com você e você com Ele.

Eu sou a Raiz e a Geração de Davi, a brilhante Estrela da manhã. O Espírito e a noiva dizem: Vem! Aquele que ouve, diga: Vem! Aquele que tem sede venha, e quem quiser receba de graça a água da vida.
(APOCALIPSE 22:16-17)

Quão graciosamente Cristo coloca aqui diante de você a Sua própria excelência de vencedor. E como condescende em declarar a você não apenas Seu convite, mas o do Espírito e da noiva, se por qualquer meio puder encorajá-lo a vir. Ele convida qualquer um que desejar para que "beba de graça da água da vida", que a tome como uma dádiva, por mais preciosa que seja.

Se você for a Cristo, Ele aparecerá como um Leão, em Seu glorioso poder e domínio, para defendê-lo. Todas aquelas excelências nas quais aparece como leão serão suas e serão empregadas por você em sua defesa, para sua segurança e para promover sua glória. Ele será como um leão para lutar contra seus inimigos. Aquele que tocar em você ou ofendê-lo provocará a Sua ira, como quem provoca um leão. A menos que seus inimigos possam vencer esse Leão, não poderão destruir ou ferir você; visto que que não serão mais fortes do que Cristo, não poderão impedir sua felicidade.

Porque assim me disse o SENHOR: *Como o leão e o filhote do leão rugem sobre a sua presa e, ainda que se convoque contra eles grande número de pastores, não se espantam com o barulho nem se apavoram com os gritos desses pastores, assim o* SENHOR *dos Exércitos descerá para lutar sobre o monte Sião e sobre a sua colina.* (ISAÍAS 31:4 NAA)

c) *Permita que o que foi dito seja usado para convencê-lo a amar o Senhor Jesus Cristo e escolhê-lo como seu amigo e porção.* Como há um encontro tão admirável de diversas excelências em Cristo, então há tudo nele para torná-lo digno de seu amor e escolha, para conquistá-lo e levá-lo a comprometer-se com isso. Tudo o que existe de desejável em um amigo está em Cristo, e isso no mais alto grau que possa ser concebido.

Você escolheria como amigo alguém de grande dignidade? É costume do ser humano escolher como amigos aqueles que considera mais que a si mesmo, visto que se sente honrado pela amizade de pessoas assim. Então, como seria agradável a um simples serviçal ser objeto do amor de algum grande e excelente príncipe! Contudo, Cristo está infinitamente acima de você e de todos os príncipes da Terra, pois Ele é o Rei dos reis. Uma pessoa tão honrada como Ele se oferece a você na mais íntima e doce amizade.

E você escolheria ter um amigo não apenas formidável, mas bondoso? Em Cristo, infinita grandeza e bondade se reúnem e recebem brilho e glória uma da outra. Sua grandeza torna-se amável pela Sua bondade. Quanto mais superior for a pessoa sem bondade, pior ela será, mas, quando a infinita bondade se une à grandeza, torna-a gloriosa e adorável. Assim, por outro lado, a infinita bondade de Cristo recebe o brilho de Sua grandeza. Aquele que tem grande compreensão e capacidade, com uma excelente disposição, é merecidamente mais estimado do que um que é inferior, com a mesma inclinação e boa vontade. De fato, a bondade é admirável em qualquer lugar que se encontre; é a própria beleza e excelência e torna notáveis os que a possuem; no entanto, é ainda admirável mais quando unida com a grandeza. O ouro, quando aplicado sobre uma dimensão maior, torna mais precioso e de maior valor o objeto em que ele se encontra do que seria se fosse em uma dimensão menor, mesmo sendo da mesma excelente qualidade.

E quão glorioso é ver a doce piedade daquele que é o grande Criador e Senhor supremo do Céu e da Terra, cheio de condescendência, para com os desprezíveis e indignos! Seu poder, majestade infinita e autossuficiência tornam Seu amor e graça ainda mais surpreendentes. E como Sua condescendência e compaixão comovem Sua majestade, poder e domínio e tornam esses atributos agradáveis, que de outra forma seriam apenas terríveis! Você não desejaria que seu amigo, mesmo grandioso e honrado, tivesse tal condescendência e graça, e assim você tivesse livre acesso a ele, e que a posição elevada dele não atrapalhasse o privilégio da amizade? E escolheria não apenas que a infinita grandeza e majestade dele, por assim dizer, fossem temperadas e adoçadas com condescendência e graça, mas também que seu amigo ficasse mais próximo de você? Você escolheria um amigo superior à sua posição e que, ainda assim, você sentisse que está no mesmo nível que o seu? Embora ao ser humano seja atraente ter um amigo próximo e querido de dignidade superior, também existe uma inclinação para ter no amigo alguém com quem compartilhar as circunstâncias da vida. Assim é Cristo. Apesar de ser o grande Deus, esvaziou-se de si mesmo para se igualar a você. Tornou-se um ser humano para ser não só seu Senhor, mas seu irmão e estar mais apto a ser um companheiro para tais vermes do pó. Esta é uma das finalidades de Cristo ter adquirido a natureza humana: para que Seu povo pudesse ter um relacionamento mais familiar com Ele do que a distância infinita da natureza divina o permitiria. E por este motivo, a Igreja ansiava pela encarnação de Cristo: "Tomara fosses como meu irmão, que mamou os seios de minha mãe! Quando te encontrasse na rua, beijar-te-ia e não me desprezariam!" (CT 8:1). Um dos desígnios de Deus no evangelho é nos levar a torná-lo o único objeto de nosso respeito exclusivo para lhe devotarmos o nosso zelo de todas as maneiras, independentemente da inclinação natural que haja em nossa alma, a fim de que Ele seja o centro de tudo, para que Deus seja tudo em todos. No entanto, existe uma inclinação na criatura não apenas para a adoração de um Senhor e Soberano, mas em satisfazer-se ao ter alguém como amigo, para amar, alegrar-se com ele e conversar como um companheiro. A virtude e a santidade não destroem ou enfraquecem essa inclinação humana. Mas Deus também planejou, em nossa redenção, que uma pessoa divina pudesse ser o objeto dessa inclinação da nossa natureza. E, para isso acontecer, Ele veio até nós e tomou nossa natureza, tornou-se um de nós e chama a si mesmo de nosso amigo, irmão e companheiro. "Por amor dos meus irmãos e amigos, eu peço: haja paz em ti!" (SL 122:8).

Então não é suficiente convidar e encorajar você a ter livre acesso a um amigo tão grande e superior, de infinita graça condescendente, que também tomou sua natureza tornando-se homem? Será que lhe convenceria o fato de ele, mais do que isso, ser um homem de maravilhosa mansidão e humildade? Ora, tal homem é Cristo! Ele não apenas se fez homem por sua causa, mas foi o mais manso e humilde de todos os homens, o maior exemplo dessas doces virtudes que já existiu ou existirá. E, além destas, Ele tem todas as outras excelências humanas na mais alta perfeição. Elas, de fato, não são uma adição adequada a suas excelências divinas. Cristo não adicionou mais excelências à pessoa dele desde Sua encarnação, pois a excelência divina é infinita e não pode ser acrescida. No entanto, Suas excelências humanas são manifestações adicionais de Sua glória e excelência para nós e são recomendações adicionais dele para nossa estima e amor, que possuem compreensão finita. Embora Suas excelências humanas sejam apenas comunicações e reflexos das divinas, e esta luz, como refletida, fique infinitamente aquém da fonte de luz divina em Sua glória imediata, ainda assim, o reflexo não brilha sem Suas devidas vantagens como apresentadas a nossa visão e afeição. A glória de Cristo, nas qualificações de Sua natureza humana, aparece para nós em excelências que são de nossa própria espécie e são exercidas à nossa maneira e modo. E assim, em algum aspecto, são peculiarmente adequadas para requisitar o nosso reconhecimento e atrair o nosso afeto. Essa glória de Jesus como aparece em Sua divindade, embora muito mais brilhante, ofusca nossos olhos e excede a capacidade de nossa visão e compreensão. Porém, no modo como brilha nas excelências humanas de Cristo, é trazida ao nível de nossas concepções e adequa-se à nossa natureza e forma, retendo ainda um semblante da mesma beleza divina e um sabor da mesma doçura. Todavia, como as excelências divinas e humanas se encontram em Cristo, colocam-se em ação e se recomendam a nós mutuamente. Tais atributos são de alguém que tem a nossa natureza, um de nós, que se tornou nosso irmão e é o mais manso e humilde dos homens; isso tende a prezar a majestade e santidade divinas de Cristo para nós. Somos encorajados a olhar para essas perfeições divinas, por mais elevadas e grandiosas que sejam, já que temos íntimo interesse e liberdade para desfrutá-las sem reservas. E, por um lado, quão mais gloriosa e surpreendente parecem a mansidão, a humildade, a obediência, a resignação e outras excelências humanas de Cristo, quando consideramos que estão em uma pessoa tão grandiosa, como o Filho eterno de Deus, o Senhor do Céu e da Terra!

Ao escolher Cristo como seu amigo e porção, você obterá estes dois infinitos benefícios:

Cristo se entregará a você, com todas essas várias excelências que se encontram nele para oasua plena e eterna alegria. Ele sempre o tratará como o Seu querido amigo, e logo você estará junto dele, contemplará a Sua glória e habitará com Ele na mais livre e íntima comunhão e deleite.

Quando os santos chegarem ao Céu, eles não verão simplesmente a Cristo e serão tratados como súditos e servos do glorioso e gracioso Senhor e Soberano, mas Ele os tratará como amigos e irmãos. Podemos aprender isso ao observar a maneira como Cristo conversava com Seus discípulos aqui na Terra: embora fosse seu Senhor soberano, e não recusasse, mas requeresse, o supremo respeito e adoração deles, ainda assim Jesus não os tratava como os soberanos terrenos costumavam fazer a seus súditos. Não os mantinha à distância, mas sempre conversava com eles com a mais amigável familiaridade, como um pai na companhia dos filhos, sim, como com irmãos. Assim fez com os Doze e também com Maria, Marta e Lázaro. Ele disse a Seus discípulos que não os chamava de servos, mas de amigos, e lemos sobre um deles que se reclinava em Seu peito. Sem dúvida, Ele não tratará Seus discípulos com menos liberdade e ternura no Céu. Não os manterá a uma distância maior por estar em um estado de exaltação, mas os levará a esse estado de exaltação com Ele. Esse será o aperfeiçoamento que Cristo fará de Sua própria glória: fazer Seus amados amigos participantes com Ele, para glorificá-los em Sua glória, como Cristo diz ao Pai: "Eu lhes tenho transmitido a glória que me tens dado, para que sejam um, como nós o somos. Eu neles e tu em mim..."

(JO 17:22-23). Devemos considerar que, embora Cristo esteja grandemente exaltado, não o está como uma pessoa privada apenas para si, mas como o Cabeça de Seu povo. Ele é exaltado em nome deles e por causa deles, como os primeiros frutos e como representante de toda a colheita. Não é exaltado para ficar a uma distância maior deles, mas para que sejam, com Ele, exaltados. A exaltação e honra da cabeça não é para aumentar a distância entre a cabeça e os membros, mas para estes terem a mesma relação e união com a cabeça que tinham antes e serem honrados com a cabeça; logo, em vez de a distância ser maior, a união será mais próxima e perfeita. Quando os fiéis chegarem ao Céu, Jesus os conformará a si mesmo, como está estabelecido no trono de Seu Pai, para que se sentem com Ele em Seu trono e, na medida de cada um, sejam feitos a Sua semelhança.

Enquanto Cristo subia ao Céu, consolou os Seus discípulos dizendo que, depois de um tempo, voltaria e os levaria para si, para que estivessem juntos. E não devemos supor que, quando os discípulos chegaram ao Céu, encontraram-no mais distante do que costumava ser. Não, sem dúvida abraçou-os como amigos e lhes deu as boas-vindas à Sua casa e a de Seu Pai, na Sua glória e agora deles. Aqueles que foram Seus amigos neste mundo, que estiveram com Ele aqui, e que, juntos, partilharam de tristezas e provações são agora recebidos para descansarem e participarem da glória com Ele. Cristo os conduziu aos seus aposentos e mostrou-lhes toda a Sua glória conforme Sua oração: "Pai, a minha vontade é que onde eu estou, estejam também comigo os que me deste, para que vejam a minha glória que me conferiste..." (JO 17:24). Ele os levou às Suas fontes de águas vivas e os fez participar de Suas delícias, como revelam Suas palavras: "...para que eles tenham o meu gozo completo em si mesmos" (JO 17:13). Cristo os fez sentar à mesa em Seu reino, participar juntamente de Suas delícias, de acordo com Sua promessa (VEJA LUCAS 22:30), os conduziu à Sua casa de banquetes e os fez beber vinho novo no reino de Seu Pai celestial, como Ele disse quando instituiu a Ceia do Senhor (VEJA MATEUS 26:29).

Sim, a conversa dos santos com Cristo no Céu não só será tão íntima e seu acesso a Ele tão livre, como a dos discípulos na Terra, mas, em muitos aspectos, muito mais, pois no Céu essa união vital será perfeita, embora aqui seja imperfeita. Enquanto os santos estiverem neste mundo, há grandes traços de pecado e escuridão para separá-los ou desuni-los de Jesus, que serão então removidos. Este não é um momento para aquele pleno conhecimento e gloriosas manifestações de amor que Cristo projeta para Seu povo doravante, o que parece estar implícito em Sua fala a Maria Madalena, quando ela estava prestes a abraçá-lo ao encontrá-lo após a ressurreição: "Não me detenhas; porque ainda não subi para meu Pai..." (JO 20:17).

Quando os santos virem a glória e a exaltação de Cristo no Céu, o coração deles será tomado por maior admiração e respeito adorador. Nenhuma separação os assombrará, mas servirá apenas para aumentar sua surpresa e alegria quando encontrarem Cristo consentindo em admiti-los a tal acesso íntimo e comunicando-se com eles livre e plenamente. Assim, se escolhermos Cristo como nosso amigo e porção, seremos recebidos por Ele no porvir, sem que haja nada que impeça o Seu pleno prazer para satisfazer o anseio extremo de nossa alma. Poderemos dar o máximo de nós para satisfazer nosso apetite espiritual nesses santos prazeres. Cristo então dirá: "Comei e bebei, amigos; bebei fartamente, ó amados" (CT 5:1), e esse será o nosso entretenimento por toda a eternidade. Essa felicidade jamais terá fim; nada haverá que interrompa o nosso prazer dela, ou que, no mínimo, nos incomode.

Por estar junto de Cristo, você terá uma união mais gloriosa e maior prazer de Deus Pai do que de outra forma poderia usufruir. Por esse meio, o relacionamento dos santos com Deus se torna muito mais próximo. Eles são filhos de Deus de uma maneira mais elevada do que de outra forma poderiam ser. Pois, sendo membros do próprio Filho de Deus, são participantes, de certo modo, de Seu relacionamento com o Pai: não são apenas filhos de Deus pela regeneração, mas por uma espécie de comunhão na filiação do Filho eterno. Isso parece estar subtendido neste texto:

> *Deus enviou seu Filho, nascido de mulher, nascido sob a lei, para resgatar os que estavam sob a lei, a fim de que recebêssemos a adoção de filhos. E, porque vós sois filhos, enviou Deus ao nosso coração o Espírito de seu Filho, que clama: Aba, Pai!* (GÁLATAS 4:4-6)

A Igreja é a filha de Deus não apenas porque a gerou por Sua palavra e Espírito, mas porque é a esposa de Seu Filho eterno.

Portanto, sendo membros do Filho, somos participantes, de acordo com nossa medida do amor do Pai ao Filho e da complacência nele. "...eu neles, e tu em mim [...] para que o mundo conheça que tu me enviaste e os amaste, como também amaste a mim" (JO 17:23), "...a fim de que o amor com que me amaste esteja neles, e eu neles esteja" (v.26). "Porque o próprio Pai vos ama, visto que me tendes amado e tendes crido que eu vim da parte de Deus" (JO 16:27). Portanto, de acordo com nossas capacidades, seremos participantes da satisfação de Deus pelo Filho e teremos Sua alegria cumprida em nós mesmos (VEJA JOÃO 17:13). E assim, chegaremos a um maior, mais íntimo e pleno regozijo de Deus, que jamais poderia existir de outra forma. Visto que, sem dúvidas, existe uma intimidade infinita entre o Pai e o Filho que se expressa por estar no coração de Seu Pai. E os santos, estando nele, participarão, em sua medida e maneira, com Ele dessa bênção.

E assim é ordenado o caso de nossa redenção, que deste modo somos levados a um tipo imensamente mais exaltado de união com Deus, e ao agrado dele, tanto o Pai quanto o Filho, que de outra forma não teria sido possível. Por Cristo estar unido à natureza humana, temos vantagem para um usufruir mais livre e pleno dele do que poderíamos ter tido se Ele tivesse permanecido apenas na natureza divina. Assim, mais uma vez, estando unidos a uma Pessoa divina, como Seus membros, podemos ter uma união e um relacionamento mais íntimo com Deus Pai, que está apenas na natureza divina, o que não seria possível se as coisas fossem de outro modo. Cristo, que é uma pessoa divina, ao tomar sobre si nossa natureza, desce da distância e altura infinita acima de nós e se aproxima, de modo que temos o benefício do mais pleno contentamento dele. Por outro lado, a divindade de Cristo faz com que subamos até Deus através da distância infinita e tenhamos o benefício do pleno deleite dele também.

Este era o propósito de Cristo: que Ele, o Pai e Seu povo pudessem estar em unidade.

A fim de que todos sejam um; e como és tu, ó Pai, em mim e eu em ti, também sejam eles em nós; para que o mundo creia que tu me enviaste. Eu lhes tenho transmitido a glória que me tens dado, para que sejam um, como nós o somos; eu neles, e tu em mim, a fim de que sejam aperfeiçoados na unidade... (JOÃO 17:21-23)

Cristo realizou isto: que aqueles que o Pai lhe deu fossem levados à casa de Deus para que Ele e o Pai, juntamente com Seu povo, fossem como uma sociedade, uma família. Que a Igreja fosse, por assim dizer, admitida na sociedade da Santíssima Trindade.

JESUS CRISTO É O MESMO ONTEM, HOJE E ETERNAMENTE[8]

*Jesus Cristo é o mesmo ontem,
e hoje, e eternamente.*
(HEBREUS 13:8 ARC)

No versículo anterior a esse, o apóstolo exorta os cristãos hebreus a seguirem as boas instruções e exemplos de seus ministros: "Lembrai-vos dos vossos pastores, que vos falaram a palavra de Deus, a fé dos quais imitai, atentando para a sua maneira de viver" (HB 13:7 ARC). Na parte final do versículo, ele incentiva os cristãos a seguirem a fé de seus pastores, sendo assim, o apóstolo dá a entender que pretende aderir à fé cristã e àquelas doutrinas sadias que seus pastores lhes ensinaram, não se afastando delas, como muitos

---

[8] Abril 1738.

haviam feito ao seguir princípios heréticos, naquele tempo. E a aplicação da doutrina está nestas palavras: "...atentando para a sua maneira de viver. Jesus Cristo é o mesmo ontem, e hoje, e eternamente". Cristo é a maneira de viver deles, seja no ofício, nas doutrinas ensinadas, na administração, no desempenho de todo o trabalho deles. E assim como o apóstolo, deveriam seguir a fé desses ministros, ou se apegar firmemente às doutrinas que eles lhes haviam ensinado, e não adotar outros preceitos. Pois, Jesus Cristo é o mesmo ontem, hoje e eternamente.

Se eles ainda professavam ser cristãos ou seguidores de Jesus Cristo, então deveriam se apegar às mesmas doutrinas que aprenderam na primeira conversão. Deveriam seguir a fé dos primeiros que os ensinaram no cristianismo. Pois, Jesus Cristo é o mesmo ontem, hoje e eternamente, sendo assim, o cristianismo continuava obviamente o mesmo. Não era um ensinamento naquele momento e outro diferente no passado, quando se converteram, ou apenas parecido com o de outrora. Portanto, Cristo e o cristianismo eram imutáveis e não fariam com que seus seguidores tivessem uma fé inconstante e mutável, afastando-se da fé anterior, nem repletos de doutrinas diversas e estranhas, como adverte o versículo 9.

Quando se diz que Cristo é o mesmo ontem, hoje e eternamente, ontem significa *todo o tempo passado, hoje, o tempo presente,* e *eternamente, tudo o que é futuro,* do presente até a eternidade.

DOUTRINA

Jesus Cristo é o mesmo agora, sempre foi e sempre será. Logo, Cristo é imutável em dois aspectos:

1. Ele é imutável em Sua natureza divina.
Visto que Cristo é uma das pessoas da Trindade, Ele é Deus. Por essa razão, tem a natureza divina, e todos os atributos divinos lhe pertencem, dos quais a imutabilidade ou a inalterabilidade é um deles. Jesus, em Sua natureza humana, não era absolutamente imutável, embora tal natureza, por estar unida à divina, não estivesse sujeita às mudanças às quais estava submetida, se Ele fosse como uma mera criatura. Por exemplo, ela seria indestrutível e eterna. Tendo a natureza divina para sustentá-la, não era passível de cair e cometer pecados, como Adão e os anjos caídos fizeram, mas ainda assim, quando Cristo esteve na Terra, Sua natureza humana estava sujeita a muitas mudanças. Teve um começo. Foi concebida no ventre da virgem. Passou pela infância, depois atingiu a fase adulta, e isto foi acompanhado não apenas por uma mudança em Seu corpo, pelo desenvolvimento físico, mas também em Sua mente. Lemos que Ele não só cresceu em estatura, mas também em sabedoria (VEJA LUCAS 2:52). A natureza humana de Cristo estava sujeita a mudanças dolorosas, ainda que não às pecaminosas. Ele sentiu fome, sede e frio. Por fim, sofreu mudanças terríveis quando Seu corpo foi torturado e ferido e Sua alma foi derramada até a morte. Depois uma mudança gloriosa aconteceu em Sua ressurreição e ascensão. A natureza humana de Jesus não estar sujeita a mudanças pecaminosas, como a de Adão ou a dos anjos, dava-se ao fato de estar relacionada à natureza divina que a sustentava. Pois a natureza divina de Cristo é absolutamente imutável, sem a menor alteração ou variação em algum aspecto. É a mesma agora, como era antes de o mundo ter sido criado. Foi a mesma depois da Sua encarnação, da mesma forma

que era antes, quando Ele nasceu em um estábulo, foi colocado em uma manjedoura, passando por muitas mudanças na Terra, e finalmente quando sofreu aquela terrível agonia no jardim e na cruz. Não houve nenhuma alteração real na natureza divina. Até mesmo depois de Cristo ser glorificado e sentar-se à direita da excelsa Majestade, nada mudou em Sua natureza divina.

2. Cristo é imutável em Seu ofício.
Ele é imutável como Mediador e Salvador de Sua Igreja e Seu povo. Essa imutabilidade de Cristo em Seu papel de Mediador aparece em muitas coisas.

a) *Esta incumbência nunca deixa de ser exercida ao dar lugar a qualquer outro que a assuma.* Cristo é o único Mediador que já existiu ou existirá entre Deus e o homem (VEJA 1 TIMÓTEO 2:5-6). Ele é o Salvador eterno. Existiram mediadores simbólicos; alguns perduraram por algum tempo e se foram, e outros desempenharam seus papéis. Mas o grande *antítipo* continua para sempre. Profetas foram levantados e morreram, sendo sucedidos por outros. A Moisés não foi permitido prosseguir porque morreu; e a dispensação que ele introduziu foi abolida para dar lugar a outra que Cristo deveria estabelecer. Moisés dá lugar a Cristo, mas Cristo nunca dá lugar a nenhum outro.

João Batista foi um grande profeta, o precursor de Cristo. Como a estrela da manhã, a precursora do Sol, ele brilhou por algum tempo, mas seu ministério gradualmente cessou e deu lugar ao ministério de Cristo, assim como a estrela da manhã vai se apagando à medida que o sol nasce. João Batista declarou: "Convém que ele cresça e que eu diminua" (JO 3:30). O ministério de Cristo, no entanto, jamais cessa.

Assim, os antigos sacerdotes estabelecidos tinham apenas um sacerdócio, mutável e de curta duração. Arão morreu e seu filho Eleazar foi seu sucessor. Por isso havia muitos sacerdotes, um após o outro. Mas Cristo tem um sacerdócio imutável (VEJA HEBREUS 7:23-24). Havia muitos sacerdotes, porém não puderam continuar visto que morreram. Contudo Cristo, por ter um sacerdócio imutável, permanece sacerdote para sempre. Esses sacerdotes sucederam uns aos outros por herança, de pai para filho, porém observa-se que Cristo exerce um sacerdócio "sem pai, sem mãe, sem genealogia...". Ele não teve nenhum ancestral que o precedesse em Seu sacerdócio, ou qualquer posteridade que o sucedesse. A esse respeito, o sacerdote Melquisedeque, que é um tipo de Cristo, mencionado nas Escrituras, parece não ter recebido essa incumbência por herança, como os filhos de Arão.

> *...sem pai, sem mãe, sem genealogia; que não teve princípio de dias nem fim de existência, entretanto, feito semelhante ao Filho de Deus, permanece sacerdote perpetuamente.* (HEBREUS 7:3)

Por isso, o Salmo 110 fala sobre Cristo: "Jurou o SENHOR e não se arrependerá: Tu és um sacerdote eterno, segundo a ordem de Melquisedeque" (v.4).

As coisas que pertencem ao sacerdócio de Cristo são eternas. O tabernáculo onde os antigos sacerdotes oficiavam era montado e desmontado por homens. Era o Santo dos Santos da antiguidade. Mas Cristo é o "ministro do santuário e do verdadeiro tabernáculo que o Senhor erigiu, não o homem" (HB 8:2). O Santo dos Santos em que Ele entrou é o Céu. Jesus Cristo é o sumo sacerdote em um tabernáculo e templo que jamais serão derrubados. Portanto, o altar no qual Ele oferece o incenso e as vestes sacerdotais ou mantos em que exerce o ofício não são de natureza corruptível.

E assim, Cristo é eterno em relação a seu ofício de rei. Davi e Salomão foram grandes reis e tipos eminentes de Cristo, todavia a morte pôs um fim no reinado e na grandeza deles. As monarquias terrenas que governaram a maior parte do mundo conhecido, como particularmente a grega e a romana, chegaram ao fim, mas o reino de Cristo é eterno, Seu trono é para sempre. "...mas acerca do Filho: O teu trono, ó Deus, é para todo o sempre; e: Cetro de equidade é o cetro do seu reino" (HB 1:8). Ainda que todos os outros reinos sejam destruídos, o reino de Cristo permanecerá para sempre (VEJA DANIEL 7:13-14).

b) *Cristo é em todos os momentos igualmente suficiente para o ofício que assumiu.* Ele assumiu esse papel desde a eternidade, sendo suficiente desde então. Ele o tem exercido desde a queda do homem e permanece igualmente suficiente em todas as eras. Em todos os momentos, Seu poder, amor, sabedoria, excelência e dignidade têm sido igualmente suficientes para a salvação dos pecadores e para a sustentação e glorificação dos crentes. Sua capacidade de salvação é infinita, pois é eterno. É imortal e imutável. Ele não é constituído "conforme a lei de mandamento carnal, mas segundo o poder de vida indissolúvel" (HB 7:16). Em todos os momentos, Ele é igualmente aceito como Mediador aos olhos do Pai, que sempre se compraz nele. Jesus sempre é digno e adorável, Ele é diariamente o deleite e a alegria do Pai. O sacrifício que Ele ofereceu e a justiça que praticou são igualmente suficientes. O sangue de Jesus é tão suficiente para limpar o pecado agora como o foi quando vertia, ainda quente, de Suas feridas.

c) Ele é agora, e eternamente será, o mesmo que sempre foi em disposição e vontade que exerce em Seu ofício. Ele não é mutável em Sua disposição, como muitas vezes os homens são em seus ofícios ou atividades, agindo de uma forma em alguns momentos e de outra maneira em outros. Mas Jesus Cristo, a este respeito, é o mesmo ontem, hoje e eternamente. Ele está sempre disposto a exercer Seu ofício de maneira sagrada. Cristo sempre esteve, ainda está e eternamente estará disposto a executá-lo de modo a glorificar Seu Pai, a desaprovar o pecado e a encorajar a santidade, em todo tempo exercendo a mesma graça e misericórdia em Seu ofício. Com prazer, Ele assumiu o ofício de Mediador desde a eternidade, se regozijou com a ideia de salvar os pecadores e ainda se deleita nisso. Sua disposição em realizar isso jamais foi alterada.

Com a queda do homem, ele tornou-se rebelde e inimigo do Pai e do Filho. Ainda assim, Cristo tinha prazer em exercer o ofício de ser um Mediador para ele. Quando Jesus veio ao mundo e chegou à Sua última agonia — quando o cálice amargo foi colocado diante dele, e Ele teve uma extraordinária visão do que aconteceria, de modo que Sua alma ficou "profundamente triste até à morte" (MT 26:38) e o Seu "suor se tornou como gotas de sangue" (LC 22:44) —, mesmo assim manteve Sua disposição de entregar-se como Mediador pelos pecadores e se deleitou nisso. Portanto, mesmo quando estava suportando a cruz, a salvação dos pecadores foi uma alegria que lhe foi proposta (VEJA HEBREUS 12:2). E Ele nunca muda a Sua disposição para receber e abraçar todos aqueles que com fé se aproximam dele. Jesus está igualmente disposto a recebê-los, em todos os momentos. Seu amor é imutável. Ele amou desde a eternidade. Ele amou com um amor eterno (VEJA JEREMIAS 31:3), e será assim por toda a eternidade. "...tendo amado os seus que estavam no mundo, amou-os até ao fim" (JO 13:1).

d) *Cristo é o mesmo ontem, hoje e eternamente, assim como o propósito que almeja em Seu ofício.* Seu objetivo supremo nisso é a glória de Deus, particularmente, reivindicando a honra de Sua majestade, justiça e santidade, e a honra da Sua santa lei. Para tal intento, Ele se entregou para sofrer e ser o Mediador entre Deus e o homem, isto é, a honra da justiça, da majestade e da Lei de Deus pode ser justificada em Seus sofrimentos. Jesus também assumiu o ofício para glorificar a graça gratuita de Deus. E Seu sublime propósito nesse empreendimento foi a salvação e felicidade dos eleitos. Essas duas finalidades estão diante dele, em todas as partes do exercício de Seu ofício, e Ele visa esses dois objetivos inalteravelmente. Cristo sempre os buscou desde que firmou uma aliança com o Pai, desde a eternidade, desde o início do mundo até hoje e sempre os buscará. Ele não busca um às vezes e depois outro, mas sim sempre busca ambos.

e) *Cristo sempre age segundo as mesmas diretrizes na execução de Seu ofício mediador.* As diretrizes utilizadas por

Cristo, na execução de Seu ofício, estão contidas em uma dupla aliança.

Primeira, a aliança da redenção, ou a eterna aliança entre o Pai e o Filho, na qual Cristo se comprometeu a ser o Mediador para o homem caído e foi nomeado para tal pelo Pai. Nesse pacto, todas as coisas relativas ao exercício do ofício mediador de Cristo foram acordadas entre Ele e Seu Pai e estabelecidas por ambos. E tal aliança ou acordo eterno é a diretriz mais elevada pela qual Cristo age em Seu ofício. É uma norma da qual Ele jamais se afasta. Cristo nunca faz algo a mais ou a menos do que esteja contido nessa aliança eterna, senão a obra que Deus lhe atribuiu para fazer nessa aliança e nenhuma outra. Ele salva aqueles, e apenas aqueles, que o Pai lhe deu para salvar. E os leva a um elevado nível de felicidade, como foi estabelecido. Para essa regra, Cristo é imutável a Seus olhos. Ela permanece válida em cada parágrafo dela, ontem, hoje e para sempre.

Segundo, a outra aliança que Cristo considera na execução de Seu ofício mediador é a aliança da graça que Deus estabeleceu com o homem. Embora esta seja menos apropriadamente a regra pela qual Cristo atua como Mediador do que a aliança da redenção, ainda assim pode ser chamada de regra. Deus faz, por assim dizer, das promessas às Suas criaturas Sua norma de ação, ou seja, todas as Suas ações estão em exata conformidade com Suas promessas, jamais se afastando um milímetro delas, diferente dos homens em relação ao que fazem com a regra de suas próprias ações. No entanto, não é uma regra para Deus no mesmo sentido que o é para um ser criado, que deve ser algo antecedente aos propósitos do ser, e aquilo pelo qual Seus propósitos são regulados. As promessas de Deus são consequência de Seus propósitos, e não são outra coisa senão as expressões deles. A aliança da graça não é essencialmente diferente da aliança da redenção, é apenas uma expressão dela. É apenas aquela aliança da redenção parcialmente revelada à humanidade para seu encorajamento, fé e conforto. Portanto, o fato de Cristo nunca se afastar da aliança da redenção infere que jamais se afastará da aliança da graça. Pois, tudo o que foi prometido aos homens, na aliança da graça, foi estabelecido entre o Pai e o Filho na aliança da redenção. Todavia, há algo em que a imutabilidade de Cristo aparece em Seu ofício: Ele jamais se afasta das promessas que fez ao homem. Existe a mesma aliança da graça em todas as épocas do mundo. A aliança não difere essencialmente agora do que era sob o Antigo Testamento, nem mesmo antes do dilúvio. Ela permanecerá sempre a mesma. Por isso, é chamada de aliança perpétua: "...porque convosco farei uma aliança perpétua, que consiste nas fiéis misericórdias prometidas a Davi" (IS 55:3).

Cristo não altera Sua aliança, mas cumpre-a imutavelmente, jamais negligenciando o menor jota ou til. Ele cumpre todas as grandes e preciosas promessas dadas àqueles que creem nele. O Céu e a Terra logo passarão, mas nem um jota ou um til se omitirá da Lei sem que tudo seja cumprido. É especialmente devido à Sua imutabilidade com respeito às Suas promessas que Ele se intitula: "Eu Sou o Que Sou" (ÊX 3:14) e é chamado de "Senhor" (6:3). Cristo revelou-se aos filhos de Israel, em sua escravidão no Egito, com este nome, para encorajar o povo de que cumpriria as promessas feitas a Abraão, Isaque e Jacó.

f) *Ele é imutável em muitos aspectos nos atos que exerce em Seu ofício*. Cristo é imutável em Sua aceitação daqueles que creem nele e nunca os rejeitará; é imu tável em Sua complacência e no deleitar-se com eles; em Sua intercessão por Sua Igreja e por Seu povo. Ele sempre vive para interceder (VEJA HEBREUS 7:25). Sua intercessão diante de Deus no Céu é contínua. É uma apresentação constante de Sua vontade diante do Pai para a salvação e felicidade daqueles que são dele, por Seu sangue. Como Cristo é imutável em Sua intercessão, assim Ele é ao sustentar e preservar aqueles que são Seus e ao ordenar todas as coisas para o bem deles, até que sejam trazidos à Sua glória celestial. Ele é constante e imutável ao cuidar deles em todos os aspectos e os receberá no futuro para uma alegria constante e permanente de si mesmo.

APLICAÇÃO

1. Aprendemos com a verdade ensinada no texto o quanto Cristo estava apto a ser designado como a garantia ao homem caído.

Adão, a primeira garantia da humanidade, falhou em sua obra, porque era uma simples criatura, portanto, mutável. Embora tivesse uma responsabilidade tão grande confiada a ele, como o cuidado do bem-estar eterno de toda sua posteridade, não sendo imutável, falhou e transgrediu a santa aliança de Deus. Foi convencido pela tentação sutil do diabo e arrastado por ela. Sendo um ser mutável, o seu adversário discretamente encontrou meios de atraí-lo fazendo com que se desviasse, e toda a sua posteridade caiu com ele. Sendo assim, precisávamos de uma garantia imutável que não falhasse em seu propósito. Cristo, a quem Deus designou para esta obra, é um segundo Adão para nós. Ele é o Adão que é o mesmo ontem, hoje e eternamente, portanto, não estava suscetível a falhas em Sua missão. Jesus era suficiente para ser considerado apto para suportar todas as provações e dificuldades, até que tivesse concluído a Sua obra e realizado a redenção eterna por nós.

2. Esta verdade pode ser bem aplicada no despertar daqueles que professam ser cristãos, e isto por vários motivos.

Vocês podem ter certeza de que Cristo cumprirá as terríveis ameaças que proferiu contra os homens incrédulos e perversos. Cristo ameaçou este mundo perverso (VEJA MATEUS 18:7) e declarou que todos os que não creem serão condenados. Antes de Sua ascensão, Cristo encarregou Seus discípulos de anunciar isso quando os enviou para irem e pregarem a todas as nações.

> *Ide por todo o mundo e pregai o evangelho a toda criatura. Quem crer e for batizado será salvo; quem, porém, não crer será condenado.* (MARCOS 16:15-16)

Assim, Cristo declara que toda árvore que não der bons frutos será cortada e lançada no fogo (VEJA MATEUS 7:18-20).

Ele ameaçou especialmente com uma terrível punição aos que pecam contra o evangelho, declarando que todo ramo nele que não der frutos será cortado, lançado fora, recolhido e queimado. Mesmo que existam homens perversos e falsos cristãos habitando entre os piedosos, como o joio crescendo entre o trigo, no entanto, quando a colheita chegar e o trigo for ajuntado no celeiro, o joio será separado em fardos e queimado (VEJA MATEUS 13:30). Na explicação da parábola, Ele diz que isso ocorrerá no Dia do Julgamento.

Pois, assim como o joio é colhido e lançado ao fogo, assim será na consumação do século. Mandará o Filho do Homem os seus anjos, que ajuntarão do seu reino todos os escândalos e os que praticam a iniquidade e os lançarão na fornalha acesa; ali haverá choro e ranger de dentes. (MATEUS 13:40-42)

Ele fala em Mateus 7, a respeito dos cristãos de aparência que dizem "Senhor, Senhor!" (v.22), mas não fazem a vontade do Pai que está no Céu. No futuro, o Senhor lhes dirá: "...nunca vos conheci; apartai-vos de mim, vós que praticais a iniquidade" (v.23). E quanto àqueles que constroem suas casas sobre a areia, grande será a sua queda; e chegarão muitos do leste, oeste, norte e sul, e sentarão com Abraão, Isaque e Jacó, no reino de Deus, e os falsos cristãos serão colocados para fora.

Jesus ensina em Suas parábolas que servos inúteis e aqueles que, como cristãos professos, vão à celebração das bodas sem a vestimenta apropriada devem ser amarrados pelas mãos e pés e lançados na escuridão exterior, onde haverá pranto e ranger de dentes (VEJA MATEUS 22:11-13). Ele costumeiramente denuncia a desgraça dos hipócritas e ameaça os que começam uma vida religiosa e não a concluem nem perseveram nela, afirmando que devem se envergonhar; afirma que aqueles que são como as virgens tolas, que pegam suas lâmpadas e não levam óleo de reserva, ficarão de fora das bodas quando outros entrarem com o noivo e, chegando à porta, a encontrarão fechada e gritarão em vão: "Senhor, Senhor, abre-nos a porta!" (MT 25:11).

No Dia do Juízo, Cristo separará os justos dos ímpios, como um pastor separa suas ovelhas dos cabritos, colocando os justos à Sua direita e os ímpios à Sua esquerda. Dirá aos ímpios: "Apartai-vos de mim, malditos, para o fogo eterno, preparado para o diabo e seus anjos" (v.41), e serão levados para o castigo eterno. Ele particularmente, ameaçou os que não têm espírito de abnegação, que não cortam a mão direita ou um dos pés, nem arrancam o olho direito, que devem ir com as duas mãos ou pés, ou dois olhos para o fogo do inferno, "onde não lhes morre o verme, nem o fogo se apaga" (MC 9:48). Aqueles que não têm disposição para vender tudo que tem, por amor a Ele, e que, em comparação a Ele, não aborrecem pai, mãe, esposa, e todos os parentes terrenos, não serão reconhecidos por Ele como Seus discípulos (VEJA LUCAS 14:26).

E quanto àqueles que têm vergonha da religião diante dos homens, Ele também se envergonhará deles diante de Seu Pai e dos anjos; os de espírito vingativo, e não de espírito de perdão, não serão perdoados; e os de espírito malicioso, e não de um espírito de amor e mansidão cristã, que têm uma inclinação a irar-se e escarnecer, chamando seu irmão de tolo correrão o risco de serem punidos eternamente, proporcionalmente ao horror de seus crimes. Quanto àqueles de mentalidade mundana, Cristo declarou: "...quão difícil é [para os que confiam nas riquezas] entrar no reino de Deus!" (MC 10:24). Com relação a isso, Ele disse: "Mas ai de vós, os ricos! Porque tendes a vossa consolação. Ai de vós, os que estais fartos, porque tereis fome..." (LC 6:24-25).

A respeito dos que são devotados à diversão e alegria carnais, Cristo diz: "Ai de vós, os que agora rides! Porque haveis de lamentar e chorar" (v.25). Ele anuncia aos que pecam contra o evangelho que sua a punição deverá ser muito mais terrível do que a dos piores pagãos. Que, até mesmo, "menos rigor haverá para Sodoma e Gomorra, no Dia do Juízo" (MT 10:15) do que para eles. Assim, aquele que uma vez foi lançado no inferno "não sairá dali enquanto não pagar o último centavo" (LC 12:59 NAA).

Essas coisas foram proferidas por Cristo contra os ímpios quando Ele esteve aqui na Terra. A doutrina do nosso versículo básico ensina que Ele é agora e sempre será o mesmo que era anteriormente. Não houve alteração em nada e jamais haverá. Mas estas coisas terríveis mencionadas por Jesus serão certamente cumpridas. Cristo não estava mais disposto a ameaçar do que cumprir Suas ameaças. Ele é tão santo que Sua natureza e determinação contra o pecado hoje é a mesma que sempre foi e Ele continua tão estritamente rigoroso agora como era então.

Portanto, que nenhuma pessoa sem Cristo se ensoberbeça que, continuando da mesma forma, conseguirá escapar da punição. As ameaças de Cristo são de alguém que é o mesmo ontem, hoje e eternamente. O que foi proferido por Sua boca será cumprido por Suas mãos. Quando Cristo aparecer no Dia do Juízo, e vocês estiverem em Seu tribunal para serem julgados, vocês o encontrarão julgando exatamente como Ele era e ameaçando exatamente como leem em sua Bíblia.

3. A verdade do texto pode ser aplicada por meio da *reprovação*.

a) *Para aqueles que até agora estavam sob despertamentos, mas se tornaram insensatos e descuidados. Essa doutrina mostra sua insensatez.* Vocês agem como se Cristo tivesse mudado, como se não fosse mais um Juiz tão terrível, e não fosse necessário temer Seu descontentamento. Já se foi o tempo em que vocês tinham medo do desagrado e da ira de Cristo. Temiam a amedrontadora sentença de Sua boca: "Apartai-vos de mim, malditos, para o fogo eterno" (MT 25:41). E por que é tão diferente agora? Não é a ira desse Juiz tão aterrorizante como sempre foi? Foi-se o tempo quando essas ameaças anunciadas por Cristo contra os pecadores eram coisas terríveis para vocês. Por que as desprezam agora? Será que o grande Juiz se tornou mais fraco e menos capaz de cumprir Suas ameaças? Vocês estão menos nas mãos dele do que estavam, ou imaginam que Cristo se tornou mais brando com o pecado e sem disposição para executar a vingança como antes?

Passou-se o tempo quando vocês pareciam sentir-se em circunstâncias lamentáveis, não conheciam a Cristo, mas tinham um grande interesse nele. Vocês buscavam conhecê-lo, oravam a Deus diariamente por isso, sofriam por isso e perguntavam aos outros o que deveriam fazer para se interessarem por Cristo. Por que estão tão desinteressados agora? Cristo mudou? O interesse por Ele é menos valioso e necessário agora do que era outrora? Ser aceito pelo Senhor é algo pelo qual valeu a pena buscar com sinceridade, orar e lutar, e hoje não vale nada? Antes precisavam bastante disso, e agora podem virar-se bem sem tal disposição?

Foi-se o tempo em que vocês pareciam preocupar-se com serem culpados de tanto pecado contra Deus e Cristo e choravam sobre isso em suas orações. Mas agora não estão interessados nisso. O pensamento de tê-lo ofendido profunda e frequentemente não lhes incomoda; vocês conseguem permanecer calmos e tranquilos tendo seu coração ocupado com uma vaidade ou outra, sem ficar muito perturbados com pensamentos sobre seus pecados. Costumavam ter o cuidado de evitar o pecado e ficavam atentos para afastarem-se das coisas que eram proibidas na santa Palavra de Deus. Vocês cuidavam para não pecar profanando o *Shabat*, ou passando indevidamente o tempo na casa de Deus, ou negligenciando os deveres de leitura e oração. Eram meticulosos com seu comportamento entre os homens, para não cometerem transgressão. Se vocês suspeitavam de algo pecaminoso, não ousavam fazê-lo.

Agora, não há tal interesse em seu espírito, nem vigilância e cuidado. Quando se sentem tentados a fazer ou omitir algo, não pesa sobre seu coração nenhum pensamento como: "Isto é ou não pecaminoso?"; "Isto é contrário à mente e à vontade de Deus, ou não?". Vocês não se detêm por muito tempo em pensamentos como esses. Tornaram-se ousados vivendo em negligências e práticas pecaminosas e vocês têm luz suficiente para saber disso. Vocês parecem pensar que a disposição de Cristo com relação ao pecado mudou e que Ele é menos contrário ao pecado agora do que era antes. Ao contrário do que vocês pensam, Cristo não se opõem menos ao pecado agora do que Ele se opunha antes, e em vez de ser um Juiz menos amedrontador de homens ímpios como vocês imaginam, Jesus é mil vezes *mais*. Assim, quando vocês estavam mais despertos e convencidos, perceberam pouco do que é, de fato, a realidade. Não apreenderam o suficiente sobre a inimizade da natureza de Cristo contra o pecado e o horror de Sua ira contra os ímpios. Vocês tiveram apenas uma pequena noção disso. A Sua ira é infinitamente mais terrível do que vocês jamais imaginaram.

Embora Cristo seja imutável, vocês não são, e ainda pioraram desde o momento em que foram despertados. Cristo é igualmente um inimigo do pecado, e vocês se tornaram mais pecadores do que antes. A ira de Cristo é igualmente terrível como anteriormente. Vocês têm mais motivos para temê-la do que antes, pois correm um perigo maior. E, se não se arrependerem, estarão muito mais próximos da execução dela. Não apenas isso, mas agora estão expostos a muito mais dessa ira. A ira de Cristo pairava sobre a cabeça de vocês antes, e é assim agora, mas com uma diferença: muito mais dessa ira paira sobre vocês atualmente. Vocês flutuavam sobre o abismo do inferno naquela época, e assim o fazem agora, no entanto com a diferença de que vocês acenderam e enfureceram as chamas do abismo ardente sobre o qual estão, de modo que elas estão muito mais ávidas do que eram. A traça tem mordiscado o fino fio do tempo desde então e está muito mais perto de roê-lo do que antes. Seu coração está mais endurecido do que estava, o diabo tem mais controle sobre vocês, e o caminho para escapar está mais difícil. E o caso de vocês, entre muitos relatos, é inexplicavelmente mais triste, por mais despreocupados que vocês estejam com suas próprias circunstâncias.

b) *Esta doutrina reprova todos os que entraram nos laços da aliança cristã e se mostraram falsos a ela.* Se Cristo é o mesmo ontem, hoje e eternamente, e sempre será no que diz respeito a nós e ao cumprimento das promessas, então certamente devemos ser assim em relação a Ele. Se o Senhor nunca quebra a aliança com Seu povo, então devem ser reprovados os que são falsos e traiçoeiros no relacionamento com Ele. Portanto, isso reprova um povo que faz aliança com Cristo e a quebra, como temos feito nesta terra ao revoltar-nos e ser libertinos tanto na confissão como na prática religiosa dos primeiros tempos do país. Cristo, Sua doutrina e a religião que ensinou são sempre as mesmas, mas neste país existem multidões que são levadas por ventos de qualquer doutrina, e há muito tempo ele tem sido corrompido pela prevalência de muitos costumes e práticas malignas.

Por esta doutrina, todas as pessoas que não se preocupam em manter a aliança com Cristo são reprovadas. De modo geral, estamos sob os laços solenes de nossa aliança batismal, a qual a maioria de nós explicitamente tomou posse e com a qual se comprometeu solenemente a cumprir, de forma a obedecer a todos os mandamentos de Deus enquanto vivermos. E todas as vezes selamos novamente esta aliança, tomando o corpo e o sangue de Cristo na Ceia do Senhor. Culpas horríveis cairão sobre aqueles que não têm o cuidado de cumprir tais votos. Quem jurou solenemente obedecer a Cristo em todos os Seus mandamentos enquanto viver e selou esses votos comendo e bebendo na Ceia do Senhor, porém vive praticando o pecado, negligenciando os mandamentos e cometendo pecados, ou não se importando em manter as ordens de Cristo, com certeza torna-se grandemente culpado.

c) *Essa doutrina reprova aqueles que foram aparentemente piedosos e caíram nos caminhos do pecado.* Quem são essas pessoas, suas próprias consciências são mais capazes de julgar do que as que estão a seu redor. Existem muitos aqui que outrora foram aparentemente piedosos — e que cada um questione sua própria consciência se sua aparente piedade permanece ou chegou ao fim. Se você encontrar razão, mediante um exame sério e rigoroso, para concluir ser um deles, considere como é vil o seu tratamento com aquele que é o mesmo ontem, hoje e para sempre, e que jamais age com falsidade para quem Ele manifesta Seu favor. Deus reclama dessa religião breve nas Escrituras!

Que te farei, ó Efraim? Que te farei, ó Judá? Porque o vosso amor é como a nuvem da manhã e como o orvalho da madrugada, que cedo passa. (OSEIAS 6:4)

Ainda assim, tentaram o Deus Altíssimo, e a ele resistiram, e não lhe guardaram os testemunhos. Tornaram atrás e se portaram aleivosamente como seus pais; desviaram-se como um arco enganoso.
(SALMO 78:56-57)

d) *Certifico que os verdadeiramente piedosos serão reprovados por sua decadência (declínio).* Existem muitos desses aqui, como eu caridosamente espero, e temo que tenham sido culpados de grande declínio na religião. Antes eram animados e dinâmicos na religião, agora são monótonos e indiferentes. Antigamente o coração deles elevava-se às alturas em busca de Deus, mas agora procuram o mundo. Eles portavam-se exemplarmente, contudo agora ferem a religião. Por que você será culpado de tal afastamento de seu Redentor, sendo que Ele não muda em relação a você? O amor dele por você não mudou, só aumentou. Sua fidelidade nunca falhou. Por que, então, o seu amor por Ele se enfraquece e torna-se tão infiel? Cristo continua cuidando, preservando, provendo e defendendo-o dos inimigos — e por que você permitirá que seu comportamento e rigor em servir, agradar e honrar a Cristo falhe em algum grau?

Quando você se converteu, seu coração parecia estar envolto em amor por Cristo e no usufruir de Seus louvores. Você meditava constantemente no Salvador e nas coisas sobre Ele, e suas meditações eram doces. Conversava sobre essas coisas e se deleitava em falar delas. Por que agora é tão diferente? Cristo é menos excelente do que era? Ele é menos digno do seu amor?

e) *Essa doutrina permite a questão de reprovação a nós desta cidade, pois nossa decadência é muito maior do que antes.* Que temos menosprezado excessivamente a religião é mais que evidente, e que todos confessem isso. Há pouco tempo, Cristo era o grande objeto de consideração entre nós. Em geral, o coração das pessoas estava ligado a Cristo, como se Ele fosse tudo e o mundo, nada. Existia uma grande comunicação entre todos os tipos de pessoas e grupos sobre Jesus. Aqueles que pensavam não ter uma união com Cristo estavam cheios de preocupação sobre como obtê-la e a ponto de negligenciar suas preocupações mundanas, como se Cristo fosse tudo o que precisavam. E com relação àqueles que pensavam ter um relacionamento com Jesus, seus pensamentos e sua conversa também pareciam estar muito unidos a Ele. Estavam bastante comprometidos em falar da excelência de Cristo e pareciam estar cheios da graça e do amor sacrificial dele. Cada um de vocês expressava o forte sentimento que tinha da perfeição, excelência e outras qualidades de Jesus, da glória das obras que Ele fez e da doçura de Suas palavras. A cidade parecia estar cheia de louvores a Cristo. Vocês expressavam uns aos outros como desejavam ardentemente louvá-lo e bendizer o Seu nome para sempre e como almejavam que outros os ajudassem a louvá-lo. Os benefícios obtidos por Cristo foram muito valorizados na cidade e foram preciosos para nós. Multidões pareciam estar preocupadas com o que deveriam fazer pela honra de Cristo, como deveriam viver para Sua glória e o que fariam para o crescimento de Seu reino no mundo.

Mas agora é diferente. Quão pouco Cristo é considerado, em comparação com o passado. Quanto Ele é negligenciado e excluído das conversas comuns das pessoas! Quantos de vocês deixaram de fervorosamente segui-lo para perseguir o mundo? Alguns para buscar riquezas; outros, alegria e diversão; outros, roupas finas e trajes vistosos. Todos os tipos de pessoas, jovens ou idosos, têm seguido seu caminho afastando-se de Cristo, como se Ele não fosse tão excelente agora como era antes, como se Sua graça e amor sacrificial não fossem tão maravilhosos agora como outrora, como se Cristo não fosse hoje tão apropriado ao mundo, digno de ser amado e louvado, de fazer parte dos pensamentos e conversas, e como se Ele não fosse merecedor da nossa preocupação em honrá-lo, e viver para o Seu louvor, como sempre foi. Se Cristo mudasse conforme a cidade muda, Ele estaria, de fato, muito mudado. Somos tão insensatos ao pensar que Ele, que é o mesmo ontem, hoje e eternamente, estaria diferente do que era três anos atrás?

4. A verdade ensinada no texto pode ser aplicada por meio do *encorajamento*.

a) *Aos pecadores cujas mentes estão sobrecarregadas e preocupadas com a condição de sua alma, para irem a Cristo e depositarem sua confiança nele para a salvação.* Se Cristo é o mesmo hoje e sempre será, então aqui está um grande encorajamento para ir a Ele, como aparecerá ao considerar duas coisas:

Primeiro, Cristo o convidou a ir até Ele prometendo que o aceitará se você assim fizer. Cristo, em Sua Palavra, muitas vezes convida aqueles que estão em circunstâncias como as suas, ou seja, de um pecador perdido, ou de um pecador sob ansiedade e preocupação com sua condição. Se você considerar que sua circunstância é a de um pecador perdido, Cristo o convida, pois Ele frequentemente convida e chama os pecadores a irem até Ele: "A vós outros, ó homens, clamo; e a minha voz se dirige aos filhos dos homens" (PV 8:4); "Quem é simples, volte-se para aqui. Aos faltos de senso diz: Vinde, comei do meu pão e bebei do vinho que misturei" (9:4-5); "Eis que estou à porta e bato..." (AP 3:20); "O Espírito e a noiva dizem: Vem!" (22:17). Se considerarmos a sua circunstância como a de um pecador sobrecarregado em sua alma, preocupado com sua condição, estes são especialmente convidados por Cristo: "Vinde a mim, todos os que estais cansados e sobrecarregados, e eu vos aliviarei" (MT 11:28); "Ah! Todos vós, os que tendes sede, vinde às águas..." (IS 55:1); e "Se alguém tem sede, venha a mim e beba" (JO 7:37).

O fato de Cristo ser o mesmo ontem, hoje e eternamente, mostra um encorajamento conjunto para que você vá a Cristo de duas maneiras:

- *Mostra que, assim como Cristo convidou tais pecadores, quando esses convites foram feitos e escritos, da mesma forma o faz agora, pois Ele não mudou.* Você deve ver os convites escritos na Bíblia não apenas como convites que foram feitos naquela época, mas que são feitos agora. Cristo os faz hoje tanto quanto antes. Tais convites proferidos pela boca de Cristo, quando estava na Terra, são feitos a você agora como se tivessem acabado de ser pronunciados pela boca de Jesus, pois não existe mudança em Cristo. Ele é o mesmo que sempre foi. Sendo assim, quando você ler ou ouvir qualquer um dos convites de Cristo, que você olhe para eles como se estivessem saindo, neste instante, de Seus lábios abençoados.

- *Mostra que, se você for a Cristo, Ele certamente provará ser o mesmo ao aceitar aquele a quem Ele está convidando.* Cristo será coerente consigo mesmo. Ele não será de um jeito ao convidá-lo e, depois, de outro em Seu tratamento quando você aceita Seu convite. Cristo não aparecerá com duas faces, com um agradável rosto de vencedor ao convidar, e com um semblante carrancudo ao lidar com as pessoas que vão ao Seu encontro, pois Ele é sempre o mesmo. Você percebe que Cristo é extremamente gracioso e doce em Seus convites e o será da mesma maneira, se você aceitar o Seu convite. Jesus não apenas *convida*, Ele também *promete* que, se você aceitar, Ele não o rejeitará: "Todo aquele que o Pai me dá, esse virá a mim; e o que vem a mim, de modo nenhum o lançarei fora"(JO 6:37). Aquele que é o mesmo ontem, hoje e para sempre será o mesmo em *cumprir* o que *promete*.

Segundo, observe a forma como Cristo trata aqueles que vão a Ele agora. Em tempos passados, Cristo recebeu graciosamente os que foram até Ele, fazendo-os se sentirem bem-vindos e abraçando-os com amor. Ele os aceitou em uma união abençoada e eterna consigo mesmo e lhes deu o direito a todos os privilégios dos filhos de Deus. Jesus continua sendo o mesmo que era quando esteve aqui na Terra. Nas Escrituras, temos vários relatos de muitos que chegaram até Ele. Por exemplo, o relato da Sua própria história e as muitas pessoas que o aceitaram; como também no livro de Atos dos Apóstolos, das multidões que criam nele. Desses não encontramos *nenhum* que foi rejeitado por Cristo.

Nós mesmos vimos muitos que temos razões para pensar que Cristo os aceitou enquanto iam a Ele, muitos que eram grandes pecadores, intratáveis, desviados, culpados de extinguir o Espírito de Deus. Ele continua sendo o mesmo Cristo. Ele está pronto a receber tais pecadores agora como estava anteriormente. Jesus nunca rejeitou nenhum que fosse a Ele. Cristo continuará agindo da mesma forma. Ele é assim agora e certamente permanecerá dessa forma.

b) *Há nessa doutrina um grande incentivo para que todos procurem Cristo sob qualquer espécie de dificuldade e aflição, e isso especialmente pelo que foi manifesto em Cristo quando esteve aqui.* Observamos relatos na história de Cristo de várias pessoas, com grandes aflições e dificuldades, recorrendo a Ele para obter ajuda. E não temos nenhum relato sobre Ele rejeitando qualquer uma delas, independentemente da dificuldade que tinha. Pelo contrário, a história de Sua vida é principalmente cheia de milagres que Ele realizou para o alívio daqueles que o buscaram. Assim que se aproximaram dele, Cristo as aliviou e sempre procedeu assim espontaneamente, sem pedir dinheiro ou estabelecer algum preço. Jamais lemos que Jesus tenha feito algo por qualquer pessoa em troca de recompensa oferecida. Ele ajudou plenamente as pessoas, libertou-as completamente daquelas dificuldades que padeciam. Por meio da doutrina do texto, aprendemos que, embora Ele não esteja agora na Terra, mas no Céu, ainda assim continua o mesmo. Ele está apto e pronto a ajudar, independentemente do nível da dificuldade.

Aqui está um grande incentivo para as pessoas que estão doentes procurarem a Cristo em busca da cura e para que seus amigos próximos levem sua dificuldade a Ele, pois, quando esteve na Terra, Cristo estava pronto a ajudar aqueles que se encontravam em dificuldades! Ele era suficiente para isso, curando por meio da imposição de Sua mão ou proferindo uma palavra! Lemos que Ele curava todos os tipos de enfermidades entre o povo. As pessoas com as doenças mais terríveis eram curadas. Jesus ainda é o mesmo, e aqui está um grande encorajamento para os enlutados olharem para Ele em busca de conforto: lemos sobre a piedade de Cristo, como no caso da viúva de Naim (VEJA LUCAS 7:12-13). E assim o Senhor chorou com aqueles que choravam, e gemeu no espírito, e chorou de compaixão por Marta e Maria, quando viu a tristeza delas pela perda de seu irmão Lázaro (VEJA JOÃO 11:33-35). Ele é o mesmo e está pronto a ter compaixão por aqueles que estão em aflição neste instante, da mesma forma como estava naquele tempo.

Aqui está um grande encorajamento para aqueles que são afligidos com as tentações advindas de Satanás: frequentemente, lemos sobre Cristo expulsando-o daquelas pobres almas das quais ele tinha se apossado! Cristo continua sendo o mesmo. Quem está sob a escuridão espiritual, a partir da consideração sobre sua própria pecaminosidade, é encorajado a buscar conforto em Jesus. Pois, se o fizerem, o Senhor estará pronto a lhes dizer, como disse ao paralítico: "Tem bom ânimo, filho; estão perdoados os teus pecados" (MT 9:2). Jesus Cristo continua o mesmo que sempre foi.

5. A verdade ensinada no texto pode ser aplicada por meio do *consolo* para os piedosos.
Você pode considerar que tem em Cristo um Salvador imutável, que, por Seu amor, se entregou por você desde a eternidade, que morreu em seu lugar antes mesmo de você ter nascido e desde então o converteu por Sua graça, tirando-o de uma condição cega, culpada e arruinada, salvando-o para Ele. Desse modo, o Senhor continuará agindo em seu coração. Ele aperfeiçoará o que ainda falta em você, de modo a libertá-lo completamente do pecado, da morte e de todo mal e estabelecê-lo em completa e inalterável bem-aventurança. A partir da imutabilidade de seu Salvador, você verá o que Ele pensa sobre tal sequência.

Porquanto aos que de antemão conheceu, também os predestinou para serem conformes à imagem de seu Filho, a fim de que ele seja o primogênito entre muitos irmãos. E aos que predestinou, a esses também chamou; e aos que chamou, a esses também justificou; e aos que justificou, a esses também glorificou. (ROMANOS 8:29-30)

O Salvador lhe prometeu grandes e preciosas bênçãos neste mundo. Coisas que, no mundo que está por vir, "...nem olhos viram, nem ouvidos ouviram, nem jamais penetrou em coração humano..." (1CO 2:9). Pela Sua imutabilidade, você pode estar certo de que o Senhor cumprirá as coisas que prometeu.

Você pode ver nessa doutrina a imutabilidade de Seu amor. Portanto, quando considerar o grande amor que Cristo manifestou, ao se entregar em sacrifício por nós, em Sua agonia e suor de sangue no Getsêmani e ao carregar a Sua própria cruz até o lugar de Sua crucificação, você pode alegrar-se pelo Seu amor agora ser o mesmo que era antes.

E assim, quando você pensa nas revelações do passado que Cristo fez de si mesmo em Sua glória, e em Seu amor por sua alma, então você pode se confortar por Ele ser tão glorioso e Seu amor por você tão grandioso como na época de Suas revelações.

Você pode se sentir muito confortado por ter um amigo imutável em Cristo Jesus. A constância é justamente considerada como a qualificação mais necessária e desejável em um amigo; que não seja inconstante, de forma que não se possa confiar em sua amizade, ao contrário de um amigo firme e seguro. Que amizade é a de Jesus! Você pode aprender por meio do modo como Ele lidava com Seus discípulos na Terra, a quem graciosamente tratava como um amoroso pai a seus filhos, instruindo-os mansamente, conversando amigavelmente e pronto a ter compaixão deles, ajudando-os e perdoando suas fragilidades. Portanto, você pode considerar esta doutrina: o quanto Cristo é o mesmo hoje, ontem e eternamente.

Pela imutabilidade de Seu Salvador, você pode estar certo de sua continuidade em um estado de graça. Quanto a si mesmo, você é tão mutável que, se fosse deixado por sua conta, logo cairia completamente outra vez. Não há dependência de sua imutabilidade. Mas Cristo é o mesmo, e portanto, quando Ele começar uma boa obra em você, Ele a completará. Como Ele foi o autor, também será o consumador de sua fé. O seu amor por Cristo é mutável, mas o dele por você nunca mudará e, portanto, Ele jamais permitirá que o seu amor por Ele falhe completamente. O apóstolo dá esta razão pela qual o amor dos santos por Cristo não falhará: o amor do Senhor por eles nunca pode falhar.

Com a imutabilidade de Cristo, você pode aprender sobre a imutabilidade de Sua intercessão. Ele jamais deixará de interceder por você, e com isso você aprende sobre a inalterabilidade de sua felicidade celestial. Quando entrar na felicidade celestial, ela nunca será retirada de você, visto que Cristo, nosso Salvador e amigo, quem a concede, é imutável. Ele será o mesmo para todo o sempre, assim também será a sua felicidade no Céu. Visto que Cristo é o imutável Salvador, Ele é sua porção inalterável. Isto pode ser a sua alegria: por mais que seus prazeres terrenos possam ser retirados, Cristo nunca falhará. Seus queridos amigos podem ser levados e você sofrer muitas perdas. Por fim, você deverá se separar de todas essas coisas. No entanto, você tem uma porção, um tesouro precioso, dez mil vezes mais valioso do que todas essas coisas. Essa porção não lhe pode decepcionar, pois, é a mesma ontem, hoje e eternamente.

CRISTO EXALTADO

Ou: Jesus Cristo gloriosamente exaltado
acima de todo o mal na obra
de redenção[9]

*Porque convém que ele reine
até que haja posto todos os inimigos debaixo
dos pés. O último inimigo a ser destruído
é a morte.* (1 CORÍNTIOS 15:25-26)

O apóstolo Paulo, em 1 Coríntios 15, opõe-se particularmente a alguns cristãos de Corinto que negavam a ressurreição dos mortos e contaminavam a igreja com uma falsa doutrina.

Naquela época, existiam dois tipos de pessoas que eram especialmente grandes opositores a doutrina da ressurreição: entre os *judeus*, havia os saduceus, sobre os quais lemos:

---

[9] Palestra datada de agosto de 1738.

"Pois os saduceus declaram não haver ressurreição, nem anjo, nem espírito..." (AT 23:8), e encontramos o mesmo relato em outros lugares. No meio dos *pagãos*, havia os filósofos, que foram os principais opositores dessa doutrina. A doutrina da ressurreição dos mortos não era coerente com sua filosofia, cujos princípios afirmavam ser impossível alguém que tenha perdido a vida recebê-la novamente. Portanto, ridicularizaram esse ensinamento quando o apóstolo pregou entre eles em Atenas (VEJA ATOS 17:16-33). Provavelmente, os cristãos de Corinto se contaminaram com os filósofos, e não com os saduceus, visto que essa cidade se localizava próxima a Atenas, principal centro, onde se reuniam os filósofos da Grécia.

O apóstolo Paulo, ao se opor a tal erro, primeiro insiste na ressurreição de Cristo dentre os mortos e, em seguir, na ressurreição de todos os santos no fim do mundo. E os versículos anteriores ao do nosso texto mostram como ambas estão conectadas, ou que uma precede a outra. Pois, ele acrescenta:

E, então, virá o fim, quando ele entregar o reino ao Deus e Pai, quando houver destruído todo principado, bem como toda potestade e poder. Porque convém que ele reine até que haja posto todos os inimigos debaixo dos pés, o último inimigo a ser destruído é a morte.
(1 CORÍNTIOS 15:24-26)

Observe,

a) *Aqui está uma coisa em que aparece a glória da exaltação e domínio de Cristo como nosso redentor, isto é, que resulta na sujeição de todos os inimigos sob Seus pés.* Não se refere apenas aos *Seus* inimigos, possivelmente porque aqueles que serão colocados sob os Seus pés não são apenas Seus inimigos, mas também os inimigos de Seu Pai e de Seu povo. Estarem *debaixo de Seus pés* comprova estarem perfeitamente subjugados, e Cristo gloriosamente exaltado sobre eles. Acontecerá assim, universalmente, em relação aos inimigos de Deus, dele e de Seu povo, sem exceção. Essa universalidade é aqui significada de duas formas: *todos os inimigos* e *o último inimigo*. Quando restar apenas um, ele também será colocado debaixo de Seus pés.

b) *Podemos aprender o que aqui se entende por inimigos pelo exemplo apresentado como o último que será destruído, ou seja, a morte.* O que mostra que por inimigos não se entende apenas *pessoas* que se colocam contra Deus e o Seu povo, mas males; qualquer coisa que esteja contra Deus e Seu povo, e que se opõe a Cristo ou aos Seus santos, sejam pessoas ou coisas.

1. Como o mal prevaleceu e se exaltou no mundo.

Todos os tipos de males elevaram-se a uma altura excessiva no mundo e se exaltaram grandemente contra Deus, Cristo e a Igreja. Isso se evidencia das seguintes formas:

a) *Satanás se exaltou e muito triunfou. Ele é bastante superior em sua capacidade natural e habilidades comparado à humanidade.* Ele era originalmente uma das criaturas de mais alto nível no Céu, mas orgulhosamente se exaltou e rebelou-se contra Deus. Sabemos que *o orgulho trouxe a condenação do diabo* (VEJA 1 TIMÓTEO 3:6). Ele se ensoberbeceu de sua própria dignidade superior, das poderosas habilidades e da glória que seu Criador lhe havia concedido. Provavelmente, pensou ser demais se submeter ao Filho de Deus e tentou exaltar seu trono acima dele. E ele triunfou em atrair imensas multidões de hostes celestiais em uma rebelião declarada contra Deus.

Após ter sido expulso do Céu, ele se exaltou soberbamente neste mundo e triunfou em fazer grandes coisas. Com sutis tentações, foi responsável pela queda de nossos primeiros pais e assim ocasionou a ruína de toda a humanidade. Ele obteve a ruína deles no corpo e na alma, bem como a morte de ambos, expondo-os a todo tipo de calamidade neste mundo e à destruição eterna, no futuro. Ele teve êxito até agora conseguindo desviar os homens da adoração ao seu Criador e se estabeleceu para ser o deus deste mundo. Em pouco tempo, levou o mundo a uma quase corrupção universal, provocando assim um dilúvio, que destruiu a Terra. Daí em diante, ele atraiu todas as nações, exceto a posteridade de Jacó que adorava o verdadeiro Deus, e obscureceu todo o mundo com o paganismo, e o manteve sob essa escuridão por muitos séculos, sendo adorado como deus em quase todo o mundo. As nações da Terra ofereceram sacrifícios a ele e as multidões lhe ofereceram seus filhos. Durante esse tempo, ele muitas vezes prevaleceu contra o povo de Deus e quase os tragou. A Igreja foi constantemente levada à beira da ruína.

Quando Cristo veio ao mundo, Satanás se exaltou contra Ele! Prevalecendo por um tempo, a ponto de influenciar os homens a odiá-lo e a desprezá-lo por todos os dias de Sua vida. Finalmente, persuadiu um dos discípulos de Cristo a traí-lo. Assim, Ele foi entregue nas mãos dos homens para ser escarnecido, fustigado, cuspido e tratado com a maior humilhação que a maldade desenfreada poderia conceber.

Por último, conseguiu que Cristo fosse submetido à mais cruel e vergonhosa espécie de morte. Desde então, exaltou-se grandemente contra o evangelho e o reino de Cristo. Conseguiu que a Igreja, em geral, fosse alvo de grande perseguição, muitas vezes levando-a à beira da total destruição. Realizou grandes obras ao estabelecer os grandes reinos do anticristo e de Maomé e escureceu grande parte do mundo, que uma vez foi iluminado com o evangelho de Cristo, com o pior do que as trevas pagãs. Contaminou o mundo cristão com multidões de heresias e falsas formas de adoração, promoveu grandemente o ateísmo e a infidelidade. Assim, o diabo se exaltou contra Deus e Cristo e contra os eleitos, e prevaleceu até agora.

b) *Outro mal que atingiu um grande ápice no mundo é a culpa.* Toda culpa é um mal de natureza terrível, e o menor grau dela é suficiente para destruir qualquer criatura. É algo que chega ao Céu, clama a Deus e traz Sua ira. A culpa de qualquer pecado é um mal tão terrível que prevalece para obrigar o culpado a sofrer as queimaduras eternas, sendo assim, em algum aspecto, infinito, na medida em que obriga àquele castigo sem fim. E, assim, é infinitamente terrível.

Contudo, este tipo de mal elevou-se a uma altura surpreendente neste mundo, no qual não só algumas pessoas são culpadas, mas todas, de diferentes nacionalidades e idades, naturalmente transgressoras. Aqueles que vivem para agir a qualquer momento no mundo não são culpados apenas de um pecado, mas de muitos milhares. De que pecados multiplicados e graves alguns homens são culpados! Que culpa recai sobre algumas pessoas em particular! Quanto mais sobre algumas cidades populosas em especial! Quanto mais ainda sobre este mundo perverso! A culpa do mundo sobrepuja toda explicação, expressão, poder de números ou medidas! E sobretudo, quão imensa é a culpa do mundo, em todas as épocas, desde o início até o fim dele! A que ponto a culpa chegou! De o mundo estar, por assim dizer, por todos os lados, carregado dela, como montanhas sobre montanhas, acima das nuvens e estrelas.

A culpa, quando foi imputada a Cristo, prevaleceu grandemente contra Ele — embora inocente e sendo o eterno Filho de Deus — para mantê-lo prisioneiro da justiça mesmo que por um tempo e abrir as comportas da ira de Deus, lançando suas ondas sobre Ele.

c) *A corrupção e a perversidade do coração também atingiram uma altura excessiva no mundo.* O pecado aumentou até agora e se tornou universal. Todos os homens se tornaram criaturas pecaminosas e corruptas. Observemos a descrição do mundo feita pelo apóstolo Paulo:

> ...*tanto judeus como gregos, estão debaixo do pecado; como está escrito: Não há justo, nem um sequer, não há quem entenda, não há quem busque a Deus; todos se extraviaram, à uma se fizeram inúteis; não há quem faça o bem, não há nem um sequer.* (ROMANOS 3:9-12)

E não apenas todos são corruptos, mas completamente desonestos em todos os poderes, capacidades e princípios. Cada parte é pervertida, o que é aqui representado pelas diversas partes do corpo sendo corruptas, como a garganta, a língua, os lábios, a boca, os pés.

A garganta deles é sepulcro aberto; com a língua, urdem engano, veneno de víbora está nos seus lábios, a boca, eles a têm cheia de maldição e de amargura; são os seus pés velozes para derramar sangue. (ROMANOS 3:13-15)

Cada parte não é apenas corrupta, mas excessivamente corrupta, sendo possuída por terríveis princípios de corrupção: disposições horrivelmente más e princípios de pecado — que podem ser representados pelo veneno da serpente, o que torna os homens como víboras e demônios —, princípios de toda impureza, orgulho, engano, injustiça, inimizade, maldade, blasfêmia, assassinato. O apóstolo compara a *garganta* deles a um *sepulcro aberto*, e fala que sua *boca* está cheia de *maldição e amargura*, e "nos seus caminhos, há destruição e miséria" (v.16).

Há ainda aqueles princípios de pecado que não são apenas muito ruins, mas de toda espécie. Aqui não há nenhum tipo específico de maldade, porém há uma semente dela nos homens. Essas sementes e princípios não só existem no coração humano como estão lá em grande força. Elas têm a posse e o domínio absoluto sobre os homens para que sejam *vendidos sob o pecado*. Sim, princípios malignos estão no coração. *A imaginação dos pensamentos do coração deles é somente maligna.* Há apenas princípios maus, e não bons. "Não há temor de Deus diante de seus olhos" (RM 3:18). Assim, o coração de todos os homens é *enganoso e desesperadamente corrupto* (VEJA JEREMIAS 17:9).

Se olharmos não apenas para a corrupção natural do coração, mas para os hábitos do pecado adquiridos pela educação e costumes perversos, quão cheio de maldade encontraremos o mundo a esse respeito! Como os homens, por maus costumes ao pecar, quebraram todas as restrições à corrupção natural e se entregaram à maldade! Até agora, a corrupção e a maldade prevaleceram no mundo e cresceram tanto que se tornaram como um grande dilúvio universal, que ultrapassa todas as coisas, prevalecendo com esta força, de modo que são semelhantes às ondas furiosas do oceano, que estão prontas para derrubar todos diante delas.

d) *Muitos instrumentos do diabo prevaleceram e foram exaltados a uma grande altura no mundo.* Tem sido assim em quase todas as épocas do mundo. Esses instrumentos prosperaram e prevaleceram até chegarem à liderança de grandes reinos e impérios, com vastas riquezas e imenso poder. As Escrituras mencionam quatro grandes monarquias pagãs que se ergueram antes de Cristo, reinos criados em oposição ao reino de Deus e que são representados na interpretação do sonho de Nabucodonosor (VEJA DANIEL 2:35-36). Esses impérios eram bastante poderosos e os dois últimos governaram a maior parte do mundo então conhecido. O Império Romano em especial era extremamente poderoso, de modo que foi dito que ele diferia de todos os outros reinos, que devoraria toda a Terra e que a pisotearia (VEJA DANIEL 7:23). Ele é representado pelo quarto animal, que era terrivelmente assustador e forte, tinha grandes dentes de ferro que devoravam e quebravam em pedaços, e esmagava com os pés o que sobrava (VEJA DANIEL 7:7). Todos esses quatro reinos perseguiram a

Igreja de Cristo, cada um em sua respectiva época, o último em especial. Um dos governadores de tal reino levou Cristo à morte. E depois, um imperador após outro causou terríveis danos à Igreja, fazendo disso um objetivo com a força de todo o império para atormentar e destruir os cristãos, procurando, se possível, eliminar o cristianismo de debaixo do céu.

Nessas últimas eras, dois grandes instrumentos do diabo, a saber, o anticristo e Maomé, prevaleceram a ponto de governarem sobre vastos impérios com grande riqueza, orgulho e poder, de modo que a Terra foi, por assim dizer, subjugada por eles. O anticristo se estabeleceu como o vigário de Cristo e há muitos anos usurpou o poder de Deus, "o qual se opõe e se levanta contra tudo que se chama Deus ou é objeto de culto, a ponto de assentar-se no santuário de Deus, ostentando-se como se fosse o próprio Deus" (2TS 2:4). E como assolou terrivelmente a Igreja do Senhor, embriagando-se com o sangue dos santos e mártires de Jesus! Muitas vezes, por assim dizer, inundou o mundo com sangue cristão com a maior crueldade que a sagacidade humana e a malícia poderiam forjar. Atualmente, muitos outros instrumentos do diabo, como hereges, ateus e outros infiéis, estão lutando contra Cristo e Sua Igreja com grande orgulho e desprezo.

e) *A aflição e a miséria também prevaleceram e alcançaram níveis inexprimíveis no mundo.* A miséria espiritual em que os eleitos se encontram naturalmente é grande. Eles são infelizes prisioneiros do pecado e de Satanás e estão sob a obrigação de suportar queimaduras eternas. É esta a miséria em que se encontra toda a humanidade. Os problemas espirituais e tristezas frequentemente atingem níveis muito altos nos eleitos. Os problemas de um espírito ferido e consciência culpada são sentidos com um peso insuportável: "...o espírito abatido, quem o pode suportar?" (PV 18:14). As trevas que se ergueram contra o povo de Deus após a conversão — por meio das tentações e golpes do diabo, as ocultações da face de Deus e manifestações de Sua ira — têm sido muito terríveis. As aflições temporais têm aumentado muito frequentemente. A Igreja de Cristo foi, na maior parte do tempo, um local de grande aflição e tribulação.

Mas o auge em que a maldade chegou não aparece tanto em lugar algum como nas aflições que Cristo sofreu. A maldade e o sofrimento foram tão intensos, a ponto de prender o próprio Filho de Deus e fazê-lo suar gotas de sangue, entristecendo grandemente a Sua alma até à morte. Isso o levou a clamar: "Deus meu, Deus meu, por que me desamparaste?" (MT 27:46). A aflição nunca prevaleceu tanto nesse mundo como em Cristo, cuja alma estava, por assim dizer, dominada por um oceano de angústia.

f) *A morte é um mal que tem triunfado muito e causado uma terrível destruição neste mundo.* E como assola e destrói a humanidade, era após era, não poupando a ninguém, grande ou pequeno, rico ou pobre, bom ou mau! Bestas selvagens destruíram muitos. Muitos príncipes cruéis tiraram a vida de milhares e devastaram países inteiros. Mas a morte devora tudo. Nenhum deles consegue escapar. E os corpos dos santos, assim como de outros, são vítimas deste grande devorador. Sim, tão alto esse inimigo se ergueu que prendeu o próprio Cristo e o engoliu entre os demais. Ele se tornou a presa desse grande monstro insaciável. Por seus meios, o corpo dele foi destruído e colocado morto na escuridão do túmulo silencioso. E a morte continua destruindo milhares diariamente. Portanto, a sepultura é uma daquelas coisas sobre as quais Agur escreve que nunca dizem "Basta!" (VEJA PROVÉRBIOS 30:15-16). Assim, todo tipo de maldade prevaleceu e a tal nível se exaltaram no mundo.

2. Como Jesus Cristo, na obra da redenção, revela-se gloriosamente acima destes males.

Não era a vontade do infinitamente sábio e santo Governador do mundo que as coisas permanecessem em tal confusão, com reinado do mal, que triunfou e se exaltou grandemente. Deus tinha o desígno de subjugá-lo e promover a libertação de uma parte eleita do mundo, exaltá-los na posse do maior bem e reinar grandemente em glória, fora da condição de sujeição a todos esses males. Ele escolheu Seu Filho como a pessoa mais adequada para essa missão, a qual era demasiadamente grande para qualquer simples criatura. Jesus realizou a obra de nossa redenção. E, embora esses males sejam tantos e tão grandes, tenham prevalecido a tal grau, subido a tal altura e sido, por assim dizer, todos unificados, no entanto, onde eles se elevaram, Cristo, na obra da redenção, fulgura acima deles. Ele prevaleceu gloriosamente contra todos eles, colocando-os sob Seus pés e cavalgou nas carruagens da salvação, sobre a cabeça deles, ou os conduzindo em triunfo nas rodas de Sua carruagem. Ele surge nesta obra infinitamente mais elevado e poderoso do que eles, o suficiente para levar Seu povo acima deles e destruí-los totalmente.

a) *Cristo aparece gloriosamente acima de todo mal, por meio do que fez para obter a nossa redenção em Seu estado de humilhação, pela justiça que Ele efetuou e expiação do pecado que realizou.* Os males mencionados nunca pareceram prevalecer tanto contra Ele como em Seus sofrimentos. Todavia, por meio deles, Cristo lançou os alicerces para a derrota do mal, colocando-se acima de Satanás. O diabo jamais se exaltou tanto quanto o fez nos sofrimentos de Cristo. No entanto, Jesus lançou os alicerces para a destruição do reino dele. Cristo matou Satanás, por assim dizer, com sua própria arma. O Davi espiritual cortou a cabeça desse Golias com sua própria espada e triunfou sobre ele com a própria cruz. Cristo, "...despojando os principados e as potestades, publicamente os expôs ao desprezo, triunfando deles na cruz" (CL 2:15). Então, a sabedoria de Cristo resplandeceu gloriosamente acima da sutileza de Satanás, essa antiga serpente, que usou de muita sutileza para obter a morte de Cristo. Não há dúvidas de que, quando o conseguiu, pensou ter conquistado a vitória completa, ignorando assim o artifício de nossa redenção. Mas também a sabedoria de Cristo planejou as coisas, de modo que a sutileza e a malícia de Satanás fossem os próprios meios para minar os alicerces de seu reino maligno. E assim, Cristo sabiamente conduziu Satanás para a cova que esse próprio ser havia cavado.

Nisto, também, Jesus triunfou gloriosamente acima da culpa dos homens, pois Ele ofereceu um sacrifício que foi suficiente para eliminar a culpa do mundo inteiro. Embora a culpa do ser humano fosse como as grandes montanhas, cujos picos se elevam aos céus, Seu amor sacrificial e méritos surgiram como um poderoso dilúvio que inundou as montanhas mais altas, ou foi como um oceano sem limites que as engoliu, ou como uma imensa fonte de luz que com a plenitude e redundância de seu brilho traga os maiores pecados dos homens, como a poeira é engolida e escondida no disco solar.

Cristo prevaleceu acima de toda a *corrupção* humana, com isso comprou a santidade para o principal dos pecadores. Ao passar por tamanha aflição, Ele obteve a vitória sobre toda a *miséria* e lançou o fundamento para a total abolição em relação aos Seus eleitos. Ao morrer, Cristo se tornou o flagelo e a destruição da morte. Quando a morte o alvejou, ela matou a si mesma. Pois, Cristo, por Sua morte, destruiu aquele que tinha o poder da morte; sim, o diabo (VEJA HEBREUS 2:14). Dessa forma, Ele lançou os alicerces da gloriosa ressurreição de todo o Seu povo para uma vida imortal.

b) *Cristo aparece gloriosamente exaltado acima de todo mal, em Sua ressurreição e ascensão ao Céu.* Cristo ter ressuscitado dos mortos revelou que Ele estava acima da morte, que, embora o tivesse levado cativo, não conseguiu detê-lo.

Então, Ele elevou-se acima do diabo. O leviatã que o havia engolido foi obrigado a vomitá-lo, da mesma forma que os filisteus que haviam levado cativa a Arca foram forçados a devolvê-la, pois Dagom "jazia caído de bruços diante da arca do SENHOR; a cabeça de Dagom e as duas mãos estavam cortadas sobre o limiar; dele ficara apenas o tronco" (1SM 5:4). Assim, Cristo manifestou-se acima de nossa culpa, pois Ele foi justificado em Sua ressurreição (VEJA ROMANOS 4:4,25; 1 TIMÓTEO 3:16). Em Sua ressurreição, Ele colocou-se acima de toda aflição. Pois, embora Ele tenha se submetido e sido oprimido por muita aflição, emergiu dela conquistando a vitória, para nunca mais entrar em conflito com mais tristeza.

Quando ascendeu ao Céu, Ele se elevou muito acima do alcance do diabo e de seus instrumentos, que antes o tinham em suas mãos. Agora Ele está assentado à destra de Deus, como o Cabeça de todas as coisas para a Sua Igreja, para a completa e perfeita vitória sobre o pecado, Satanás, a morte e todos os Seus inimigos. Foi-lhe então dito: "Assenta-te à minha direita, até que eu ponha os teus inimigos debaixo dos teus pés" (SL 110:1). Ele entrou em um estado de glória, no qual é exaltado grandemente acima de todos os males. Como o precursor de Seu povo, intercede por eles, até que também sejam trazidos para estar com Ele, da mesma forma exaltados acima de todo o mal.

c) *Cristo aparece gloriosamente acima de todo mal, em Sua obra no coração dos eleitos, na conversão e santificação deles.* É nisto que consiste a aplicação da redenção enquanto é destinada a este mundo, o que é feito pelo Espírito Santo como o Espírito de Cristo. Nessa obra de Cristo no coração de Seus eleitos, Ele manifesta-se glorioso acima de Satanás, pois, o homem valente armado está vencido, e toda a sua armadura, na qual confiava, é tirada dele e seu despojo, dividido. Nessa obra, o cordeiro é retirado da boca do leão e do urso pelo Davi espiritual. O pobre cativo é liberto de seus poderosos e cruéis inimigos.

Nisto, Cristo fulgura gloriosamente acima da *corrupção* e da maldade do coração, acima da escuridão natural para dissipá-la e deixar entrar a luz e acima de sua inimizade e oposição, triunfando e atraindo-a poderosa e irresistivelmente para si mesmo e transformando o coração de pedra em um de carne, acima da obstinação e perversidade da vontade, fazendo-as desejosas no dia de Seu poder. Nisto, Cristo prevalece acima de todas as luxúrias deles, porque todo o pecado é mortificado nessa obra, e a alma é liberta do seu poder e domínio. Nessa obra, a graça de Cristo triunfa gloriosamente sobre a *culpa* dos homens. Ele vem sobre as montanhas de seus pecados e os visita com a Sua salvação.

Deus costuma estar na obra deles, seja no início ou durante seu progresso, para conceder ao Seu povo aqueles confortos espirituais nos quais Ele gloriosamente se manifesta acima da aflição e do sofrimento. Ele constantemente lhes dá o triunfo sobre o diabo e seus instrumentos poderosos e cruéis. Muitos santos, pela influência do Espírito de Cristo no coração, regozijaram-se e triunfaram quando sofreram os maiores tormentos e crueldades de seus perseguidores. E nessa obra, Cristo às vezes fulgura gloriosamente acima da morte ao elevar Seu povo sobre os temores dela e ao fazê-los dizer: "Onde está, ó morte, a tua vitória? Onde está, ó morte, o teu aguilhão?" (1CO 15:55).

d) *Cristo aparece gloriosamente acima destes males mencionados em Sua glorificação da alma dos santos que partiram para o Céu.* Nisso, Ele outorga uma vitória gloriosa sobre a morte. Ele faz esse inimigo: a morte, se transformar em um servo. E a morte dos santos, pela gloriosa transformação que ocorre no estado da alma deles, torna-se uma ressurreição, em vez de uma morte. Agora, Cristo leva a alma a uma condição de glória, na qual ela está perfeitamente livre de Satanás, de suas tentações, de seus instrumentos, dos resquícios de pecado, da corrupção e de toda a aflição. "Jamais terão fome, nunca mais terão sede, não cairá sobre eles o sol, nem ardor algum [...]. E Deus lhes enxugará dos olhos toda lágrima" (AP 7:16-17).

e) *Cristo aparece gloriosamente acima destes males, em Sua providência no mundo, como o Cabeça e redentor de Sua Igreja.* Ele coloca-se gloriosamente acima de Satanás e de seus instrumentos em defesa de Sua Igreja desde que ela fora estabelecida, por meio de todas as poderosas tentativas que foram feitas contra ela pela Terra e pelo Inferno, cumprindo assim Sua promessa: "...as portas do inferno não prevalecerão contra ela" (MT 16:18).

Cristo gloriosamente triunfou sobre esses Seus inimigos, logo após Sua ascensão, em um notável triunfo do Seu evangelho, quando milhares em Jerusalém e em todas as partes do mundo foram convertidos das trevas para a luz e saíram do domínio de Satanás para o reino de Deus. Ele triunfou ao fazer com que Sua palavra continuasse sendo propagada e Sua Igreja aumentasse e prevalecesse contra toda a oposição do mundo pagão, mesmo quando uniram todo o poder para dar um fim a ela e erradicá-la. Apesar de tudo o que os filósofos, sábios, imperadores e príncipes pudessem fazer, o evangelho derrubou, em pouco tempo, o antigo reino pagão do diabo em todo o Império Romano, que era a principal região do mundo na época. Desse modo, realizou-se a maior e mais gloriosa revolução, em vez de uma única nação. Agora a maior parte das nações do mundo conhecido se tornava o povo de Deus.

A exaltação de Cristo sobre todo mal em Seu governo do mundo, em Sua providência como o redentor de Seu povo, surgiu gloriosamente, desde então, no avivamento de Sua Igreja pela reforma do papado, após permanecer escondida por muitas eras e habitar em um deserto, sob perseguição anticristã.

Jesus triunfará ainda mais gloriosamente sobre Satanás, todos os seus instrumentos e sobre os poderosos impérios criados em oposição ao reino de Cristo no tempo da queda do anticristo e no início daqueles tempos gloriosos do qual as profecias bíblicas tanto falam.

Quando estavas olhando, uma pedra foi cortada sem auxílio de mãos, feriu a estátua nos pés de ferro e de barro e os esmiuçou. Então, foi juntamente esmiuçado o ferro, o barro, o bronze, a prata e o ouro, os quais se fizeram como a palha das eiras no estio, e o vento os levou, e deles não se viram mais vestígios. Mas a pedra que feriu a estátua se tornou em grande montanha, que encheu toda a terra. (DANIEL 2:34-35)

Mas, nos dias destes reis, o Deus do céu suscitará um reino que não será jamais destruído; este reino não passará a outro povo; esmiuçará e consumirá todos estes reinos, mas ele mesmo subsistirá para sempre... (DANIEL 2:44)

O reino do mundo se tornou de nosso Senhor e do seu Cristo, e ele reinará pelos séculos dos séculos. (APOCALIPSE 11:15)

Grandes e poderosos impérios foram estabelecidos um após o outro no mundo, em oposição ao reino de Cristo, no decorrer de muitas eras. Contudo, o reino dele será o último e universal, dado a Ele por Deus, como herdeiro do mundo. Independentemente das grandes obras que Satanás realizou, o revés e evento derradeiros após todas as coisas nas últimas eras do mundo será o reino glorioso de Cristo; um reino de retidão e santidade, de amor e paz, estabelecido em todos os lugares, concordando com a antiga profecia:

Eu estava olhando nas minhas visões da noite, e eis que vinha com as nuvens do céu um como o Filho do Homem, e dirigiu-se ao Ancião de Dias, e o fizeram chegar até ele. Foi-lhe dado domínio, e glória, e o reino, para que os povos, nações e homens de todas as línguas o servissem; o seu domínio é domínio eterno, que não passará, e o seu reino jamais será destruído. O reino, e o domínio, e a majestade dos reinos debaixo de todo o céu serão dados ao povo dos santos do Altíssimo; o seu reino será reino eterno, e todos os domínios o servirão e lhe obedecerão. (DANIEL 7:12-14,27)

Então, Cristo aparecerá gloriosamente exaltado, de fato, acima de todo o mal. E todos os santos da Terra e do Céu gloriosamente triunfarão nele e cantarão: "Aleluia! A salvação, e a glória, e o poder são do nosso Deus, porquanto verdadeiros e justos são os seus juízos, pois julgou a grande meretriz que corrompia a terra com a sua prostituição e das mãos dela vingou o sangue dos seus servos [...]. Aleluia! Pois reina o Senhor, nosso Deus, o Todo-Poderoso" (AP 19:1-6).

f) *No fim do mundo, Cristo aparecerá gloriosamente, acima de todo mal, na consumação da redenção de Sua Igreja eleita.* Então será completada a obra da redenção concernente a tudo pelo qual Cristo morreu, tanto em sua interpretação e aplicação, e não antes disso. A exaltação de Cristo acima de todo mal será perfeita e plenamente manifesta. As conquistas e triunfos serão completos em relação a tudo. Todos os demônios e seus instrumentos serão levados diante de Cristo para serem julgados e condenados. A destruição deles será completamente consumada em eterna miséria quando forem lançados no lago de fogo, para nunca mais usurpar o domínio do mundo ou fazer oposição a Deus e a Cristo. Eles serão calados para sempre daí em diante apenas para sofrer. Depois, a morte será totalmente destruída, e todos os santos serão livres dela para sempre. Até mesmo seus corpos serão tirados do domínio da morte por uma gloriosa ressurreição.

Então, toda culpa, pecado, corrupção, aflição, suspiros e lágrimas serão total e eternamente abolidos, no que diz respeito aos eleitos, sendo todos trazidos para um corpo completo, para a glória consumada e imutável deles. Tudo isso como fruto do sangue de Cristo e realização de Sua redenção.

Todo o mal que tanto prevaleceu, exaltou-se, usurpou e reinou será destruído para sempre, no que diz respeito aos eleitos, os quais serão exaltados a um estado em que estarão para sempre imensamente acima de todas essas coisas.

E lhes enxugará dos olhos toda lágrima, e a morte já não existirá, já não haverá luto, nem pranto, nem dor, porque as primeiras coisas passaram. (APOCALIPSE 21:4)

3. O assunto aperfeiçoado e aplicado.

a) *Nisto podemos ver como a glória do Senhor Jesus Cristo aparece na obra da redenção.* Desde a eternidade, o Pai teve o propósito de glorificar imensamente Seu Filho, designando-o para ser Aquele que triunfaria sobre o mal no mundo. A obra da redenção é a mais gloriosa de todas as obras de Deus já reveladas. A glória de Deus brilha de forma notável nela. E isto é algo em que Sua glória aparece eminentemente: Cristo fulgura gloriosamente acima de Satanás e de todos os seus instrumentos, acima de toda culpa, corrupção, aflição, morte e todo mal. E mais especialmente, porque o mal se exaltou no mundo, como já vimos, e se exaltou particularmente contra Cristo.

Satanás sempre teve uma inimizade peculiar contra o Filho de Deus. Provavelmente, a sua primeira rebelião, que culminou em sua condenação, foi seu orgulhoso desprezo quando Deus comunicou o decreto no Céu que seu Filho, na natureza humana, seria o Rei do Céu e que todos os anjos deveriam adorá-lo. Seja como for, é certo afirmar que a sua luta sempre foi, especialmente, contra o Filho de Deus. A inimizade sempre foi entre a semente da mulher e da serpente. Portanto, essa guerra que o diabo mantém contra Deus é representada pelo diabo e seus anjos, lutando contra Miguel e seus anjos (VEJA APOCALIPSE 12:7). Este Miguel é Cristo (VEJA DANIEL 10:21; 12:1).

Deus designou Seu Filho para ser o herdeiro do mundo, mas o diabo contestou este assunto com Ele e se esforçou para se tornar o deus do mundo. E como ele se exaltou excessivamente contra Cristo! Satanás se opôs a Cristo enquanto habitava entre os judeus, em Seu tabernáculo e Templo! E como se opôs a Ele na Terra! Como se opôs a Cristo desde Sua ascensão! Que grandes e poderosas obras Satanás realizou no mundo! Quantas torres de Babel construiu até o Céu em sua oposição ao Filho de Deus! Que orgulhoso e arrogante se fez em sua resistência! Como ele e seus instrumentos, pecado, aflição e morte, dos quais é o pai, enfureceram-se contra Cristo! Mas, ainda assim, Cristo, na obra da redenção, fulgura infinitamente acima de todos eles. Em tal obra, o Senhor triunfa sobre eles, por mais que eles tenham se portado orgulhosamente, todos aparecem sob Seus pés. Nisto, a glória do Filho de Deus revela-se notavelmente na obra da redenção.

A beleza do bem aparece em maior vantagem quando comparada com seu antagônico e aparece grandemente acima dele em sua maior elevação. A glória de Cristo, nesta gloriosa exaltação sobre um mal tão grande que se engrandeceu tanto contra Ele, aparece mais notável, pois Ele é, assim, exaltado de uma condição tão inferior. Embora tenha vindo ao mundo como uma criancinha, triunfa sobre os inimigos mais gigantescos de Deus e dos homens! Aquele que era um "...homem de dores e que sabe o que é padecer..." (IS 53:3) é um homem de guerra e triunfou sobre Seus inimigos em todo o Seu poder. Aquele que era manso e humilde de coração triunfou sobre aqueles adversários orgulhosos e é exaltado sobre todos eles naquilo que lhes parece mais desprezível: Sua cruz.

b) *Aqui está uma questão de grande encorajamento para que todas as criaturas miseráveis e pecadoras do mundo vão a Cristo.*

Sejam elas tão pecaminosas quanto quiserem e até tão miseráveis; Cristo, na obra da redenção, é gloriosamente exaltado acima de todo pecado e miséria delas.

Quão elevada tenha sido a culpa delas, embora montanhas tenham se amontoado sobre montanhas diariamente, ainda que a pilha apareça elevando-se até o Céu e acima das próprias estrelas; Cristo, na obra da redenção, aparece gloriosamente exaltado muito acima de tal altura. Mesmo que tais pessoas sejam submetidas a um poderoso dilúvio de tristeza e miséria, que não está apenas acima das suas cabeças, mas das montanhas mais altas, sem possibilidade alguma de escaparem, não existe razão para desanimarem de buscar ajuda em Cristo, que, na obra de redenção, triunfa gloriosamente acima do dilúvio do mal. Embora vejam uma corrupção terrível em seu coração, embora suas luxúrias pareçam imensas, ou como as ondas furiosas do mar, não precisam se desesperar, mas podem olhar para Cristo, que fulgura na obra da redenção gloriosamente acima de toda essa corrupção.

Se elas se consideram prisioneiras miseráveis de Satanás e o consideram um adversário muito forte, que muitas vezes as tenta, golpeia com crueldade e triunfa sobre elas; se lhes parece que o diabo as engoliu, tornando-as sua posse, como o grande peixe fez a Jonas, existe, no entanto, um incentivo para olharem novamente para o santo templo de Deus e confiarem em Cristo, como Jonas fez, para que as liberte de Satanás, pois o Senhor está gloriosamente exaltado acima dele na obra da redenção.

Se já estão preparadas para afundar na escuridão e tristeza, na angústia de consciência, ou naqueles olhares severos de Deus sobre elas, de modo que as ondas de Deus parecem passar por cima delas, ainda assim, têm encorajamento suficiente para olhar para Cristo e obter libertação. Essas ondas, anteriormente, exaltaram-se contra Cristo, e Ele mostrou-se infinitamente acima delas. E se elas têm medo da morte, por ela lhes parecer terrivelmente como um inimigo que as engoliria, deixe-as, contudo, olhar para Cristo, que prevaleceu tão gloriosamente acima da morte, e os seus medos se transformarão em alegria e triunfo.

c) *Que razão têm aqueles que possuem interesse em Cristo para se gloriarem em Seu Redentor!* Muitas vezes, eles são cercados por muitos males e inimigos poderosos, por todos os lados, com as bocas abertas prontas para devorá-los. Mas não precisam temer nenhum deles, pois podem gloriar-se em Cristo, a Rocha de sua salvação, que aparece tão gloriosamente acima de todos. Podem triunfar sobre Satanás, este mundo maligno, a culpa e a morte, porque, assim como o Seu Redentor é poderoso e exaltado acima de todo o mal, também serão exaltados nele. Seu povo é agora, de certa forma, muito exaltado, pois nada pode lhes fazer mal. Cristo os carrega, como nas asas da águia, bem longe do alcance de todos os males, de modo que não podem se aproximar deles para causar-lhes qualquer dano real. E, em pouco tempo, estarão completamente fora de seu alcance, de modo que não poderão mais incomodá-los, e isso para sempre.

VERDADEIROS SANTOS, QUANDO DEIXAM O CORPO, HABITAM COM O SENHOR[10]

Entretanto, estamos em plena confiança, preferindo deixar o corpo e habitar com o Senhor. (2 CORÍNTIOS 5:8)

No versículo citado, o apóstolo mostra a razão pela qual ele perseverou com tanta ousadia e inabalável firmeza em meio a tantas fadigas, sofrimentos e riscos de morte no serviço de seu Senhor, pelos quais seus inimigos (os falsos mestres entre os coríntios) às vezes o censuravam dizendo que ele estava fora de si e era guiado por

---

[10] Sermão ministrado no dia do funeral do Rev. David Brainerd (1718–47), missionário entre os índios pela Honorável Sociedade na Escócia para a Propagação do Conhecimento Cristão e pastor de uma igreja de índios cristãos em Nova Jersey. Ele faleceu em Northampton, Nova Inglaterra, em 9 de outubro de 1747, aos 30 anos, sendo enterrado no dia 12 do mesmo mês. (Obras de Jonathan Edwards)

uma espécie de loucura. Na última parte do capítulo 4 de 2 Coríntios, o apóstolo informa aos cristãos em Corinto que a razão pela qual ele procedia de tal forma era porque acreditava firmemente nas promessas feitas por Cristo quanto à gloriosa e eterna recompensa aos Seus fiéis servos. O apóstolo sabia que as presentes aflições eram leves e momentâneas se comparadas com o eterno peso da glória. Esse mesmo discurso continua no capítulo 5, no qual Paulo insiste ainda na razão que ele atribui para sua constância no sofrimento e sua exposição à morte enquanto realiza seu ministério, expondo, até mesmo, o estado mais feliz que ele esperava após a morte. Este é o assunto do texto, no qual pode ser observado:

Primeiro, o grande privilégio futuro esperado pelo apóstolo: estar pessoalmente com Cristo. No original as palavras significam precisamente morar com o Senhor, como no mesmo país ou cidade, ou formar um lar com Cristo.

Segundo, quando o apóstolo vislumbrava esse privilégio, ou seja, quando ele deixasse o corpo. Não seria esperar por isso até a ressurreição, quando a alma e o corpo deveriam ser unidos novamente. Ele transmite o mesmo significado em sua epístola aos filipenses: "Entretanto, se o viver na carne traz fruto para o meu trabalho, já não sei o que hei de escolher. Ora, de um e outro lado, estou constrangido, tendo o desejo de partir e estar com Cristo, o que é incomparavelmente melhor" (FP 1:22-23).

Terceiro, a importância que o apóstolo conferiu a esse privilégio. Essa importância foi tal que, por causa disso, ele escolhia deixar o corpo. Paulo preferia, ou era mais agradável para ele, separar-se da vida presente e de todos os seus prazeres e possuir esse grande benefício de estar com Cristo do que continuar aqui.

Quarto, o benefício presente obtido pelo apóstolo por meio de sua fé e esperança nesse privilégio futuro e o grande valor atribuído a ele; ou seja, que a partir de ele ter recebido coragem, segurança e constância de espírito, consoantes à importância apropriada da palavra transmitida, estamos confiantes. O apóstolo está agora revelando o motivo da força e estabilidade mental inabalável com a qual passou por aquelas tribulações extremas, dificuldades e perigos mencionados em seu discurso, para que, em meio a tudo isso, ele não desfalecesse, não desanimasse, mas tivesse luz constante, firmeza interior, força e conforto em meio a tudo. "Por isso, não desanimamos; pelo contrário, mesmo que o nosso homem exterior se corrompa, contudo, o nosso homem interior se renova de dia em dia" (2CO 4:16). A mesma mensagem é expressa mais particularmente em outras duas passagens:

Em tudo somos atribulados, porém não angustiados;
perplexos, porém não desanimados; perseguidos, porém
não desamparados; abatidos, porém não destruídos;
levando sempre no corpo o morrer de Jesus, para
que também a sua vida se manifeste em nosso corpo.
(2 CORÍNTIOS 4:8-10)

Pelo contrário, em tudo recomendando-nos a nós mesmos
como ministros de Deus: na muita paciência, nas aflições,

nas privações, nas angústias, nos açoites, nas prisões, nos tumultos, nos trabalhos, nas vigílias, nos jejuns, na pureza, no saber, na longanimidade, na bondade, no Espírito Santo, no amor não fingido, na palavra da verdade, no poder de Deus, pelas armas da justiça, quer ofensivas, quer defensivas; por honra e por desonra, por infâmia e por boa fama, como enganadores e sendo verdadeiros; como desconhecidos e, entretanto, bem-conhecidos; como se estivéssemos morrendo e, contudo, eis que vivemos; como castigados, porém não mortos; entristecidos, mas sempre alegres; pobres, mas enriquecendo a muitos; nada tendo, mas possuindo tudo. (2 CORÍNTIOS 6:4-10)

Entre as muitas observações úteis que podem ser levantadas a partir do texto, insistirei apenas na que se destaca mais diante de nós, a saber: a alma dos verdadeiros santos, quando deixa o corpo deles na morte, vai para junto de Cristo.

A alma dos santos que partiram vai para junto de Cristo nos seguintes aspectos:

1. Habitará na mesma morada abençoada com a natureza humana glorificada de Cristo.
A natureza humana de Cristo ainda existe e continuará por toda a eternidade. Ele continua sendo Deus e homem. Toda a Sua natureza humana permanece: não apenas Sua alma humana, mas também Seu corpo humano. Seu corpo inerte ressuscitou dos mortos e o mesmo corpo que ressurgiu da morte é exaltado e glorificado à direita de Deus. Aquele que estava morto agora está vivo e vive para sempre!

Portanto, existe um lugar, uma parte particular da criação para a qual Cristo foi e onde permanece. Esse lugar é o que chamamos de Céu mais elevado ou o Céu dos céus, acima de todos os céus visíveis.

Ora, que quer dizer subiu, senão que também havia descido até às regiões inferiores da terra? Aquele que desceu é também o mesmo que subiu acima de todos os céus, para encher todas as coisas. (EFÉSIOS 4:9-10)

Este é o que o apóstolo chama de terceiro Céu em 2 Coríntios 12:2, considerando o céu visível a olho nu como o primeiro, o estrelado como o segundo e o mais elevado como o terceiro. Este é a morada dos santos anjos, chamados de "os anjos dos céus" (MT 24:36); "os anjos no céu" (MT 22:30; MC 13:32); "os anjos nos céus" (MC 12:25). Cristo afirma: "...os seus anjos nos céus veem incessantemente a face de meu Pai celeste" (MT 18:10). Os anjos são frequentemente apresentados como estando diante do trono de Deus ou ao redor do Seu trono no Céu, e são enviados de lá com mensagens para este mundo. É para esse Céu que a alma dos santos é conduzida, a dos que morreram. Eles não ficam separados em alguma morada distinta do Céu mais elevado ou mantidos em um lugar de descanso até o Dia do Juízo, como alguns imaginam e chamam de *hades* dos felizes. Ao contrário, vão diretamente para o próprio Céu, que é a casa dos santos, a casa do Pai deles. Eles são peregrinos e estrangeiros na Terra e estão viajando para outro país, um país melhor (VEJA HEBREUS 11:13-26). Lá é a cidade a qual pertencem. "Pois a nossa pátria está nos céus..." (FP 3:20). Portanto, sem dúvida, este é o lugar que o apóstolo fala no texto quando diz: "Estamos dispostos a abandonar nossa antiga casa, o corpo, e habitar na mesma casa, cidade ou país onde Cristo habita". Esse é o significado exato das palavras no original. O que poderia ser essa casa, cidade ou país senão o mesmo mencionado em outro lugar como seu próprio lar, a casa de seu Pai, a cidade e país aos quais pertencem, o local para onde estão viajando enquanto continuam neste mundo e onde sabemos que a natureza humana de Cristo reside? Este é o descanso e o tesouro dos santos, onde está o coração deles enquanto vivem aqui. Prosseguem "... para uma herança incorruptível, sem mácula, imarcescível, reservada nos céus para vós outros" (1PE 1:4). Portanto, eles nunca podem ter seu descanso pleno e completo até que cheguem ali. De modo que, sem dúvida, a alma deles, quando ausente do corpo (quando as Escrituras os representam em um estado de perfeito repouso), chegou ao lar.

Enoque e Elias, aqueles dois santos que deixaram este mundo sem passar pela morte física para irem para seu lugar descanso em outro mundo, foram para o Céu. Elias foi visto subindo ao Céu, como Cristo foi. E há todas as razões para pensar que os santos que deixam o mundo e partem para o seu descanso vão também para o mesmo lugar, por meio da morte. Moisés, quando morreu no topo do monte, ascendeu à mesma morada gloriosa que Elias, que foi sem morrer. Eles são companheiros em outro mundo, apareceram juntos na transfiguração de Cristo. Eles estavam juntos naquele momento com Cristo no monte quando aconteceu uma amostra de Sua glorificação e, sem dúvida, também estiveram com Ele quando foi totalmente glorificado no Céu. Indubitavelmente, foi para lá que a alma de Estevão ascendeu quando expirou. As circunstâncias de sua morte demonstram isso. Observe no texto a seguir, que ele viu Jesus em Sua natureza humana.

Mas Estêvão, cheio do Espírito Santo, fitou os olhos no céu e viu a glória de Deus e Jesus, que estava à sua direita, e disse: Eis que vejo os céus abertos e o Filho do Homem, em pé à destra de Deus. Eles, porém, clamando em alta voz, taparam os ouvidos e, unânimes, arremeteram contra ele. E, lançando-o fora da cidade, o apedrejaram [...]. E apedrejavam Estêvão, que invocava e dizia: Senhor Jesus, recebe o meu espírito! (ATOS 7:55-59)

Antes de sua morte, Estêvão teve uma visão extraordinária da glória que Seu Salvador havia recebido no Céu, não apenas para si mesmo, mas para ele e todos os Seus fiéis seguidores, para o encorajar, por meio da esperança dessa glória, a alegremente dar sua vida por Jesus. Por conseguinte, ele morre confiando nisso, logo exclama: "Senhor Jesus, recebe o meu espírito!". Com essas palavras quis dizer: "Recebe o meu espírito para estar contigo, na glória em que agora vi a ti, no Céu, à destra de Deus". Foi para esse mesmo lugar que a alma do ladrão penitente na cruz ascendeu. Cristo disse-lhe: "...hoje estarás comigo no paraíso" (LC 23:43). O paraíso é o mesmo terceiro céu mencionado em 2 Coríntios 12:2-4. Lá, o que é chamado de terceiro céu no versículo 2 é denominado paraíso no versículo 4. A alma dos apóstolos e profetas que partiram está no Céu, conforme mencionado em Apocalipse: "Exultai sobre ela, ó céus, e vós, santos, apóstolos e profetas..." (AP 18:20).

A Igreja de Cristo é distinguida nas Escrituras, de tempos em tempos, em duas partes: a parte dela que está no Céu e a que está na Terra. "Por esta causa, me ponho de joelhos diante do Pai, de quem toma o nome toda família, tanto no céu como sobre a terra" (EF 3:14-15).

E que, havendo feito a paz pelo sangue da sua cruz, por meio dele, reconciliasse consigo mesmo todas as coisas, quer sobre a terra, quer nos céus. (COLOSSENSES 1:20)

Bem, que coisas no Céu são essas, para quem a paz foi feita pelo sangue da cruz de Cristo e que, por meio dele, foram reconciliados com Deus, senão os santos no Céu? Da mesma maneira, lemos sobre a união de Deus "...de fazer convergir nele, na dispensação da plenitude dos tempos, todas as coisas, tanto as do céu como as da terra" (EF 1:10). O espírito dos justos aperfeiçoados está na mesma cidade do Deus vivo, na Jerusalém celestial, com incontáveis anjos, e de Jesus, o Mediador da Nova Aliança, conforme está escrito em Hebreus 12:22-24. A Igreja do Senhor é frequentemente chamada nas Escrituras pelo nome de Jerusalém. O apóstolo fala da Jerusalém de cima, ou celestial, como a mãe de todos nós (VEJA GÁLATAS 4:26), mas, se nenhuma parte da Igreja estiver no Céu, exceto Enoque e Elias, é improvável que seja chamada de Jerusalém celestial.

2. A alma dos verdadeiros santos, quando deixa o corpo na morte, vai direto estar com Cristo, assim eles habitam na plena e constante visão dele.

Quando estamos longe de nossos queridos amigos, eles estão fora de nossa vista, porém, quando estamos com eles, temos a oportunidade e a alegria de vê-los. Portanto, enquanto os santos estão no corpo e ausentes da presença direta do Senhor, *Ele* está em vários aspectos fora de vista: "...a quem, não havendo visto, amais; no qual, não vendo agora, mas crendo, exultais com alegria indizível e cheia de glória" (1PE 1:8). Eles têm realmente, neste mundo, uma visão espiritual de Cristo. Todavia veem como em um espelho, obscuramente, mas no Céu o verão face a face (VEJA 1 CORÍNTIOS 13:12): "Bem-aventurados os limpos de coração, porque verão a Deus" (MT 5:8). A visão fervorosa deles de Deus está em Cristo, que é aquele brilho ou resplendor da glória de Deus, pelo qual Sua glória resplandece no Céu, para a visão dos santos e anjos lá, bem como aqui na Terra. Ele é o Sol da justiça que, não sendo apenas a Luz do mundo, é também o Sol que ilumina a Jerusalém celestial, por cujos raios brilhantes a glória de Deus resplandece ali, para iluminar e tornar felizes todos os gloriosos habitantes ali — "...pois a glória de Deus a iluminou e o Cordeiro é a sua lâmpada" (AP 21:23).

Ninguém vê Deus Pai diretamente, que é o Rei eterno, imortal, invisível. Cristo é a imagem desse Deus invisível, pelo qual Ele é visto por todas as criaturas eleitas. O Filho unigênito, que está no seio do Pai, o declarou e o manifestou. Jamais alguém viu diretamente o Pai, a não ser o Filho, e ninguém mais vê o Pai de outra maneira, a não ser pela revelação do Filho. No Céu, o espírito dos justos aperfeiçoados o vê como Ele é; contempla a Sua glória, a glória de Sua natureza divina, consistindo em toda a glória da divindade, a beleza de todas as Suas perfeições; a Sua grande majestade, o Seu poder onipotente, a Sua infinita sabedoria, santidade e graça. Esses justos veem a beleza da natureza humana de

Cristo glorificada e a glória que o Pai lhe deu, como Deus-Homem e Mediador. Para este fim, Cristo desejou que Seus santos pudessem estar com Ele, por isso expressa: "...para que vejam a minha glória que me conferiste..." (JO 17:24). Quando a alma dos santos deixa o corpo e vai para Cristo, contempla a glória maravilhosa de Sua grande obra de redenção e do Seu glorioso caminho de salvação; ela deseja ver essa glória. Esses santos têm uma visão mais clara das profundezas insondáveis da multiforme sabedoria e conhecimento de Deus e das brilhantes demonstrações da infinita pureza e santidade de Deus, que aparecem e funcionam dessa forma. Percebem, de um modo mais nítido do que conseguem aqui, qual é a largura, comprimento, profundidade e altura da graça e amor de Cristo, demonstrados em Sua redenção. Ao contemplarem as riquezas indescritíveis e a glória do atributo da graça de Deus, podem ver e entender mais facilmente o eterno e imensurável amor sacrificial de Cristo por eles. Resumidamente, eles veem tudo em Cristo que tende a acender, inflamar e gratificar o amor e tudo que tende a satisfazê-los, e isso da maneira mais clara e gloriosa, sem nenhuma escuridão ou delírio, sem qualquer impedimento ou interrupção. Agora os santos, enquanto no corpo, veem algo da glória e do amor de Cristo, como nós, ao amanhecer, vemos algo da luz refletida do Sol misturada com escuridão. Porém, quando separados do corpo, veem seu glorioso e amoroso Redentor da mesma forma que vemos o Sol ao nascer, mostrando todo o seu brilho acima do horizonte, por seus raios diretos, em um hemisfério claro e de dia perfeito.

3. A alma dos verdadeiros santos que deixa o corpo vai para junto de Cristo e é levada à mais perfeita conformidade e união com Ele.

Sua conformidade espiritual inicia-se enquanto a alma ainda está no corpo. Contemplando aqui, como num espelho, a glória do Senhor, são transformados na mesma imagem; mas quando o veem como Ele é, no Céu, então se tornam como Ele de uma maneira ainda diversa. Essa visão perfeita acabará com o restante de deformidade, desacordo e dessemelhança pecaminosa, assim como toda escuridão é eliminada diante do brilho total da luz meridiana do sol. É impossível que o menor grau de obscuridade permaneça diante de tal luz. Portanto, não existe a mínima possibilidade de o pecado e a deformidade espiritual permanecerem em tal visão da beleza espiritual e glória de Cristo, como os santos desfrutam no Céu. Quando virem esse Sol da justiça sem nuvem, eles próprios brilharão como o sol e serão como pequenos sóis, sem mácula. Então é chegado o tempo em que Cristo apresenta Seus santos a si mesmo, em gloriosa beleza, "...sem mácula, nem ruga, nem coisa semelhante..." (EF 5:27) e em santidade; a junção dos santos com Cristo é então aperfeiçoada. Tal junção começou neste mundo: a união relativa é simultaneamente iniciada e aperfeiçoada quando a alma se achega a Cristo pela primeira vez por meio da fé; a união real, consistindo na união de corações e afeições, e na união vital, é iniciada neste mundo e aperfeiçoada no próximo. A união do coração de um crente a Cristo começa quando seu coração é atraído a Ele, pela primeira descoberta da excelência divina, na conversão. O resultado de tal atração e aproximação de seu coração com Cristo é o estabelecimento de uma união vital com Ele, por meio da qual o crente se torna um ramo vivo da videira verdadeira, vivendo pela comunicação da seiva e do suco vital do tronco e da raiz, e um membro do corpo místico de Cristo, vivendo por uma comunicação de influências espirituais e vitais da cabeça e por uma espécie de participação da própria vida de Cristo. No entanto, enquanto os santos estão no corpo, ainda há muita distância entre Cristo e eles: existem vestígios de alienação e a união vital é muito imperfeita, consequentemente também a comunicação da vida espiritual e influências vitais. Há muito entre Cristo e os crentes para mantê-los separados, isto é, muito pecado interior, muita tentação, um mundo de objetos carnais para manter a alma afastada de Cristo e impedir a perfeita união.

Porém, quando a alma deixar o corpo, todos esses embaraços e obstáculos serão removidos. Cada parede de separação será derrubada, cada impedimento será retirado do caminho e a distância cessará. O coração estará total e eternamente apegado e ligado a Ele por uma visão perfeita de Sua glória e a união vital será então levada à perfeição. A alma viverá perfeitamente em Cristo, sendo plenamente preenchida com Seu espírito e animada por Suas influências vitais, vivendo, por assim dizer, apenas pela vida de Cristo, sem qualquer resquício de morte espiritual ou vida carnal.

4. A alma dos santos que partiram está com Cristo, pois desfruta de um relacionamento glorioso e direto e de diálogo com Ele.

Enquanto estamos na presença de nossos amigos, temos a oportunidade de ter uma conversa livre e direta com eles, tal qual não podemos usufruir na ausência deles. Sendo assim, devido à relação mais livre, perfeita e imediata com Cristo, a qual os santos desfrutam quando ausentes do corpo, eles são apropriadamente retratados como presentes com Ele.

O relacionamento mais íntimo torna-se aquele que os santos mantêm com Jesus e se torna especialmente a união mais perfeita e gloriosa que eles serão levados a ter com Ele no Céu. Eles não são meramente servos de Cristo, mas Seus amigos, conforme João 15:15. São Seus "irmãos e amigos" (SL 122:8); "Sim, eles são a noiva de Cristo". Estão desposados ou prometidos a Cristo enquanto estão no corpo, mas, quando vão para o Céu, entram no palácio do Rei, seu casamento com Ele é realizado e o Rei os leva para os Seus aposentos. Eles então vão morar com Cristo eternamente para desfrutar do mais perfeito diálogo com Ele. Jesus conversava da maneira mais amigável com Seus discípulos na Terra e permitiu que um deles se reclinasse em Seu peito, mas a eles é permitido dialogarem com Ele no Céu de forma muito mais livre plena.

Embora Cristo esteja lá (no Céu) em uma condição de exaltação gloriosa, reinando em majestade e na glória do Senhor soberano, Deus do Céu, da Terra, de anjos e homens, isso não impedirá a intimidade e a liberdade do relacionamento, mas, antes, o promoverá. Pois Ele é assim exaltado não apenas por si mesmo, mas por eles. Ele é estabelecido nesta glória acima de todas as coisas por causa deles, para serem exaltados e glorificados e, quando vão para o Céu, onde Jesus está, são exaltados e glorificados com Ele e não devem ser mantidos a uma distância grande de Cristo, mas devem ser recebidos mais perto e com uma maior intimidade. Eles estarão indescritivelmente mais adequados para isso, e Cristo estará em circunstâncias mais apropriadas para conceder-lhes tal bem-aventurança. O fato de verem a grande glória de seu Amigo e Redentor não os manterá a distância e os fará temer uma aproximação, pelo contrário, os atrairá mais poderosamente, os encorajará e os envolverá na liberdade sagrada, pois saberão que Ele é o Seu próprio Redentor, Amigo e Noivo amado, o mesmo que os amou com um amor sacrificial e os redimiu para Deus pelo Seu sangue. "Sou eu. Não temais!" (MT 14:27); "Não temas [...], estive morto, mas eis que estou vivo..." (AP 1:17-18).

A natureza desta glória de Cristo que verão será tal que os atrairá e os encorajará, pois não apenas verão infinita majestade e grandeza, mas infinita graça, condescendência, brandura, gentileza e doçura, iguais à Sua majestade. Ele aparece no Céu não apenas como o Leão da tribo de Judá, mas como o Cordeiro no meio do trono (VEJA APOCALIPSE 5:5-6). E este Cordeiro no meio do trono será seu Pastor para alimentá-los e conduzi-los às fontes de água da vida (VEJA APOCALIPSE 7:17), de modo que a visão da grande majestade real de Cristo não será um terror para eles, e sim servirá apenas para aumentar o deleite e surpresa deles. Quando Maria estava prestes a abraçar Cristo, cheia de alegria ao vê-lo novamente vivo após Sua crucificação, Ele a proíbe de fazê-lo naquele momento, porque ainda não havia ascendido.

> *Disse-lhe Jesus: Maria! Ela, voltando-se, lhe disse, em hebraico: Raboni (que quer dizer Mestre)! Recomendou-lhe Jesus: Não me detenhas; porque ainda não subi para meu Pai, mas vai ter com os meus irmãos e dize-lhes: Subo para meu Pai e vosso Pai, para meu Deus e vosso Deus.* (JOÃO 20:16-17)

Como se Ele tivesse dito:

Este não é o lugar nem o momento para essa liberdade que seu amor por mim deseja. Isso é designado no Céu após minha ascensão. Eu estou indo para lá, e vocês, que são Meus verdadeiros discípulos, em breve, como Meus irmãos e companheiros, estarão lá comigo em Minha glória. Então não haverá restrição. Esse é o lugar indicado para as mais perfeitas expressões de complacência, carinho e pleno regozijo de amor mútuo.

Desse modo, a alma dos santos que partiram com Cristo, no Céu, terá Cristo revelado a ela, manifestando-lhe aquelas infinitas riquezas de amor que estão lá desde a eternidade. E ela será capaz de expressar seu amor por Ele, de uma maneira infinitamente melhor do que jamais poderia enquanto no corpo. Assim, comerá e beberá abundantemente. Nadará no oceano do amor e será eternamente tragada pelos raios infinitamente brilhantes, suaves e doces do amor divino, recebendo eternamente essa luz. Eternamente cheia e rodeada por ela, refletindo-a novamente para a fonte dela.

5. A alma dos verdadeiros santos, quando deixa o corpo na morte, vai para junto de Cristo e é recebida em uma gloriosa comunhão com Cristo em Sua bem-aventurança. Assim como a esposa tem posse conjunta da propriedade de seu marido, e a esposa de um príncipe participa com ele de suas posses e honras, dessa forma a Igreja, a esposa de Cristo, quando o casamento acontecer e ela for recebida para habitar com Ele no Céu, participará em Sua glória. Quando Cristo ressuscitou dos mortos e tomou posse da vida eterna, não foi como um simples indivíduo, mas como o Cabeça de todo o Seu povo redimido. Ele tomou posse para eles, bem como para si mesmo, e eles são vivificados juntamente com Ele, e juntamente ressuscitados. E assim, quando Jesus ascendeu ao Céu e foi exaltado com grande glória, também o foi como pessoa pública. Ele tomou posse do Céu não apenas para si mesmo, mas para Seu povo, como Seu precursor e cabeça, para que eles também ascendessem e se assentassem com Ele nos lugares celestiais (VEJA EFÉSIOS 2:5-6). Cristo grava sobre eles o nome de Seu Deus (VEJA APOCALIPSE 3:12), isto é, torna-os participantes de Sua própria glória e exaltação no Céu. Seu novo nome é aquela nova honra e glória com que o Pai atribuiu a Ele quando o colocou à Sua direita. Como um príncipe, quando Ele promove alguém para uma nova dignidade em Seu reino, concede-lhe um novo título. Cristo e Seus santos serão glorificados juntos (VEJA ROMANOS 8:17).

Os santos no Céu têm comunhão, ou participação conjunta, com Cristo em Sua glória e bem-aventurança ali, mais especialmente, nos seguintes aspectos:

a) *Eles participam com Cristo das delícias inefáveis que Ele tem no Céu, na alegria de Seu Pai.* Quando Cristo subiu ao Céu, foi recebido com uma celebração peculiar, gloriosa e abençoada na alegria de Seu Pai, que, em Sua paixão, escondeu de Seu Filho a face. Um prazer tal que se tornou a relação que Ele mantinha com o Pai e uma recompensa adequada pelo grande e árduo serviço que Ele executou na Terra. Deus mostrou-lhe o caminho da vida e o levou à Sua presença, onde está a plenitude da alegria, para se sentar à Sua direita, onde há prazeres para sempre (COMO É DITO DE CRISTO NO SALMO 16:11). Então o Pai o tornou abençoado para sempre. Ele o deixou extremamente feliz com Seu semblante, conforme o Salmo 21:6. Os santos, por sua união com Cristo e sendo Seus membros, de alguma forma participam de Seu relacionamento puro com o Pai, como o de uma criança, e, assim, são herdeiros com Ele de Sua felicidade na alegria de Seu Pai, como parece ser sugerido pelo apóstolo em Gálatas 4:4-7. A esposa de Cristo, em virtude de sua adoção pelo único Filho de Deus, é, por assim dizer, uma participante de Sua relação filial com Deus, torna-se filha do Rei e assim participa com seu Marido divino na alegria do Pai de ambos, Deus de ambos. Uma promessa disso parece estar implícita nas palavras de Cristo a Maria em João 20:17. Assim, os servos fiéis de Cristo entram na alegria de seu Senhor (VEJA MATEUS 25:21,23) e tal alegria de Cristo permanece neles, segundo as palavras de Cristo em João 15:11.

Desde a eternidade, Cristo está, por assim dizer, no seio do Pai, como o objeto de Sua infinita complacência. Nele está a felicidade eterna do Pai. Antes que o mundo existisse, Ele estava com o Pai, na alegria de Seu amor infinito e teve infinito deleite e bem-aventurança nessa alegria, como declara de si mesmo: "...então, eu estava com ele e era seu arquiteto, dia após dia, eu era as suas delícias, folgando perante ele em todo o tempo" (PV 8:30). Quando Cristo subiu ao Pai após Sua paixão, foi para a alegria da mesma glória e bem-aventurança no regozijo de Seu amor, de acordo com Sua oração na noite antes da crucificação: "...agora, glorifica-me, ó Pai, contigo mesmo, com a glória que eu tive junto de ti, antes que houvesse mundo" (JO 17:5). Na mesma oração, Ele manifesta que é Sua vontade que Seus verdadeiros discípulos estejam com Ele na alegria daquele gozo e glória, que Ele pediu então para si: "...que eles tenham o meu gozo completo em si mesmos" (v.13). E ainda menciona: "Eu lhes tenho transmitido a glória que me tens dado..." (v.22). Essa glória de Cristo, que os santos desfrutarão com Ele, é aquela que Cristo tem na alegria do amor infinito do Pai por Ele, como aparece nas últimas palavras da oração de nosso Senhor: "...a fim de que o amor com que me amaste esteja neles, e eu neles esteja" (v.26). O amor que o Pai tem por Seu Filho é realmente grande: a divindade, por assim dizer, flui total e inteiramente em uma corrente de amor a Cristo, logo a alegria e o prazer de Cristo são proporcionalmente grandes. Esta é a torrente das delícias de Cristo, o rio de Seu infinito prazer da qual fará Seus santos beberem com Ele.

> *Fartam-se da abundância da tua casa, e na torrente das tuas delícias lhes dás de beber. Pois em ti está o manancial da vida; na tua luz, vemos a luz.*
> (SALMO 36:8-9)

Os santos terão prazer em participar com Cristo em Seu contentamento e verão a luz em Sua luz. Participarão do mesmo rio de prazer com Cristo, beberão da mesma água da vida e do mesmo vinho novo no reino do Pai (VEJA MATEUS 26:29). Esse vinho novo é especialmente aquela alegria e felicidade que Cristo e Seus verdadeiros discípulos compartilharão juntos na glória, que é a aquisição pelo sangue de Cristo, ou a recompensa de Sua obediência até à morte. Cristo, em sua ascensão ao Céu, recebeu deleites eternos à destra de Seu Pai e na alegria do amor de Deus como recompensa por Sua própria morte ou obediência até à morte. E a mesma justiça é atribuída ao Cabeça e aos membros, e ambos terão comunhão na mesma recompensa, cada um de acordo com Sua capacidade distinta.

Os santos no Céu terem tal comunhão com Cristo em Sua alegria e participarem com Ele em Seu próprio desfrutar do Pai manifesta grandemente a excelência transcendente de Sua felicidade bem como o fato de serem admitidos a um privilégio muito maior na glória do que os anjos.

b) *Os santos no Céu são recebidos para a comunhão ou participação com Cristo na glória daquele domínio ao qual o Pai o exaltou.* Os santos, quando sobem ao Céu como Cristo o fez, sentam-se com Ele nos lugares celestiais e são participantes da glória de Sua exaltação, são exaltados para reinar com Ele. Por meio de Jesus, são feitos reis e sacerdotes que reinarão com Ele, e nele, sobre o mesmo reino. Do mesmo modo que o Pai designou um reino a Cristo, assim Ele também lhes designou.

Da mesma forma como o Pai concede a Cristo sentar-se com Ele em Seu trono, Cristo concede aos santos sentarem-se com Ele em Seu trono, segundo a promessa de Cristo em Apocalipse 3:21. Jesus Cristo, o Filho de Deus, é o herdeiro de Seu reino, e os santos são coerdeiros; isso implica serem beneficiários da mesma herança, possuírem o mesmo reino nele e com Ele, conforme a capacidade deles. Cristo reina sobre o Céu e a Terra, Ele é designado herdeiro de tudo, e todas as coisas são dos santos também. "Seja Paulo, ou Apolo, ou Cefas, ou o mundo, ou vida, ou morte, ou coisas presentes, ou coisas futuras" (1CO 3:22), todos são dele, pois são de Cristo e estão unidos a Ele. Os anjos são dados a Cristo como parte de Seu domínio, para servi-lo como espíritos ministradores. Assim, todos são, até mesmo os mais elevados e dignos, espíritos ministradores àqueles que são os herdeiros da salvação. Eles são anjos de Cristo e são anjos *deles*. Tão forte é a união e a comunhão dos santos com Cristo que o que Ele possui os santos possuem também, de uma maneira muito mais perfeita e abençoada do que se todas as coisas lhes fossem concedidas separadamente e fossem escolhidas por eles mesmos de acordo com o discernimento deles. Eles agora estão dispostos de modo a serem, em todos os aspectos, mais abençoados por um critério infinitamente melhor do que o deles. E em serem escolhidos pelo Cabeça e Marido, entre os quais existe a mais perfeita união de corações e, portanto, a mais excelente união de vontades, tornando-se mais um do outro.

A esposa glorificada deste grande Rei reina com e nele em Seu domínio sobre o Universo e compartilha da alegria e glória do império em Seu reino da graça, sendo mais peculiarmente o reino do qual Ele é o Cabeça da Igreja, e é esse reinado que ela mais deseja. Foi especialmente para dominar neste reino que Deus Pai o exaltou no Seu trono celestial: colocou o Seu Rei no monte sagrado para reinar sobre Sião ou sobre Sua Igreja em Seu reino de graça. E que Ele possa estar sob as melhores vantagens para levar adiante os desígnios de Seu amor neste mundo material. Portanto, sem nenhuma dúvida, os santos no Céu são participantes com Cristo na alegria e glória do avanço e prosperidade do Seu reino de graça na Terra e no sucesso de Seu evangelho aqui, considerado por Ele como a glória peculiar de Seu reinado.

O bom Pastor se alegra quando encontra uma ovelha perdida, e todos no Céu comemoram essa ocasião. Essa parte da família que está no Céu certamente não ignora os assuntos relacionados à parte da família que está na Terra. Aqueles que moram no palácio com o Rei, a família real, não são mantidos na ignorância dos assuntos de Seu reino. Os santos no Céu estão com os anjos, os ministros do Rei, por meio dos quais Ele administra os assuntos de Seu reino e que diariamente sobem e descem do Céu e à Terra, ministrando a cada membro da Igreja terrena, além da ascensão contínua da alma dos santos que falecem de todos os lugares da Igreja atuante.

Sobre esses relatos, os santos no Céu devem ter uma vantagem mil vezes maior do que a nossa aqui, porque têm uma visão completa da condição da Igreja na Terra e um conhecimento rápido, direto e certo das suas atividades em todas as partes. A maior vantagem de todas é o fato de estarem constantemente na presença de Cristo e na alegria do mais perfeito relacionamento com Ele, pois é o Rei administrador de todas as coisas e tem um conhecimento absolutamente perfeito delas. Cristo é o Cabeça de todos os fiéis glorificados. Eles são misticamente Seu corpo glorificado e o que o Cabeça vê serve de informação para os demais membros, de acordo com a capacidade destes, e a alegria dele é o regozijo de todos.

Os santos, ao deixarem este mundo e ascenderem ao Céu, não perdem de vista as coisas pertencentes ao reino de Cristo na Terra; em vez disso, saem da obscuridade e sobem acima das névoas e nuvens para a clara luz, para um pináculo no próprio centro da luz onde tudo é revelado. Eles têm uma vantagem maior agora ao verem a condição que se encontra o reino de Cristo e as obras da nova criação do que quando estavam neste mundo, como um homem no topo de uma alta montanha enxerga melhor do que quando estava em um profundo vale, floresta densa, ou cercado por coisas que impediam e limitavam sua visão. Entretanto, assim como o próprio Cristo não é, os santos também não são vistos como espectadores indiferentes ou despreocupados.

A felicidade dos santos no Céu consiste em contemplar a glória de Deus que aparece na obra da redenção, pois é principalmente por isso que Ele manifesta a Sua glória, a glória de Sua sabedoria, santidade e graça, e outras perfeições, tanto para os santos como para os anjos, observada em muitos textos das Escrituras. Portanto, não existe dúvida de que a felicidade deles se constitui em contemplar o desenvolvimento desta obra em sua observância e sucesso, e o processo pelos quais o infinito poder e sabedoria levam ao seu cumprimento. Os santos no Céu têm o privilégio de contemplar o progresso desta obra na Terra, diferentemente de nós que ainda estamos aqui, enquanto eles estão sob maiores vantagens para ver e compreender os passos maravilhosos que a sabedoria divina dá em tudo o que é feito, e os fins gloriosos obtidos, a oposição que Satanás faz e como ele é frustrado e derrotado. Os santos conseguem ver melhor a conexão entre um evento e outro e a bela ordem de todas as coisas que acontecem na Igreja em diferentes épocas que parecem confusas para nós. Eles não meramente veem tais coisas e se alegram nelas, como uma visão gloriosa e agradável, mas fazem-no como pessoas interessadas, tal qual Cristo o é; como possuindo-as em Cristo e reinando com Ele em tal reino.

O sucesso de Cristo em Sua obra de redenção ao trazer para casa almas para si mesmo, aplicando os benefícios de salvação por Seu Espírito e o crescimento do reino da graça no mundo, é a recompensa especialmente prometida a Ele pelo Pai na aliança da redenção pela difícil e árdua tarefa que realizou enquanto estava na forma de servo, tal como mencionado em Isaías 53:10-12.

Diante disso, os santos serão recompensados com Cristo, participarão com Ele na alegria dessa recompensa, pois essa obediência que é assim recompensada estende-se aos Seus membros, como observado anteriormente. Esta foi especialmente a alegria colocada diante de Cristo, pela qual Ele suportou a cruz e desprezou a vergonha. E Sua alegria é a de todos no Céu. Os que estão com Ele no Céu têm mais vantagens de participar com Ele dessa alegria, pois têm uma perfeita comunhão com Cristo, por meio de quem, e em comunhão com quem, desfrutam e possuem toda a Sua herança, Sua felicidade celestial, assim como o corpo inteiro é agraciado pela música através do ouvido, pela comida que entra pela boca e chega ao estômago e pelo benefício e refrigério do ar pelos pulmões.

Enquanto estão na Terra, os santos oram e trabalham pela mesma coisa pela qual Cristo dedicou-se, ou seja, o crescimento do reino de Deus entre os homens, o aumento da prosperidade de Sião e o florescimento da religião neste mundo. A maioria deles sofreu por esse desígnio como Cristo sofreu. Assim como Cristo, foram feitos participantes de Seus sofrimentos e cumpriram (como o apóstolo expressa) as aflições de Cristo. Sendo assim, partilharão com Ele da glória e da alegria final. "Ora, se somos filhos, somos também herdeiros, herdeiros de Deus e coerdeiros com Cristo; se com ele sofremos, também com ele seremos glorificados" (RM 8:17), e "se perseveramos, também com ele reinaremos..." (2TM 2:12).

Cristo subiu ao Céu assim que os Seus sofrimentos terrenos chegaram ao fim, mas ainda estava longe do Seu reino neste mundo acabar; era apenas o começo. Ele subiu ao Céu por essa mesma finalidade, para poder possuir e usufruir mais plenamente deste reino, governando e tendo melhores benefícios, assim como um rei sobe ao trono para reinar sobre seu povo e receber a honra e a glória de seu domínio. Os santos não mais atuam no reino de Cristo na Terra quando ascendem ao Céu.

> *Eis que vinha com as nuvens do céu um como o Filho do Homem, e dirigiu-se ao Ancião de Dias, e o fizeram chegar até ele. Foi-lhe dado domínio, e glória, e o reino, para que os povos, nações e homens de todas as línguas o servissem...* (DANIEL 7:13-14)

Isso será cumprido eminentemente após a ruína do anticristo que é especialmente o tempo do reino de Cristo. E nesse mesmo tempo "o reino, e o domínio, e a majestade dos reinos debaixo de todo o céu serão dados ao povo dos santos do Altíssimo..." (DN 7:27). Os santos reinarão com Cristo, o Altíssimo, como aparece na continuação do versículo: "...o seu reino será reino eterno, e todos os domínios o servirão e lhe obedecerão". Esse versículo é verdadeiro não só sobre os santos na Terra, mas também os santos no Céu. Com relação a esse tempo, os santos no Céu cantam: "Reinaremos sobre a terra" (AP 5:10).

Conforme o que foi dito e depois representado, quando o tempo mencionado chega, aqueles que em tempos anteriores *sofreram* com Cristo *reinam* com Ele. Nessa abençoada ressurreição espiritual, eles recebem nova vida e alegria, que será também da Igreja do Senhor na Terra, e assim é dito: "Bem-aventurados os mansos [aqueles que dócil e pacientemente sofrem com Cristo, e por causa dele] porque herdarão a terra" (MT 5:5) e reinarão com Jesus. Ele é o herdeiro do mundo. No momento que chegar o tempo designado de Seu reino, a Sua herança lhe será dada e então os mansos, sendo coerdeiros, herdarão a Terra. O lugar no Antigo Testamento de onde as palavras são tiradas leva-nos à verdadeira interpretação delas. "Mas os mansos herdarão a terra e se deleitarão na abundância de paz" (SL 37:11). Há referência aqui nestas últimas palavras: "na abundância de paz" — à paz e bem-aventurança dos últimos dias. Podemos ficar satisfeitos comparando essas palavras com as seguintes: "…e haja abundância de paz até que cesse de haver lua" (SL 72:7), e "…lhes revelarei abundância de paz e segurança" (JR 33:6). Há muitos outros versículos correlatos como, por exemplo, Isaías 2:4; Miqueias 4:3; Isaías 11:6-9.

Os santos no Céu estarão com Cristo tanto no reinado sobre as nações e na glória de Seu domínio naquele tempo como na honra de julgar o mundo no último dia. A promessa feita por Cristo aos Seus discípulos em Mateus 19:28-29 parece dizer respeito aos Seus precursores. Cristo promete aos discípulos: "…quando, na regeneração, o Filho do Homem se assentar no trono da sua glória, também vos assentareis em doze tronos para julgar as doze tribos de Israel" (v.28). Os santos que estão no Céu, os quais reinarão na Terra no glorioso último dia, são descritos em linguagem adaptada a esta promessa de Cristo: "Vi também tronos, e nestes sentaram-se aqueles aos quais foi dada autoridade de julgar [...] e reinaram com Cristo..." (AP 20:4). A promessa de Jesus parece ter simultaneamente seu cumprimento:

> *E todo aquele que tiver deixado casas, ou irmãos, ou irmãs, ou pai, ou mãe [ou mulher], ou filhos, ou campos, por causa do meu nome, receberá muitas vezes mais e herdará a vida eterna.* (MATEUS 19:29)

Portanto, neste tempo em que os santos herdarão a Terra e reinarão nela, a Terra será concedida à Igreja em grande abundância, com todas as suas maravilhosas bênçãos, para ser possuída pelos santos. Isso eles devem receber neste mundo presente e no tempo vindouro: a vida eterna.

Os santos no Céu participarão do triunfo e da glória dessas vitórias que Cristo obterá no futuro glorioso sobre os reis e nações do mundo, algumas vezes representados por Seu governo sobre eles com cetro de ferro e eles sendo despedaçados como objetos de barro.

> *Ao vencedor, que guardar até ao fim as minhas obras, eu lhe darei autoridade sobre as nações, e com cetro de ferro as regerá e as reduzirá a pedaços como se fossem objetos de barro; assim como também eu recebi de meu Pai...*
> (APOCALIPSE 2:26-28)

E ainda: "Exultem de glória os santos, no seu leito cantem de júbilo" (SL 149:5), isto é, em seu estado separado após a morte (COMPARE COM ISAÍAS 57:1-2). E continua...

Nos seus lábios estejam os altos louvores de Deus, nas suas mãos, espada de dois gumes, para exercer vingança entre as nações e castigo sobre os povos; para meter os seus reis em cadeias e os seus nobres, em grilhões de ferro; para executar contra eles a sentença escrita, o que será honra para todos os seus santos. Aleluia! (SALMO 149:6-9)

Por conseguinte, quando Cristo aparece cavalgando para Sua vitória sobre o anticristo, as hostes do Céu estão com Ele em vestes de triunfo (VEJA APOCALIPSE 19:14). Com a destruição do anticristo, os habitantes do Céu, os santos apóstolos e os profetas, são chamados a se regozijarem (VEJA APOCALIPSE 18:20). Em tal ocasião, toda a multidão dos habitantes do Céu exulta e louva a Deus com grande alegria (VEJA APOCALIPSE 11:15; 19:1-8). Pode-se ver grande alegria também na ocasião da ruína do império pagão, nos dias de Constantino (VEJA APOCALIPSE 12:10).

Nota-se pelas visões desse livro bíblico que as hostes celestiais parecem tão preocupadas e interessadas nos acontecimentos concernentes ao reino de Cristo aqui embaixo quanto os santos na Terra. O dia do início da glória dos últimos dias da Igreja é eminentemente

o dia das núpcias de Cristo, da alegria de Seu coração, assim como o noivo se regozija com a noiva, Ele se regozijará com Sua Igreja.

E todo o Céu se regozijará com Ele dizendo: "Alegremo-nos, exultemos e demos-lhe a glória, porque são chegadas as bodas do Cordeiro..." (AP 19:7).

Assim, Abraão usufrui destas coisas quando acontecem, que no passado foram prometidas a ele, que foram por ele vistas antecipadamente e nas quais se regozijou. Ele desfrutará do cumprimento da promessa de todas as famílias da Terra sendo abençoadas em sua semente quando isso se realizar. E todos os antigos patriarcas que morreram na fé de promessas gloriosas que deveriam ser cumpridas neste mundo "sem ter obtido as promessas; vendo-as, porém, de longe, e saudando-as" (HB 11:13), de fato usufruirão delas quando cumpridas. Davi realmente viu e regozijou-se no cumprimento dessa promessa, em seu devido tempo, feita a ele centenas de anos antes, e era toda a sua salvação e desejo. Assim Daniel estará em sua porção no final dos dias apontados por sua própria profecia. Assim, os santos de outrora que morreram na fé, não tendo recebido as promessas, são feitos perfeitos e têm sua fé coroada pelas melhores coisas realizadas nestes últimos dias do evangelho (HEBREUS 11:39-40), que veem e desfrutam em seu tempo.

c) *A alma dos santos que partiram tem comunhão com Cristo, em Sua abençoada e eterna missão de glorificar ao Pai.* A felicidade do Céu não consiste apenas em contemplação e simples regozijo passivo, mas em muita ação, especialmente no serviço dinâmico e na glorificação a Deus. Isto é expressamente mencionado como uma grande parte da bem-aventurança dos santos em seu estado mais perfeito: "Nunca mais haverá qualquer maldição. Nela, estará o trono de

Deus e do Cordeiro. Os seus servos o servirão" (AP 22:3). Os anjos são como uma chama de fogo em seu fervor e atividade no serviço de Deus: os seres viventes mencionados em Apocalipse 4 (que geralmente são compreendidos como os anjos) são apresentados dando continuamente louvor e glória a Deus, "não têm descanso, nem de dia nem de noite" (v.8). A alma dos santos falecidos é, sem dúvida, semelhante aos anjos de Deus a este respeito. E Jesus Cristo é o Cabeça de toda a gloriosa assembleia. Assim como em outras coisas pertencentes à abençoada posição deles, também serão nesta de louvar e glorificar ao Pai.

Quando Cristo, na noite anterior à Sua crucificação, orou por Sua exaltação, foi para glorificar o Pai: "Tendo Jesus falado estas coisas, levantou os olhos ao céu e disse: Pai, é chegada a hora; glorifica a teu Filho, para que o Filho te glorifique a ti" (JO 17:1). E, sem dúvida, Ele faz o mesmo agora estando no Céu, não apenas cumprindo a vontade do Pai como Cabeça da Igreja e governante do Universo, mas também liderando a assembleia celestial em seus louvores.

Quando Cristo instituiu a Ceia, comendo e bebendo com Seus discípulos à mesa (dando-lhes uma representação e promessa do futuro banquete e do vinho novo no reino de Seu Pai celestial), naquele momento os conduziu a louvar a Deus por meio do hino que cantaram. E assim também Ele conduz Seus discípulos glorificados no Céu. Davi foi o amável salmista de Israel e conduziu a grande congregação do povo de Deus em cânticos de louvor. Aqui, assim como em inúmeras outras coisas, Davi era um tipo de Cristo, do qual se fala com frequência nas Escrituras. E muitos dos salmos que Davi escreveu eram cânticos de louvor inspirados pelo espírito da profecia, pronunciados em nome de Cristo como Cabeça da Igreja, conduzindo os santos em seus louvores. Cristo no Céu conduz a gloriosa assembleia nos louvores a Deus, como fez Moisés na congregação de Israel no mar Vermelho, que está implícito em Apocalipse: "...entoavam o cântico de Moisés, servo de Deus, e o cântico do Cordeiro" (AP 15:3).

Em Apocalipse, João nos diz que "saiu uma voz do trono, exclamando: Dai louvores ao nosso Deus, todos os seus servos, os que o temeis, os pequenos e os grandes" (AP 19:5). Quem pode expressar essa voz do trono senão o Cordeiro que está ali assentado, convocando a gloriosa assembleia dos santos para louvar a Deus, Seu Pai e também dos santos? E qual é a repercussão de tal voz? Temos um relato nas próximas palavras:

Então, ouvi uma como voz de numerosa multidão, como de muitas águas e como de fortes trovões, dizendo: Aleluia! Pois reina o Senhor, nosso Deus, o Todo-Poderoso. (APOCALIPSE 19:6)

APLICAÇÃO

O uso que eu faria do que tem sido dito sobre este assunto é de *exortação*. Por isso, sejamos exortados a buscar com seriedade esse grande privilégio "do qual estamos confiantes e preferimos estar ausentes do corpo e presentes com o Senhor" (2CO 5:8 A21). Não podemos continuar para sempre neste tabernáculo terreno, pois são tendas muito frágeis, logo enfraquecerão e cairão; são continuamente passíveis de tombarem por inúmeras circunstâncias. Nossa alma deve deixá-lo em breve e ir para o mundo eterno.

Ó, quão infinitamente grande será o privilégio e a felicidade de tais pessoas, que naquele momento estarão com Cristo em Sua glória, da maneira que aqui foi representada! O privilégio dos Doze discípulos foi grande ao estarem constantemente com Cristo como Sua família, em Seu estado de humilhação. Aqueles três discípulos tiveram o grande privilégio de estar com Ele no monte de Sua transfiguração, onde lhes foi mostrada um pouco de Sua futura glória no Céu, na devida proporção que poderiam contemplar em seu presente estado débil e pecaminoso. Ficaram absortos e encantados com o que viram e desejaram fazer tendas para viverem lá e não retornar mais do monte. Também grande foi o privilégio de Moisés quando estava com Cristo no monte Sinai e suplicou a Deus que lhe mostrasse a Sua glória, então viu-o pelas costas enquanto passava e proclamou o Seu nome.

Mas não é esse privilégio infinitamente maior: o de estar com Cristo no Céu, onde Ele está assentado à direita de Deus na glória do Rei e Deus dos anjos, e de todo o Universo, resplandecendo como a grande luz, sendo o Sol brilhante daquele mundo de glória? Estar ali para habitar na visão plena, constante e eterna de Sua beleza e esplendor? De estar ali livre para conversar com Ele intimamente e desfrutar plenamente de Seu amor, como Seus amigos e esposa? De estar ali para ter comunhão com Cristo no prazer e felicidade infinitos que tem na alegria de Seu Pai e para sentar-se com Ele em Seu trono, reinar na posse de todas as coisas, participando na alegria e glória de Sua vitória sobre os inimigos, no progresso de Seu reino no mundo, e juntar-se a Jesus em alegres canções de louvor ao Pai e Deus deles para todo o sempre? Não vale a pena buscar tal privilégio?

Mas aqui, como uma aplicação especial dessa exortação, gostaria de aprimorar essa dispensação da sagrada providência divina na dolorosa ocasião que nos reúne agora, ou seja, a morte deste nobre servo de Jesus Cristo que trabalhou no ministério evangélico cujo funeral neste dia é assistido e aqui mencionado sobre ele daquilo que foi observado em vida e na morte dele.

Em tal dispensação da Providência, Deus nos traz à mente nossa mortalidade e nos adverte que se aproxima o momento em que devemos nos ausentar do corpo a fim de comparecer (conforme observa o apóstolo),

> ...*perante o tribunal de Cristo, para que cada um receba segundo o bem ou o mal que tiver feito por meio do corpo.* (2 CORÍNTIOS 5:10)

Neste nosso irmão, cuja morte somos agora chamados a considerar e a refletir sobre ela, temos não apenas um exemplo de mortalidade, mas de alguém que, estando ausente do corpo, está presente com o Senhor, como temos todos os motivos imagináveis para concluir. Isso é assim quer consideremos a natureza do agir sob o qual ele esteve, ou o tempo em que data sua conversão, ou a natureza e o percurso de seus exercícios interiores a partir desse momento, ou suas conversas e o longo espaço no qual ele enfrentou a morte.

As convicções de David Brainerd sobre pecado, precedendo suas primeiras consolações em Cristo (como aparece em um relato escrito por ele de seus exercícios e experiências interiores), foram excessivamente profundas e minuciosas. Seu problema e esforço mental, por meio de um grande sentimento de culpa e miséria, continuaram por muito tempo, mas ainda assim eram profundos e consistentes, não compreendendo em nenhum forte, instável e inexplicável medo e inquietação, ou estranhas perturbações da mente, mas surgindo da mais séria consideração e da iluminação adequada da consciência para discernir e considerar o verdadeiro estado das coisas. A luz penetrou em sua mente na conversão. As influências e exercícios a que sua mente estava sujeita naquela época parecem muito agradáveis à causa e ao evangelho de Jesus Cristo. A notável grande mudança, sem qualquer aparência de fortes impressões na imaginação, fugas repentinas, dores das afeições e emoções veementes na natureza animal, mas acompanhada de adequadas visões intelectuais da suprema glória do Ser divino, que consiste na infinita dignidade e beleza das perfeições de Sua natureza e da excelência transcendente do caminho da salvação por meio de Cristo. Isto aconteceu cerca de oito anos atrás, quando ele tinha aproximadamente 21 anos.

Assim Deus santificou e tornou digno, para Seu uso, esse vaso do qual pretendia fazer um vaso de honra em Sua casa, dotando-o com grande capacidade, habilidades muito raras e dons naturais. Ele foi um exemplo singular de uma pronta inventividade, eloquência natural, facilidade de expressão, compreensão ágil, discernimento rápido e uma memória muito robusta e, ainda, de um gênio muito penetrante, pensamento imediato, claro e opinião perspicaz. Ele tinha uma percepção precisa. Sua compreensão era (se me permitem expressar) de uma intuição rápida, forte e distinta.

O aprendizado de David foi muito considerável, pois tinha um grande apreço pelo conhecimento. Ele se empenhava tanto nos estudos quando estava na faculdade que isso afetou sobretudo sua saúde e foi obrigado a se afastar por um tempo, voltando para casa. Ele era estimado como um dos melhores estudantes daquela instituição.

David tinha um conhecimento extraordinário do ser humano, assim como das coisas. Possuía uma grande percepção da natureza humana e se sobressaía mais do que todos em uma capacidade comunicativa como nunca vi. Tinha um talento peculiar para se adaptar às habilidades, temperamentos e circunstâncias daqueles que ele instruiria ou aconselharia.

Dispunha de dons extraordinários para o púlpito. Nunca tive a oportunidade de ouvi-lo pregar, mas o ouvi muitas vezes orar, e penso que sua maneira de se dirigir a Deus, expressar-se diante dele, nessa disciplina, era quase inigualável, de modo que (até onde posso julgar) dificilmente conheci igual. Ele se expressava com propriedade e pertinência precisas em expressões tão significativas, cruciais e pungentes, com aquela aparência pura de sinceridade, reverência, solenidade e longe de todo fingimento — como se esquecesse da presença dos homens e estivesse pessoalmente na presença do grande e santo Deus — de maneira que raramente eu vi igual. E seu modo de pregar, pelo que ouvi muitas vezes de bons observadores, não foi menos excelente. David era claro, instrutivo, natural, enérgico, apto, comovente e muito perspicaz e convincente. Estava enojado do barulho forçado e exagerado no púlpito, no entanto, desagradava-se muito de uma entrega superficial e fria do assunto pregado quando este exigia afeto e seriedade.

Ele não só tinha excelentes talentos para o estudo e para o púlpito, mas também para a conversa. Ele tinha disposição sociável, era notavelmente livre, divertido e bom no discurso comum e tinha muita habilidade para debater, defender a verdade e refutar o erro.

David Brainerd se destacou em seu julgamento e conhecimento das coisas em geral, especialmente em teologia. Ele era verdadeiramente, para alguém de sua posição, um teólogo extraordinário, mas principalmente em assuntos relacionados (ao discernimento no que diz respeito) à religião experiencial. Quanto a isso, sei que tenho a mesma opinião de alguns que tiveram reputação de serem pessoas de melhor julgamento. Conforme a capacidade que tenho para julgar coisas dessa natureza e de acordo com minhas oportunidades, que ultimamente têm sido muito grandes, não conheci ninguém igual, com sua idade e posição, com noções nitidamente precisas da natureza e essência da verdadeira religião e as distinções de suas diversificadas falsas aparências, o que suponho ser devido a três coisas reunidas nele: a força de seu gênio natural, as grandes oportunidades que teve para observar outros, em vários lugares, tanto brancos como índios, e sua própria grande experiência.

As experiências das santas influências do Espírito de Deus não foram apenas grandes em sua primeira conversão, mas continuaram conforme o tempo passava, de acordo com um registro, ou diário particular, que ele guardava de suas experiências interiores diárias, desde o momento de sua conversão até, poucos dias antes de sua morte, quando ficou incapacitado devido a fraqueza. A transformação que ele considerou com sua conversão não foi apenas uma grande mudança de visão, de sentimento e estado de espírito, mas foi evidentemente o início de tal obra de Deus sobre seu coração, que o Senhor continuou, de uma maneira maravilhosa, desde o referido momento até o dia de sua morte[11]. Ele abominava muito o jeito como certas pessoas viviam em suas primeiras obras, como se tivessem então realizado o trabalho designado a elas e, a partir daí, ficassem gradualmente acomodadas em um sistema frio, sem vida, negligente e mundano. Ele tinha uma opinião negativa sobre a religião de tais pessoas.

Suas experiências diferiram das muitas coisas que, ultimamente, levaram-no ao prestígio, com multidões, no auge da experiência cristã. Na época em que a falsa religião, que surge principalmente de impressões na imaginação, começou a ter uma grande aparição na região, ele foi por um tempo enganado por ela, considerando-a boa. Embora soubesse que nunca havia tido as experiências como as contadas por outros, pensava que as realizações destes estavam além das suas e, assim, as desejou. Contou-me que jamais teve o que é chamado de impulso, ou uma forte impressão em sua imaginação de coisas relacionadas à religião em sua vida. Porém reconheceu que, durante o pouco tempo em que pensou acerca dessas coisas, foi afetado pelo espírito de falso zelo que é habitual nelas. Disse que, então, não estava em seu ambiente, mas como um peixe fora d'água. Depois de um tempo, percebeu claramente a vaidade e perniciosidade de tais coisas, o que lhe custou muita tristeza e angústia mental e, pelo que eu soube, ele depois confessou livre e abertamente os erros de conduta em que havia incorrido e humilhou-se diante dos que havia ofendido.

---

[11] Veja **Nota 1** nos comentários pós-sermão de Edwards ao final deste capítulo.

E desde a convicção de seu erro nesses aspectos, ele sempre teve uma aversão singular por essa espécie de zelo amargo e pelas experiências ilusórias que foram a principal fonte do erro. Ele detestava o entusiasmo (fanatismo religioso) em todas as suas formas e manipulações e abominava tudo o que, em opinião ou experiência, parecesse estar a caminho do antinomianismo[12], como: as experiências daqueles cuja primeira fé consistia em acreditar que Cristo morreu por eles em particular; o amor deles a Deus se dever ao fato de presumirem ser objetos de Seu amor e a segurança do estado deles advir de algum testemunho imediato, ou sugestão, baseado ou não em textos das Escrituras, de que seus pecados estão perdoados, que Deus os ama etc. Também as alegrias dos que se regozijavam mais em suas próprias suposições distintas dos outros, em honra, privilégios e experiências elevadas do que na excelência de Deus e na beleza de Cristo bem como o orgulho espiritual de leigos que se estabeleceram como professores públicos, menosprezando a aprendizagem humana e um ministério erudito.

David não gostava da propensão das pessoas em fazer muito barulho e espetáculo na religião, e que excessivamente proclamam a sua própria experiência, embora não condenasse os cristãos que falavam de suas experiências, em algumas ocasiões, com modéstia, discrição e prudência. Detestava o espírito e a prática da generalidade dos Separatistas[13] nesta nação.

---

[12] Antinomianismo: doutrina ou crença de que o evangelho liberta os cristãos da obediência exigida a qualquer lei, seja bíblica, civil ou moral, e de que a salvação é alcançada exclusivamente.

[13] Os Separatistas da época de Edwards eram um subgrupo religioso cristão que insistia em laços diretos de Deus com o homem e desafiava as conexões com as igrejas tradicionais mais antigas.

Eu o ouvi dizer, algumas vezes, que conviveu com esse tipo de pessoa em vários lugares e, por essa razão, sabia que elas geralmente se importavam com o poder da devoção religiosa, totalmente diferente daquela piedade vital recomendada nas Escrituras e que não tinham nada dessa natureza. Ele jamais condenou essas coisas de forma tão completa como em sua última enfermidade, e depois quando sua expectativa de vida era nula. Também, particularmente, quando teve a maior e mais próxima visão de que se aproximava da eternidade e várias vezes quando se achava realmente morrendo, a poucos minutos de entrar no mundo eterno, como ele mesmo me disse[14].

As suas experiências pessoais parecem ter sido do tipo certo e eram muito notáveis quanto à sua intensidade, assim como seu comportamento e práticas agradáveis. Em toda a sua trajetória, ele agiu como alguém que entregou, de fato, tudo a Cristo, dedicando-se inteiramente a Deus, e fez de Sua glória seu maior objetivo. Ele estava totalmente determinado a dedicar todo o tempo e força a serviço do Mestre. David era vivaz na religião, da maneira correta; não somente e nem principalmente com sua língua em professar e falar, mas no trabalho e atividades da religião. Não era um daqueles que são a favor de meios para evitar a cruz e de facilidades para chegar ao Céu, mas alguém que vive uma vida de trabalho e abnegação e empreende sua força e alma na busca desse grande objetivo e glória de seu Redentor, de forma que talvez dificilmente dê para comparar nesta era, nesta parte do mundo. Muito disso pode ser percebido por qualquer pessoa

---

[14] Veja a **Nota 2** nos comentários pós-sermão de Edwards ao final deste capítulo.

que leia seu diário impresso; porém muito mais foi aprendido ao conhecê-lo intimamente e ao olhar em seu diário desde sua morte, o que foi propositadamente oculto por ele naquilo que publicou.

E assim como os seus desejos e trabalhos foram grandes para o crescimento do reino de Cristo, também foi seu sucesso. Deus se agradou de fazê-lo instrumento para realizar as coisas mais notáveis entre os pobres selvagens — ao esclarecer, despertar, reformar e mudar a disposição e conduta deles e transformá-los maravilhosamente — o que talvez possa ser feito nestas últimas eras do mundo. Foi dado um relato disso ao público em seus periódicos elaborados por ordem da Honorável Sociedade na Escócia, que o empregou. Recomendo a leitura para todos que têm prazer nas maravilhosas obras da graça de Deus que leiam algo que tenderá tanto a entreter quanto beneficiar a mente cristã[15].

Não menos extraordinárias que as coisas já mencionadas dele em vida foram suas constantes calma, paz, segurança e alegria em Deus durante o longo tempo em que enfrentou a morte sem a menor esperança de recuperação, continuando assim até o fim, enquanto sua doença de forma dolorida (no corpo físico) atacava diariamente seus órgãos vitais, e frequentemente o levava àquele estado de reflexão sobre si mesmo, o qual fazia os outros pensarem que ele estava morrendo. Os pensamentos de que a morte se aproximava nunca pareceram abalá-lo, mas sim encorajá-lo e alegrar sua mente. E quanto mais próxima a morte estava, mais desejoso ele parecia estar dela. David disse, não muito

---

[15] Livro *A vida de David Brainerd*, de Jonathan Edwards (Ed. Fiel, 2018).

antes de partir, que "a consideração do dia da morte e do Dia do Juízo foi peculiarmente doce para ele por muito tempo". Em outro momento, afirmou que ele "não podia deixar de pensar na ocasião (propícia) em que seria lançada na sepultura uma carcaça tão podre como a dele e pareceu-lhe ser a maneira correta de se desfazer dela". Frequentemente usava o epíteto "glorioso" ao falar do dia de sua morte, chamando-o de "aquele dia glorioso". Numa manhã de domingo, 27 de setembro, sentiu um apetite incomum e, enxergando isso como um sinal da morte iminente, ele disse "que deveria considerar como um favor, se aquele fosse o dia de sua morte, e que ansiava por ele fazia tempo".

Antes ele havia se mostrado desejoso por ver seu irmão novamente, cujo retorno era esperado de Jerseys, mas então (falando dele) disse: "Estou disposto a partir, mesmo que nunca mais o veja. Não me importa do que precisarei ficar separado para estar eternamente com o Senhor". Naquela manhã, ao lhe perguntarem como estava, respondeu: "Estou quase na eternidade. Deus sabe que anseio estar lá. Meu trabalho está concluído. Eu me despedi de todos os meus amigos. O mundo não é nada para mim". Na noite seguinte, quando pensava estar morrendo, foi amparado por algumas pessoas e só se expressava por sussurros curtos repetindo com frequência a palavra "eternidade". Ele dizia: "Logo estarei com os santos anjos. Ele virá, não tardará". David me contou, certa noite, que esperava morrer naquela noite e acrescentou: "Não tenho medo algum, estou disposto a ir esta noite se for a vontade de Deus. A morte é pelo que anseio". Às vezes, ele se expressou como se não tendo "nada mais a fazer além de morrer e que estava disposto a ir naquele minuto, se fosse a vontade de Deus". Ocasionalmente Ele usava a expressão: "Ó, por que Sua carruagem está demorando tanto a chegar?".

Ele parecia ter experiências notáveis de conformidade com a vontade de Deus. Uma vez me disse que

> desejava a manifestação do Espírito Santo de Deus e a gloriosa hora da Igreja. Esperava que isso já estivesse perto de acontecer e estava disposto a viver para promover a religião naquele momento, se essa fosse a vontade de Deus. "Porém", ele disse, "estou desejando que seja como for. Eu não faria a minha própria vontade nem em dez mil mundos".[16]

David falou várias vezes sobre os diferentes tipos de desejo por morrer, e falou de um tipo vil e mesquinho de desejar apenas para ficar livre da dor, ou ir para o Céu só para obter honra e prosperidade lá. Seus próprios anseios de morte pareciam ser bem diferentes e para fins mais nobres. Quando foi acometido pela primeira vez com algo como uma diarreia, vista como um dos últimos e fatais sintomas da tuberculose, ele disse: "Ó, agora está chegando a hora gloriosa? Tenho desejado servir a Deus perfeitamente, e Ele gratificará esses desejos". Em outras vezes, no final de sua doença, pronunciou estas palavras:

> Meu céu é agradar a Deus e glorificá-lo, dar tudo a Ele e ser totalmente dedicado à Sua glória. Esse é o céu que desejo, essa é minha religião e minha

---

[16] Veja a **Nota 3** nos comentários pós-sermão de Edwards ao final deste capítulo.

felicidade. Sempre foi assim desde que entendi ter uma religião verdadeira, e todos aqueles que pertencem a ela me encontrarão no Céu. Não vou para o Céu para ser evoluído, mas para dar honra a Deus. Não importa a posição que terei no Céu, se um assento alto ou baixo, mas amar, agradar e glorificar a Deus. Se eu tivesse mil almas e elas valessem algo, eu as daria todas a Deus. Mas não tenho nada para dar, quando tudo estiver terminado.

É impossível qualquer criatura racional ser feliz sem conduzir tudo a Deus. O próprio Deus não poderia me fazer feliz de outra forma. Anseio por estar no Céu louvando e glorificando a Deus com os santos anjos. Tudo o que desejo é glorificar a Deus. Meu coração vai até o cemitério, parece-me um lugar desejável, mas para glorificar a Deus! É isso! Isso está acima de tudo! É um grande conforto pensar que fiz um pouco por Deus nesse mundo. É algo muito pequeno, no entanto, fiz um pouco, e lamento não ter feito mais por Ele. Não há nada no mundo pelo qual valha a pena viver senão para fazer o bem e terminar a obra de Deus, fazendo o trabalho que Cristo fez. Não existe mais nada no mundo que possa produzir qualquer satisfação além de viver para Deus, agradando-lhe e fazendo toda a Sua vontade. Minha maior alegria e conforto tem sido fazer algo para promover o interesse da religião e da alma de determinadas pessoas.[17]

---

[17] Veja a **Nota 4** nos comentários pós-sermão de Edwards ao final deste capítulo.

Depois que ele adoeceu bastante a ponto de não ter a menor expectativa de recuperação, sua mente foi peculiarmente conduzida a uma sincera preocupação pelo progresso da Igreja de Cristo na Terra, manifestada por um amor puro e abnegado por Ele e pelo desejo de Sua glória. Um tema no qual ele se referia muito era a prosperidade de Sião, conforme sua morte se aproximava. Quando estava perto do fim, disse-me que

> jamais, em toda a sua vida, teve sua mente tão guiada em desejos e orações fervorosas pelo florescimento do reino de Cristo na Terra como quando ficou extremamente debilitado em Boston.

Ele parecia muito surpreso de que não houvesse mais disposição nos ministros e no povo para orar pelo florescimento da religião no mundo. Particularmente, várias vezes expressou seu espanto por não existir mais coragem para cumprir a proposta feita recentemente da Escócia, pela oração unida e extraordinária entre o povo de Deus pedindo a vinda do reino de Cristo. Seu último conselho para sua própria congregação foi que deveriam praticar essa proposta[18].

Um pouco antes de sua morte, ele me disse quando entrei no quarto:

> Tenho aproveitado para meditar no antigo e querido tema do avanço da Igreja do Senhor na Terra. Ao acordar, fui levado a clamar pelo derramamento

---

[18] Veja *A Call to United Extraordinary Prayer* (Um chamado à oração unida e extraordinária), obra de Jonathan Edwards (Hendrickson, 1998).

do Espírito de Deus e pelo crescimento do reino de Cristo, pelo qual o amado Redentor tanto fez e sofreu. É isso o que especialmente me faz ansiar por essa questão!

Alguns dias antes de sua morte, ele desejou que cantássemos um salmo sobre a prosperidade de Sião, o que mostra que seu pensamento estava voltado para isso acima de todas as coisas. Cantamos uma parte do Salmo 102, e, quando terminamos, embora ele estivesse tão abatido que mal conseguia falar, esforçou-se e fez uma oração, na qual, além de orar pelos presentes e por sua própria congregação, rogou fervorosamente pelo avivamento e o florescimento da religião no mundo. Sua própria congregação em especial estava muito presente em seu coração. Frequentemente, ele falava dela e, quando o fazia, era com extraordinária ternura, tanto que seu discurso era interrompido e inundado por choro.

Portanto, tenho me esforçado para apresentar o caráter e comportamento desse excelente servo de Cristo, cujo funeral está agora acontecendo. Embora eu tenha feito de maneira muito imperfeita, tenho me esforçado para fazê-lo fielmente e na presença e temor de Deus, principalmente sem bajulação, que é o que certamente deve ser abominável nos ministros do evangelho quando falam como mensageiros do Senhor dos exércitos. Devemos ficar contentes com o fato de que a pessoa de que se fala agora, que está ausente do corpo, está, contudo, presente com o Senhor, usando uma coroa de glória, de brilho distinto.

Quanta consideração há em um exemplo como este! Um fim tão abençoado, para nos motivar, a nós, que ainda estamos vivos, com a maior diligência e seriedade, a aperfeiçoar o tempo de vida, para que também possamos estar com Cristo quando nos ausentarmos do corpo! A hora está chegando, logo chegará, não sabemos o momento, quando precisaremos nos despedir de todas as coisas aqui debaixo para entrarmos em um estado imutável no mundo eterno. Ó, como vale a pena trabalhar, sofrer e negar a nós mesmos a fim de armazenar uma boa base de apoio e provisão, contra esse tempo! Quanto vale essa paz de que ouvimos falar em tal momento!

Quão desanimador seria estar em tais circunstâncias, sob as angústias exteriores de uma compleição que se consome e se dissolve, enfrentando a morte diariamente com coração impuro e pecado não perdoado, sob uma terrível carga de culpa e ira divina, tendo muita tristeza e ódio em nossa enfermidade e nada para confortar e sustentar nossa mente. Não ter nada diante de nós, a não ser uma rápida aparição diante do tribunal de um Deus Todo-Poderoso infinitamente santo e irado, e uma eternidade inteira suportando Sua ira sem misericórdia! A pessoa de quem estamos falando tinha uma grande percepção disso. David disse, não muito antes de sua morte:

> É doce pensar na eternidade, a infinidade disso torna-a doce. Mas, ó, o que direi sobre a eternidade dos ímpios! Não posso mencioná-la e nem pensar nela, pois é muito terrível!

Em outra ocasião, falando de um coração devotado a Deus e Sua glória, ele disse:

Ó, como é importante ter tal estado de espírito, um coração como este, quando vamos morrer! É isso que agora me dá paz.

Quanto há, em particular, nas coisas que foram observadas neste eminente ministro do evangelho para nos motivar; nós, que somos chamados para a mesma grande obra do ministério do evangelho, para nos preocuparmos e nos esforçarmos seriamente, para sermos fiéis em nosso trabalho, para sermos cheios do mesmo espírito, vivificados com a chama pura e fervorosa do amor a Deus, com a sincera preocupação com o crescimento do reino e glória de nosso Senhor e Mestre e com a prosperidade de Sião! Como esses princípios tornaram este servo de Cristo amável em sua vida, e como foi abençoado em seu final! Em breve chegará o tempo quando também deixaremos nosso tabernáculo terreno e iremos ao encontro do nosso Senhor, que nos enviou para trabalhar em Sua colheita, a fim de prestar contas de nós mesmos a Ele. Ó, como desejamos não ter incertezas! Lutar, mas não como aqueles que perdem tempo desferindo golpes no ar! E isso que ouvimos não deveria nos motivar a depender da ajuda de Deus em nossa grande obra e a buscar as influências de Seu Espírito para termos êxitos em nossos labores por meio do jejum e da oração, assim como tinha em abundância a pessoa aqui homenageada? Ele recomendou essa prática em seu leito de morte, por experiência própria dos grandes benefícios, a alguns candidatos ao ministério que estiveram ao lado de sua cama. David sempre falava da grande necessidade que os ministros têm de buscar muito o Espírito de Cristo em suas atividades e do pouco que faziam sem a influência dele. E como,

quando os ministros estavam sob a influência
especial do Espírito de Deus, isso ajudou-os a chegar
à consciência dos homens, e (como ele expressou)
como se fosse tocá-la com as mãos. Ao passo que, sem
o Espírito de Deus, disse ele, independentemente da
razão e da oratória que utilizemos, fazemos apenas
uso de tocos, em vez de mãos.

Que as coisas que foram vistas e ouvidas sobre esta pessoa extraordinária, como sua santidade, seu aspecto divino, serviço, abnegação na vida, dedicação tão notável a si mesmo e a tudo, fazendo tudo de coração para a glória de Deus e o maravilhoso estado de espírito manifestado de maneira tão firme mesmo sob a expectativa da morte, das dores e agonias que a provocaram, possam motivar em todos nós, ministros e povo, a devida percepção da grandeza do que precisamos fazer no mundo, também a excelência e amabilidade da religião completa, na experiência e prática, e o abençoado fim desse homem cuja morte encerra esta vida e obtemos o valor infinito de sua recompensa eterna, quando ausente do corpo e presente com o Senhor. Que tudo isso efetivamente nos incentive a trabalhar mais, para que, no caminho de uma vida santa, possamos finalmente chegar a um fim tão abençoado. *Amém.*

COMENTÁRIOS PÓS-SERMÃO DE EDWARDS

CONFORME PUBLICADO NA edição de 1834 de *Works of Jonathan Edwards* [Obras de Jonathan Edwards].

NOTA 1: Isso aparece mais abundantemente quando se tem a oportunidade de conhecer o *Diário de Brainerd* desde que este sermão foi pregado. A graça para ele parece ter sido quase continuamente, raramente com intervalos de apenas um dia, em *exercícios* muito sensatos, e de fato vigorosos e poderosos, em um aspecto ou outro.

Seu coração parece ter sido exercitado continuamente em coisas como estas: o mais ardente e puro amor a Deus; bastante cansaço do mundo e percepção da vaidade deste; grande humilhação; uma sensação degradante de sua própria vilania; um profundo sentimento de pecado interior, que foi, de fato, o maior fardo de sua vida, mais do que todas as outras aflições que encontrou postas juntas; um grande quebrantamento de coração diante de Deus por suas pequenas conquistas na graça, que ele amou a Deus tão pouco etc., lamentando por se sentir tão inútil. Também, fervorosos desejos de alma pela santidade; anseios sinceros de que Deus fosse glorificado e o reino de Cristo fosse promovido no mundo; lutas com Deus em oração por essas coisas; alegria no evangelho de Jesus Cristo e no caminho da salvação; doce complacência naqueles cuja conversa tinha o sabor da verdadeira santidade; compaixão pelas almas dos homens e fervorosas intercessões em segredo por eles. Ainda, grande resignação à vontade de Deus; uma renúncia muito frequente, renovada e sensível quanto a todas as coisas por Cristo, e uma entrega total a Deus. Ademais, grande desconfiança de seu próprio coração e dependência universal de Deus; anseios por libertação completa do corpo, do pecado e da morte, e perfeita conformidade com Deus, glorificando-o perfeitamente no Céu. Também visões claras da eternidade, quase como se ele estivesse realmente fora do corpo e tivesse enxergando o outro mundo; uma vigilância constante do próprio coração e um zelo contínuo em sua batalha interior contra o pecado, com bastante cuidado, ao máximo, para aperfeiçoar o tempo dedicado a Deus, em Seu serviço e para Sua glória.

NOTA 2: Desde que este sermão foi pregado, encontrei a continuação em seu diário no verão passado.

"Quinta-feira, 18 de junho. Hoje fiquei extremamente doente e próximo às portas da morte. Continuei neste estado de extrema fraqueza por várias semanas e frequentemente ficava sem fala e incapaz de pronunciar uma palavra. E mesmo após melhorar a ponto de andar pela casa e até sair pela porta, exercitava-me diariamente com movimentos leves, que geralmente continuavam por quatro ou cinco horas. Nessas ocasiões, embora eu não estivesse totalmente sem palavras, pois podia dizer 'sim' ou 'não', ainda assim não conseguia conversar, nem completar uma frase sem parar para respirar. Diversas vezes, neste tempo, meus amigos se reuniram em volta da minha cama para me ver dar o último suspiro. Era o que pensavam a todo momento, e eu também.

"Como eu estava no primeiro ou segundo dia da minha doença, no que diz respeito ao exercício da razão, não sei ao certo, mas penso que fui assolado pela violência da febre algumas vezes. Mas, no terceiro dia e constantemente depois disso, por quatro ou cinco semanas, desfrutei de tanta serenidade de mente e clareza de pensamento como talvez jamais tenha experimentado antes. Acredito que minha mente nunca penetrou com tanta facilidade e liberdade nas coisas divinas como agora. Jamais me senti tão capaz de demonstrar a veracidade de muitas doutrinas importantes do evangelho quanto agora.

"E enquanto via nitidamente a verdade dessas grandes doutrinas, que são justamente denominadas de doutrinas da graça, percebi que a essência da verdadeira religião consistia na conformidade da alma com Deus e na forma de agir acima de todas as visões egoístas para Sua glória, desejando ser para Ele, viver para Ele, agradá-lo e honrá-lo em tudo. E isso, a partir de uma visão clara de Sua infinita excelência e do merecimento que lhe é próprio, para ser amado, adorado, louvado e servido por todas as criaturas inteligentes. Assim percebi que, quando uma alma ama a Deus com um amor supremo, age como o próprio Deus bendito, que ama a si mesmo dessa maneira. Então, quando o interesse de Deus e o da alma se tornam um, e o desejo dela é glorificá-lo e se regozija em pensar que Ele é imutável, detentor da mais alta glória e bem-aventurança, também aqui age em conformidade com Deus. Da mesma forma, quando a alma está totalmente resignada e repousa satisfeita na vontade divina, também está conformada com Deus.

"Vi, ademais, isto: já que este temperamento divino — pelo qual a alma exalta a Deus e ainda pisa no pó — é forjado na alma pela descoberta de Deus de Suas próprias perfeições gloriosas, na face de Jesus Cristo, para ela, pela especial influência de Seu Espírito Santo, Ele não poderia deixar de considerar isso como Sua própria obra e de se deleitar nela, visto que Sua imagem está na alma. Então, vi novamente que, se Deus fosse desprezar e rejeitar Sua própria imagem moral, precisaria negar a si mesmo, o que não pode fazer. Desse modo, percebi a estabilidade e infalibilidade de tal religião, e que aqueles que realmente a possuíam tinham a evidência mais completa e satisfatória de estarem interessados em todos os benefícios da redenção em Cristo, tendo o coração conformado a Ele. E que estes, e apenas estes, eram qualificados para as funções e alegrias do reino da glória de Deus, mas esses teriam prazer com as atividades do Céu, atribuindo glória a Deus e não a si mesmos, e que Deus (embora eu fale isso com grande reverência por Seu nome e perfeições) não poderia, sem negar a si mesmo, finalmente rejeitá-los.

"A próxima coisa que tive de fazer foi questionar se essa era minha religião. Nesse ponto, Deus teve prazer em ajudar-me a lembrar e fazer uma revisão crítica do que acontecera, de natureza religiosa, durante vários dos últimos anos de minha vida. Pude descobrir muita corrupção em meus melhores deveres, vários pontos de vista egoístas e fins carnais, muito orgulho espiritual e exaltação própria e inúmeros outros males que me cercavam. Embora agora tenha discernido os meus pecados nas coisas sagradas, bem como em outras ações, ainda assim Deus se agradou em me mostrar que, por vezes, eu agia acima da influência máxima do mero amor-próprio, que ansiava por agradá-lo e glorificá-lo, como minha maior felicidade etc. E esta revisão foi, por intermédio da graça, acompanhada por um sentimento atual do mesmo temperamento divino da mente.

"Senti-me agora feliz em pensar na glória de Deus, ansiava pelo Céu e por uma condição em que pudesse glorificar a Deus perfeitamente, em vez de um lugar de felicidade para mim. E este sentimento do amor de Deus em meu coração, que confio ter sido despertado pelo Espírito de Deus em mim, foi suficiente para me proporcionar plena satisfação e me fazer desejar, como já acontecera muitas vezes, estar com Cristo. Não queria nenhuma das sugestões imediatas que tanto agradam a muitos — que Cristo e Seus benefícios são meus, que Deus me ama — de modo a me conceder satisfação sobre meu estado. Minha alma agora abominava aquelas ilusões de Satanás, e aquilo que era considerado testemunho imediato do Espírito quando, na verdade, não há nada além de uma sugestão vazia de um certo fato, sem qualquer descoberta graciosa da glória divina ou da obra do Espírito no próprio coração deles. Vi a terrível ilusão desse tipo de confiança, assim como de toda aquela religião da qual eles geralmente surgem, ou da qual ao menos são servos, a falsa religião dos últimos dias, embora um dia de maravilhosa graça. Também vi as imaginações e impressões feitas só nas afeições animais com as sugestões repentinas colocadas à mente por Satanás, transformado em anjo de luz em certos fatos não revelados nas Escrituras. Receio que tais fatos e muitas coisas semelhantes tenham constituído a maior parte das aparições religiosas em muitos lugares.

"Vi essas coisas com grande clareza quando pensava estar morrendo. Deus colocou uma grande preocupação em mim por Sua Igreja e um interesse pelo mundo neste tempo, não tanto porque a notável influência tardia sobre a mente das pessoas foi reduzida, e quase totalmente eliminada, mas devido à falsa religião, o calor da imaginação, comoções selvagens e egoístas das afeições animais que acompanhavam a obra da graça e haviam prevalecido até agora. Era nisso que minha mente se concentrava dia e noite, e para mim essa foi a aparência mais sombria a respeito da religião na Terra. Pois foi principalmente isso que prejudicou o mundo contra a religião interior. E isto que vi foi a maior miséria de todas: que tão poucos viram qualquer espécie de diferença entre esses exercícios espirituais e santos e aqueles que apenas têm amor-próprio por seu início, meio e fim."

NOTA 3: Brainerd escreve assim em seu diário:

"23 de agosto de 1747. Na semana passada, tive diversas ocasiões de renovação interior. Embora meu corpo estivesse inexplicavelmente fraco devido às constantes febres implacáveis, às vezes minha alma estava centrada em Deus como minha única porção, e senti que ficaria infeliz para sempre se Ele não reinasse. Vi a doçura e a alegria de ser Seu súdito, estar à Sua disposição. Isso fez todas as minhas dificuldades desaparecerem rapidamente."

NOTA 4: Em seu diário, ele escreve o seguinte:

"7 de setembro de 1747. Quando estava em grande angústia no corpo, minha alma desejou que Deus fosse glorificado. Vi que não havia Céu senão este. Não pude deixar de falar aos espectadores então da única felicidade, isto é, agradar a Deus. Ó, se eu pudesse viver eternamente para Deus! O dia, acredito, está próximo, o dia perfeito! Ó, o dia da libertação de todos os pecados!

"19 de setembro. Perto da noite, enquanto tentava caminhar um pouco, vieram-me estes pensamentos: Como é infinitamente doce amar a Deus e ser tudo por Ele! Ao que me foi sugerido: 'Você não é um anjo, não é vivaz e ativo'. E toda a minha alma imediatamente respondeu: 'Desejo tão sinceramente amar e glorificar a Deus como qualquer anjo no Céu'. Então novamente me foi sugerido: 'Mas você está imundo, não está apto para o Céu'. Então imediatamente apareceu o bendito manto da justiça de Cristo, no qual não pude deixar de exultar e triunfar.

"Contemplei a excelência infinita de Deus, e minha alma até se desfez de desejos de que Deus fosse glorificado. Pensei na dignidade no Céu, porém imediatamente o pensamento voltou: 'Não vou para o Céu para obter honra, mas para dar toda a glória e louvor possíveis'. Ó, como eu desejava que Deus fosse glorificado também na Terra! Fui feito para a eternidade, se Deus pudesse ser glorificado! Não me importava com as dores corporais; embora estivesse no limite, jamais me senti tão tranquilo. Senti-me disposto a glorificar a Deus naquele estado de angústia física, contanto que Ele quisesse que eu continuasse assim. O túmulo parecia muito doce, e eu ansiava por alojar meus ossos cansados nele, mas, ah, se Deus pudesse ser glorificado! Esse foi o peso de todo o meu choro. Ó, sabia que deveria ser ativo como um anjo no Céu e que seria despojado de minhas vestes imundas! Para que não houvesse objeção e eu pudesse amar, louvar mais a Deus e agradá-lo para sempre! Minha alma ansiava por isso e anseia até agora, enquanto escrevo. Ó, que Deus seja glorificado em toda a Terra! Senhor, que venha o Teu reino.

"Ansiava que um espírito de pregação descesse e repousasse sobre os ministros, para que pudessem se conduzir intimamente à consciência dos homens com proximidade e poder. Contemplei que em Deus havia 'um pouco de espírito' (ML 3:15), e minha alma ansiava que fosse derramado do alto. Não pude deixar de implorar a Deus por minha querida congregação para que Ele a preservasse e não permitisse que Seu grande nome perdesse a glória naquele obra. Minha alma ainda deseja que Deus seja glorificado."

CRISTO, O EXEMPLO DOS MINISTROS[19]

Porque eu vos dei o exemplo, para que, como eu vos fiz, façais vós também. Em verdade, em verdade vos digo que o servo não é maior do que seu senhor, nem o enviado, maior do que aquele que o enviou. (JOÃO 13:15-16)

No contexto dos versículos citados, temos o relato de um dos mais extraordinários fatos que aconteceram na noite em que Cristo fora traído, considerada por muitos como a noite mais notável que já existiu: Cristo lavou os pés dos Seus discípulos. Essa ação, por ser sobremaneira surpreendente por si só, foi obviamente simbólica e representou algo mais importante e mais maravilhoso, mesmo em relação àquela maior e mais maravilhosa

---

[19] Ministrado em Portsmouth, na ordenação do Reverendo Job Strong, em 28 de junho de 1749.

de todas as coisas que já aconteceram, que se sucedeu no dia seguinte em Seus últimos sofrimentos. Houve representações simbólicas daquele grande evento em tal noite: uma na Páscoa, da qual Cristo agora participava com Seus discípulos; outra no gesto notável de lavar os pés dos discípulos. Lavar os pés dos convidados era a função dos servos, uma das mais ordinárias. Portanto, isso foi apropriadamente escolhido por nosso Salvador para representar a grande humilhação à qual se sujeitaria, na forma de um servo, ao se tornar obediente até à morte vergonhosa e maldita de cruz, para purificar a alma de Seus discípulos da culpa e corrupção espiritual deles.

A limpeza espiritual e purificação dos crentes foi a finalidade para qual Cristo se humilhou por eles: "o qual a si mesmo se deu por nós, a fim de remir-nos de toda iniquidade e purificar, para si mesmo, um povo exclusivamente seu..." (TT 2:14); "...Cristo amou a igreja e a si mesmo se entregou por ela, para que a santificasse, tendo-a purificado por meio da lavagem de água..." (EF 5:25-26). Cristo lavar os pés dos discípulos exemplificava essa lavagem espiritual da alma e é manifestada por Suas próprias palavras: "Disse-lhe Pedro: Nunca me lavarás os pés. Respondeu-lhe Jesus: Se eu não te lavar, não tens parte comigo" (JO 13:8). Cristo, ao ser obediente até à morte, e morte de cruz, não apenas fez o papel de servo de Deus, mas em alguns aspectos também de nosso servo. Esse não é o único lugar onde Ele se rebaixou por nós, fazendo o papel de um servo para com os convidados. Temos uma representação semelhante descrita por Lucas: "Pois qual é maior: quem está à mesa ou quem serve? Porventura, não é quem está à mesa? Pois, no meio de vós, eu sou como quem serve" (LC 22:27). E onde Cristo estava entre os discípulos como aquele que serviu é explicado em Mateus 20:28. Especificamente, *ao dar a Sua vida em resgate por eles.*

Ao terminar de lavar os pés dos discípulos, Cristo solenemente chama atenção deles para o que fez e os ordena a seguir Seu exemplo quanto a isso.

> *Depois de lhes ter lavado os pés, tomou as vestes e, voltando à mesa, perguntou-lhes: Compreendeis o que vos fiz? Vós me chamais o Mestre e o Senhor e dizeis bem; porque eu o sou. Ora, se eu, sendo o Senhor e o Mestre, vos lavei os pés, também vós deveis lavar os pés uns dos outros. Porque eu vos dei o exemplo, para que, como eu vos fiz, façais vós também. Em verdade, em verdade vos digo que o servo não é maior do que seu senhor, nem o enviado, maior do que aquele que o enviou. Ora, se sabeis estas coisas, bem-aventurados sois se as praticardes.* (JOÃO 13:12-17)

Quando nosso Salvador convida os discípulos a imitarem o Seu exemplo, devemos entendê-lo, não apenas na ação emblemática de lavar os pés de Seus discípulos, mas principalmente no Seu ato muito mais significativo de humilhar-se e sofrer de tal maneira pela purificação espiritual e salvação de Seu povo.

É nisso que consiste principalmente o grande exemplo que Cristo nos deu para seguirmos. Assim é uma e depois outra vez, na conversa que Cristo teve com Seus discípulos, na mesma noite: "Novo mandamento vos dou: que vos ameis uns aos outros; assim como eu vos amei, que também vos ameis uns aos outros" (JO 13:34).

O meu mandamento é este: que vos ameis uns aos outros, assim como eu vos amei. Ninguém tem maior amor do que este: de dar alguém a própria vida em favor dos seus amigos. (JOÃO 15:12-13)

Nisto conhecemos o amor: que Cristo deu a sua vida por nós; e devemos dar nossa vida pelos irmãos. (1 JOÃO 3:16)

Cristo, nas palavras do texto, não pretende apenas recomendar esse Seu exemplo aos discípulos como cristãos, ou a alguns dos Seus fiéis, mas sobretudo como Seus ministros. Fica evidente nas palavras usadas por Ele para fazer cumprir esse conselho: "...nem o enviado, maior do que aquele que o enviou" (JO 13:16). Com essas palavras, o Senhor manifestamente se refere àquela grande missão para a qual os enviou, quando os ordenou *a ir e pregar o evangelho às ovelhas perdidas da casa de Israel* (VEJA MATEUS 10:5-6), e para a qual deveriam ser enviados após Sua ressurreição, quando lhes disse: "Ide por todo o mundo e pregai o evangelho a toda criatura" (MC 16:15). Cristo se refere a essa mesma incumbência em João: "Assim como meu Pai me enviou, eu também vos envio" (20:21).

O que confirma isso é que Cristo em outro lugar recomenda aos líderes de Sua Igreja, que são os principais entre Seus seguidores, o exemplo dado por Ele ao rebaixar-se à função de servo, que cuida dos convidados à mesa, ao dar-se por nós: "...e quem quiser ser o primeiro entre vós será vosso servo; tal como o Filho do Homem, que não veio para ser servido, mas para servir e dar a sua vida em resgate por muitos" (MT 20:27-28). Compare com Lucas 22:25-28 (mencionado anteriormente neste sermão).

A obra e o trabalho dos ministros do evangelho são como os dos servos: lavar e purificar a alma dos homens mediante a pregação da Palavra, sendo essa a principal tarefa deles: "...para que a santificasse, tendo-a purificado por meio da lavagem de água pela palavra" (EF 5:26).

As palavras do texto bíblico, sem dúvida, levam-nos a esta conclusão e nos ensinam esta doutrina, ou seja, que é dever dos ministros do evangelho seguir o exemplo de seu grande Senhor e Mestre. E é exatamente sobre esse assunto que tratarei, com a ajuda divina, no meu discurso atual.

Proponho-me a tratar esse assunto da seguinte maneira: Primeiro, gostaria de observar em que os ministros do evangelho devem seguir o exemplo de Cristo. Segundo, elencar razões pelas quais eles devem seguir Seu exemplo. Na sequência, esforçar-me para fazer uma aplicação adequada desse assunto a mim mesmo e a outros que são chamados para essa obra do ministério. E por último, indicar as melhorias que deveriam ser feitas pelas pessoas desta igreja e congregação.

1. Gostaria de apresentar em que os ministros do evangelho devem, ao exercer seus ministérios, seguir o exemplo de seu grande Senhor e Mestre Jesus Cristo.

a) *Em geral, os ministros devem seguir o seu Senhor e Mestre em todas aquelas virtudes excelentes e naquela santidade de vida universal e eminente, da qual Ele deu o exemplo nesta natureza humana.*
Os ministros de Cristo devem ser pessoas com o mesmo espírito de Seu Senhor: de submissão e humildade de coração, pois o servo não é maior que o seu Senhor. Devem ter o

mesmo espírito e mentalidade celestial, desprezo pela glória pessoal, riqueza e prazeres deste mundo e também devem ter devoção e fervoroso amor a Deus. Eles devem seguir o exemplo de Seu espírito de oração, de quem lemos que várias vezes se afastava de todos, longe do barulho e aplausos das multidões, para as montanhas e lugares solitários em orações secretas e conversas sagradas com Seu Pai. Em Marcos 1:35, temos o relato de que numa manhã, bem cedo, Jesus partiu para um lugar solitário a fim de orar, e, em outro momento, podemos vê-lo subindo uma montanha para orar e permanecendo a noite toda em oração (VEJA LUCAS 6:12). Os ministros devem seguir o exemplo de Cristo, em sua observância estrita, constante e inflexível dos mandamentos que Deus lhe deu, no que diz respeito ao que deve fazer e dizer. Ele não falava nada de si mesmo, mas apenas o que o Pai lhe ordenava e sempre fez o que lhe agradava, continuando em obediência absoluta mesmo nas maiores provações e até mesmo na maior oposição que já existiu. Os ministros devem ser pessoas de espírito calmo e semelhante ao de um cordeiro, como o de Cristo; o mesmo espírito de submissão à vontade de Deus, paciência sob as aflições e mansidão para com os homens. Com a mesma calma e serenidade de espírito sob reprovação e sofrimentos da perversidade dos homens maus. Com o mesmo espírito de perdão nas injúrias, de caridade, de amor fervoroso e ampla benevolência. A mesma disposição de se compadecer dos miseráveis, de chorar com os que choram, de ajudar os homens em suas calamidades físicas e espirituais, de ouvir e atender aos pedidos dos necessitados e trazer alívio aos aflitos. O mesmo espírito de condescendência para com os pobres e mesquinhos, ternura e gentileza para com os fracos, grande e efetivo amor para com os inimigos. Devem também ter o mesmo espírito de zelo, diligência e abnegação para a glória de Deus e progresso de Seu reino, como também para o bem da humanidade. Por isso, Cristo passou pelos maiores labores e suportou os sofrimentos mais extremos.

b) *Mais particularmente, os ministros do evangelho devem seguir o exemplo de seu grande Mestre na maneira como buscam a salvação e a felicidade da alma dos homens.* Eles devem seguir Seu exemplo de amor às pessoas. Embora seja impossível que as amem tanto, devem ter o mesmo espírito de amor para com elas e preocupação com sua salvação, de acordo com a capacidade deles. Cristo amava as pessoas muito acima de qualquer consideração por Seus interesses temporais, Sua comodidade, Sua honra, Sua comida e bebida. E assim devem fazer Seus ministros, tendo o mesmo espírito de compaixão pelos homens sob suas calamidades e misérias espirituais que Ele teve.

Ao desembarcar, viu Jesus uma grande multidão e compadeceu-se deles, porque eram como ovelhas que não têm pastor. E passou a ensinar-lhes muitas coisas.
(MARCOS 6:34)

A palavra traduzida como "compadeceu-se deles" significa que Jesus foi afetado de maneira muito sensível e suas entranhas se moveram de compaixão. Em Lucas 19, lemos que Cristo estava indo para Jerusalém, aquela cidade perversa, alguns dias antes de Sua crucifixão, chegou à descida do monte das Oliveiras e teve uma bela vista da cidade. Quando Ele a contemplou, chorou por ela devido à miséria e ruína em que o povo estava por causa dos seus pecados, embora o pecado pelo qual especialmente se tornaram assim miseráveis foi o tratamento vil para com Jesus (pois Jerusalém foi particularmente maléfica para com Ele). Embora Cristo soubesse que seria tratado cruelmente naquela cidade antes que aquela semana terminasse, seria desprezado, rudemente amarrado, falsamente acusado e condenado, injuriado, cuspido, açoitado e crucificado, nada disso impede Suas mais afetuosas lágrimas de compaixão por eles.

Quando ia chegando, vendo a cidade, chorou e dizia: Ah! Se conheceras por ti mesma, ainda hoje, o que é devido à paz! Mas isto está agora oculto aos teus olhos.
(LUCAS 19:41-42)

(Compare Mateus 23:37 e Lucas 13:34). Alguém poderia pensar que Ele estaria mais preocupado consigo mesmo do que com Jerusalém, pois tinha um cálice horrível para beber e passaria por sofrimentos extremos em Jerusalém naquela semana. Mas Jesus esquece Sua própria tristeza e morte e chora pela miséria de Seus cruéis inimigos.

Os ministros devem imitar Seu grande Mestre em suas orações fervorosas pelo bem da alma dos homens. Vemos ser esse o proceder de Cristo, sempre que Ele empreendeu algo de especial importância em Seu ministério, primeiro se retirar e derramar Sua alma em extraordinária oração ao Pai. Quando estava prestes a embarcar em uma viagem por toda a Galileia a fim de pregar nas sinagogas, Ele "tendo-se levantado alta madrugada, saiu, foi para um lugar deserto e ali orava" (MC 1:35). Na escolha dos Doze discípulos e antes de enviá-los para pregar o evangelho, Jesus primeiro "retirou-se para o monte, a fim de orar, e passou a noite orando a Deus" (LC 6:12). Na noite anterior à Sua crucificação, em que se ofereceu como sacrifício pelos homens, Ele derrama Sua alma em sublime oração por aqueles por quem estava prestes a morrer, segundo o relato de João 17. A Sua oração maravilhosa e comovente não era tanto por si mesmo, mas pelos Seus. Mesmo tendo conhecimento dos sofrimentos assombrosos pelos quais passaria no dia seguinte, ainda assim Cristo parece não se importar consigo mesmo e tem Seu coração tomado pela preocupação com Seus discípulos, demonstrada pelo tempo que dedicou para consolá-los, aconselhá-los e orar por eles com grande compaixão, afeto, zelo e ternura paternal.

As orações que o Senhor fez no jardim do Getsêmani, sob a incrível visão do cálice que beberia no dia seguinte, parecem ser intercessórias, especialmente a última das três orações que fez: "E, estando em agonia, orava mais intensamente. E aconteceu que o seu suor se tornou como gotas de sangue caindo sobre a terra" (LC 22:44). Aqui, Cristo não orou ao Pai pedindo que passasse dele o cálice, como havia feito antes, mas orou: "faça-se a tua vontade" (MT 26:42). Essa oração, como nos é ensinado em Hebreus 5:6-7, foi uma oração que Jesus apresentou como nosso Sumo Sacerdote, portanto, precisava ser uma oração de intercessão por nós, oferecida com o suor de Seu sangue em Sua agonia, assim como as orações costumavam ser oferecidas com o sangue dos sacrifícios no Templo. A oração do Senhor naquele momento — "faça-se a tua vontade" — não era apenas uma expressão de submissão, mas tinha a forma de uma petição, como na *Oração do Pai Nosso*. Orou para que a vontade de Deus fosse feita *ao ser* capacitado para *fazer a vontade de Deus*, perseverando em obediência até à morte e no êxito de Seus sofrimentos, que pode de maneira eminente ser chamado de vontade de Deus: "Então, eu disse: eis aqui estou, agrada-me fazer a tua vontade, ó Deus meu" (SL 40:7-8).

Os ministros devem seguir o exemplo de Cristo em Sua diligência e árduo trabalho na obra: "...andou por toda parte, fazendo o bem e curando a todos os oprimidos do diabo..." (AT 10:38). Ele era tão empenhado no trabalho que muitas vezes mal se permitia comer ou beber, tanto que Seus amigos comentavam ocasionalmente: "Está fora de si" (MC 3:21). Os três anos e meio de Seu ministério público foram tão cheios de ação e trabalho que um de Seus discípulos mais próximos, que constantemente o auxiliava e era testemunha ocular de Suas atividades, afirma que se fosse registrado tudo o que Jesus realizou, ele acreditava "...que nem no mundo inteiro caberiam os livros que seriam escritos" (JO 21:25).

Os ministros devem seguir o exemplo de Cristo em Sua prontidão, não apenas para trabalhar, mas para sofrer pela salvação das almas, gastar a vida e ser gasto por elas. A esse respeito, o apóstolo Paulo imitou Seu Senhor e Mestre: "Entretanto, mesmo que seja eu oferecido por libação sobre o sacrifício e serviço da vossa fé, alegro-me e, com todos vós, me congratulo" (FP 2:17); "Agora, me regozijo nos meus sofrimentos por vós; e preencho o que resta das aflições de Cristo, na minha carne, a favor do seu corpo, que é a igreja" (CL 1:24); "Eu de boa vontade me gastarei e ainda me deixarei gastar em prol da vossa alma..." (2CO 12:15). Cristo em Suas orações, obras e sofrimentos pela alma dos homens é representado como tendo dores com eles: "Ele verá o fruto do penoso trabalho de sua alma..." (IS 53:11).

De modo semelhante, os ministros devem trabalhar pela conversão e salvação de seus ouvintes, imitando a fidelidade de Cristo em Seu ministério falando tudo o que Deus ordenou e declarando todo o Seu conselho. Eles devem imitá-lo na forma que pregava, que ensinava não como os escribas, mas com autoridade, ousadia, zelo e fervor, persistindo principalmente nas coisas mais importantes da religião: advertindo os homens do perigo da condenação, expondo a dimensão da miséria futura dos ímpios; insistindo não apenas nos deveres visíveis da religião, mas também nos interiores e espirituais. Ele estava muito empenhado em declarar o grande incitamento e perigo do orgulho espiritual e de uma disposição farisaica. No entanto, insistia ainda mais na necessidade e importância da santidade inerente e a prática da piedade. Jesus se portava com admirável sabedoria em tudo o que dizia e fazia, mesmo em meio às muitas dificuldades, inimigos e tentações que o rodeavam, sempre adaptando maravilhosamente seus discursos a pessoas, épocas e ocasiões. "O SENHOR Deus me deu língua de eruditos, para que eu saiba dizer boa palavra ao cansado..." (IS 50:4).

Os ministros devem seguir seu Mestre em Seu zelo extremamente temperado com gentileza e condescendência em Seu trato com as almas, pregando o evangelho aos pobres e dando ocasionalmente amável atenção às crianças. Eles devem imitar o Seu Senhor na obra do ministério, não a partir de visões mercenárias ou pelas vantagens mundanas, mas para a glória de Deus e a salvação dos homens, e ter um coração dedicado em Sua obra, pois o grande prazer e comida de Cristo era fazer a vontade de Seu Pai (VEJA JOÃO 4:34) e em ter Seu coração posto na missão de salvar almas, sendo essa a alegria que lhe foi proposta, pela qual correu a Sua carreira, suportou a cruz e ignorou a vergonha. Seu deleite com a perspectiva da salvação eterna das almas mais do que compensou o pavor dos Seus extremos sofrimentos. As muitas águas não puderam apagar esse amor nem os rios afogá-lo, pois o amor do Senhor era mais forte que a morte, sim, do que as grandes dores e tormentos da morte.

2. Prossigo para a segunda proposta ao tratar desse assunto: dar algumas razões por que os ministros do evangelho devem seguir o exemplo de seu grande Senhor e Mestre Jesus Cristo.

a) *Eles devem seguir Seu exemplo, pois é seu Senhor e Mestre.* Cristo, como é uma pessoa divina, é o Senhor do Céu e da Terra, alguém de infinita dignidade e merecedor de nosso supremo respeito. Por causa disso, devemos considerar não só Seus preceitos, mas Seu exemplo. A Sua infinita honra indica as Suas virtudes e uma conformidade a elas como nossa maior dignidade e honra.

Cristo é mais especialmente o Senhor dos cristãos, que estão, portanto, sob compromissos especiais de segui-lo. Ele é o Pastor deles, e certamente o rebanho deve segui-lo. Ele é o Capitão da salvação deles, e isso torna-os soldados que seguem seu comandante e líder. Ele é o Cabeça, não apenas de regras e ordens, mas de influência e comunicação, o

Cabeça vital. Os cristãos são membros de Seu corpo. Como membros são participantes da vida e do espírito do Cabeça, são semelhantes ao Cabeça.

Contudo Cristo é ainda, de uma maneira mais peculiar, o Senhor e Mestre dos ministros do evangelho visto que eles não são apenas membros de Sua Igreja, mas oficiais de Seu reino e servos dignos de Sua família. É costume de um povo imitar seu príncipe, e assim é especialmente com os ministros do Seu reino e os oficiais de Sua casa. É dever de todo o exército seguir seu general, principalmente os oficiais que são comissionados por Ele.

b) *Os ministros do evangelho são, em alguns aspectos, chamados e consagrados à mesma obra e à mesma função para as quais o próprio Cristo foi designado.* Os ministros não são mediadores de homens, pois há apenas um Mediador entre Deus e o homem: o homem Cristo Jesus (VEJA 1 TIMÓTEO 2:3-6). Eles não são nossos sacerdotes para fazer expiação e realizar a justiça por nós, visto que Cristo, com uma só oferta, aperfeiçoou para sempre os que são santificados. Também não são senhores da herança de Deus, pois há um que é o Mestre deles, sim, Cristo. Todavia, os ministros do evangelho, como servos de Cristo e oficiais sob Seu comando, são designados para promover os desígnios da grande obra de salvação de Cristo. Esta é a obra à qual os ministros se dedicam e são representados como cooperadores de Cristo: "E nós, na qualidade de cooperadores com ele, também vos exortamos a que não recebais em vão a graça de Deus" (2CO 6:1). Cristo é o Salvador da alma dos homens. Os ministros, também, são mencionados nas Escrituras como salvadores dela: "...fazendo assim, salvarás tanto a ti mesmo como aos teus ouvintes" (1TM 4:16); "Para ver se, de algum modo, posso incitar à emulação os do meu povo e salvar alguns deles" (RM 11:14); "Fiz-me tudo para com todos, com o fim de, por todos os modos, salvar alguns" (1CO 9:22). Em Obadias é mencionado: "Salvadores hão de subir ao monte Sião…" (1:21); os ministros do evangelho deveriam estar lá.

A obra dos ministros, em muitos aspectos, é semelhante à obra para a qual o próprio Cristo foi designado como o Salvador dos homens, e, especialmente, a mesma tarefa que Cristo realiza em Seu ofício profético. Existe apenas esta diferença: os ministros devem falar e agir inteiramente sob o comando de Cristo, conforme ensinado por Ele, como falar incansavelmente de Sua palavra, e comunicar com a luz e força vindas dele. O próprio Cristo, após Seu batismo, seguiu a obra do ministério. Ele era um ministro do verdadeiro santuário (VEJA HEBREUS 8:2), pois falava e agia como um ministro de Seu Pai. Jesus Cristo foi um ministro do evangelho e, como tal, pregava e administrava os sacramentos.

Os pastores de igrejas são ministros do mesmo evangelho, mas em seus ministérios agem como ministros de Cristo, o grande Bispo das almas. Os ministros também são bispos subordinados a Ele. Cristo veio ao mundo como "a luz do mundo" (JO 8:12). Os ministros devem ser luz das igrejas e também "a luz do mundo" (MT 5:14). Cristo é a "a brilhante Estrela da manhã" (AP 22:16). Os ministros são estrelas nas mãos de Cristo (VEJA APOCALIPSE 1:20). Cristo é o mensageiro da aliança (VEJA MALAQUIAS 3:1). Os Seus ministros são chamados de "[mensageiros] do SENHOR dos Exércitos" (ML 2:7). Cristo é o pastor de Seu povo, "o bom pastor" (JO 10:11), "o grande Pastor das ovelhas" (HB 13:20). Os ministros também são frequentemente chamados de pastores e orientados a alimentar o rebanho comprado pelo próprio sangue de Cristo.

Vendo, portanto, que a obra para a qual os ministros são chamados e devotados não é outra, senão a obra de Cristo, ou a obra que Ele faz, certamente eles devem realizar Sua obra; e eles não a fazem a menos que o imitem, e façam o que Ele faz, ou conforme lhes deixou o exemplo.

c) *O exemplo de Cristo é digno de ser imitado pelos ministros.* Seu exemplo foi perfeito, sem erro, sem mácula ou defeito. Portanto, digno de ser nossa regra e ser considerado e seguido sem exceção, limitação ou reserva, a menos que, naquilo que Ele fez, fosse isso próprio de Seu ofício peculiar. A virtude de Cristo não foi apenas perfeita, mas foi exercida naquelas circunstâncias, e sob aquelas provações, que tornaram Seus atos virtuosos os mais amáveis, sem comparação com os de qualquer outra criatura, ser humano ou anjo. Se considerarmos a perfeição da virtude que Cristo exerceu, ela superou a dos santos mais eminentes, assim como o mais puro ouro excede o minério mais maléfico e sujo. E se considerarmos a maneira de sua execução, as provações às quais foi submetido e os frutos abençoados que produziu, então Sua virtude excede a de todas as outras criaturas perfeitamente inocentes e até mesmo do mais brilhante anjo, assim como o Sol em sua glória excede as estrelas.

Esse exemplo nos foi dado em nossa própria natureza, sendo assim adequado para imitarmos. O homem Jesus Cristo era um de nós e habitava entre nós, e havia nele tais exercícios de virtude que se tornaram nossa condição e característica no mundo, como aqueles que habitam em frágil carne e sangue, membros da sociedade humana e habitantes de um mundo de tristeza e morte.

Então esses amáveis exercícios de virtude em Cristo foram exibidos principalmente nas coisas que fez naquela obra em que os ministros são chamados a agir como Seus cooperadores. O exemplo resplandecente e glorioso de Cristo que nos é apresentado é principalmente o que fez durante os três anos e meio de Seu ministério público e a devoção, mentalidade divina, paciência, perdão, humildade, abnegação, mansidão e caridade que exerceu nos labores e sofrimentos pelos quais passou para o bem da alma dos homens. Assim, tal exemplo é especialmente destinado para ser imitado por aqueles separados para a obra para que façam do objetivo principal de sua vida buscar o mesmo bem das almas.

d) *Os ministros devem seguir o exemplo de Cristo falado anteriormente, porque, se forem adequados para serem ministros e tiverem o direito de assumir essa obra, Cristo deu-lhes este exemplo no que fez por Suas almas.* Cristo diz: "...eu vos dei o exemplo, para que, como eu vos fiz, façais vós também" (JO 13:15). Os ministros devem ser motivados nesta obra pelo grande amor à alma dos homens e estar prontos para se gastarem e se deixarem ser gastos por elas, pois Cristo amou e se entregou por cada uma. Ele amou as almas com um amor mais forte que a morte. Devem ter compaixão dos homens sob suas misérias espirituais, como Cristo compadeceu-se deles. Devem orar muito pelo povo de seu rebanho, considerando como Cristo orou e agonizou por eles, com lágrimas de sangue. Eles devem sentir dores de parto pelas almas que estão comprometidas sob seus cuidados, visto que sua própria salvação é o fruto do trabalho de parto da alma de Cristo. Eles devem exercer um espírito manso e condescendente para com os mesquinhos, fracos e pobres, e devem, por assim dizer, lavar os pés dos discípulos de Cristo, considerando o quanto Cristo condescendeu com eles quando eram miseráveis, infelizes, pobres, cegos e nus, e se humilhou para lavar seus pés.

As principais provas da virtude de Cristo e as realizações mais brilhantes e eminentes foram a humilhação, o trabalho e o sofrimento ao qual Ele se sujeitou para a nossa salvação. Certamente essas virtudes podem nos cativar e motivar a imitar esse exemplo. Portanto, temos benefício infinito das coisas das quais tal exemplo consiste, sem as quais seríamos indescritivelmente miseráveis eternamente, e em virtude das quais temos o glorioso privilégio dos filhos de Deus e o pleno direito à coroa de glória suprema e alegria eterna, à direita de Deus.

3. Como foi proposto, prossigo com a terceira proposta: aplicar o que foi dito a mim mesmo, a outros que estão empenhados nesta sagrada obra do ministério do evangelho, àqueles que estão prestes a empreendê-la ou são candidatos a ela e, particularmente, àquele que deve agora ser solenemente designado para tal função neste lugar.
Essas coisas pertencem especialmente a nós. Podemos ouvir Cristo dizendo-nos neste dia: "Porque eu vos dei o exemplo, para que, como eu vos fiz, façais vós também". Essas palavras não foram ditas apenas aos Doze, mas também a nós. Tivemos representado para nós, embora de maneira

imperfeita, o exemplo que Cristo deu, e quais são as razões para que nós, acima de todos os outros, o imitemos.

Não é apenas nosso grande dever, mas será nossa maior honra imitar a Cristo e fazer a obra que Ele fez, agindo como Seus cooperadores.

Existem dois tipos de pessoas que foram designadas e devotadas por Deus para serem servos de Cristo, dadas a Ele para ajudá-lo em Sua grande obra de salvação das almas: os anjos e os ministros. Todos os anjos, até mesmo os mais importantes, são submetidos por Deus Pai ao nosso Redentor e dados a Ele como Seus servos para servirem aos desígnios da salvação e glorificação de Seus eleitos. "Não são todos eles espíritos ministradores, enviados para serviço a favor dos que hão de herdar a salvação?" (HB 1:14). Sem dúvida, eles foram criados para este fim. Deus os criou para servirem a Seu Filho nessa grande obra, que parece ser o principal plano de todas as obras de Deus. A função dos ministros do evangelho é a mesma dos gloriosos anjos. Os principados e potestades nos lugares celestiais não consideram nenhuma desonra serem empregados como ministros de Cristo, mas a maior e mais honrosa de todas as obras de Deus; aquela obra na qual a glória de Deus é principalmente revelada e na qual o Seu coração esteve desde a eternidade.

É a honra do próprio Filho de Deus ser designado para essa obra. Foi porque Deus, o Pai, amou infinitamente Seu Filho e se deleitou em honrá-lo que o designou como Autor da gloriosa obra de salvação dos homens. Quando consideramos a grandeza, a importância e a excelência disso, temos motivos para nos surpreender com a condescendência de Deus em sempre aperfeiçoar meras criaturas como cooperadores e ministros de Cristo em tal assunto; "Quem, porém, é suficiente para estas coisas?" (2CO 2:16). *Quem é adequado ou digno? Quem está à altura de uma obra de tanta dignidade e importância?* Temos razão para especialmente ficarmos admirados, pois Deus usará não apenas anjos santos e gloriosos nesta obra, mas vermes do pó, frágeis e pecaminosos, os quais precisam de redenção. No entanto, a honra dada aos ministros fiéis é, em alguns aspectos, maior do que a dos anjos. Eles parecem ser aquela categoria de servos que são os mais dignos dos dois, pois Cristo estabelece que Seus anjos sejam espíritos ministradores para esses ministros fiéis, sendo anjos deles. Como fiéis ministros do evangelho, não são apenas ministros para a igreja, mas membros dignos da igreja, a esposa do Rei da glória, sobre quem os anjos mais gloriosos e ministros mais elevados do Céu são designados para auxiliar. Cristo parece especialmente se alegrar em levar adiante Sua obra de salvação de almas por meio das ministrações dos homens, que têm aquela natureza à qual Cristo está unido e que são filhos dos homens de quem Ele se alegrou antes que o mundo fosse criado. Portanto, as Escrituras foram dadas pela ministração de homens que foram os escritores da Bíblia Sagrada. Por meio deles, o evangelho é pregado ao mundo, as ordenanças são aplicadas e, por meio de suas ministrações, as almas são convertidas. Quando o próprio Cristo estava desempenhando a obra do ministério, no momento de Sua humilhação, poucos foram atraídos imediatamente por intermédio de Suas ministrações. Cristo reservou essa honra para Seus discípulos e ministros após Sua ascensão, a quem prometeu que, a este respeito, fariam obras maiores do que as dele (VEJA JOÃO 14:12). Consequentemente, foi pela pregação deles que o mundo gentio foi convertido e o reino de Satanás, deposto. Assim, Deus se deleita em aperfeiçoar o louvor, pois da "boca de pequeninos e crianças de peito [suscita] força [...], para [fazer] emudecer o inimigo e o vingador" (SL 8:2).

Será uma grande honra sermos chamados para esta obra de Cristo, se nela o seguirmos, pois nela seremos como o Filho de Deus. Porém, se formos infiéis neste ofício e não imitarmos nosso Mestre, nossa ofensa será deplorável em proporção à dignidade de nosso ofício; nossa desgraça final e vergonha eterna, proporcionalmente grandes; e nós, que em honra somos exaltados até o Céu, seremos lançados na mesma medida no inferno.

Consideremos ainda que seguir o exemplo de Cristo na obra do ministério é a forma de usufruir de Sua notável e alegre presença. Os discípulos tinham o conforto da presença e conversa de Jesus ao segui-lo aonde Ele fosse. Quando deixamos de segui-lo, Ele se afasta de nós e logo o perdemos de vista.

O fato de sermos conformados ao exemplo de Cristo também será a forma de sermos conformados a Ele e participarmos de Seus privilégios. É a maneira de termos Sua alegria em nós. Cristo, ao fazer a obra para a qual o Pai o designou, obteve uma vitória gloriosa sobre Seus inimigos e, tendo destruído principados e potestades, triunfou sobre eles. Se imitarmos Seu exemplo, será o caminho para conquistarmos os principados e potestades também; sim, para sermos muito mais do que vencedores. Será o caminho para sempre triunfarmos em Jesus Cristo e para obtermos sucesso em nosso ministério, tornando-nos realmente instrumentos felizes da salvação eterna das almas. Cristo não apenas nos *disse*, mas nos *mostrou* o caminho para o êxito em nossas atividades e o meio de obter vitória sobre todos os que se opõem a elas. Imitarmos Jesus Cristo em nosso ministério será o caminho para sermos participantes com Ele em Sua glória, o caminho para sermos aprovados da mesma maneira, publicamente honrados e recompensados por Deus. Será o modo pelo qual nos assentaremos com Cristo em Seu trono, assim como Ele está estabelecido com Pai em Seu trono. E como Cristo é agora exaltado para brilhar como o Sol e a glória do Céu, seguirmos Seu exemplo será o caminho para sermos exaltados e brilharmos com Ele "...como as estrelas, sempre e eternamente" (DN 12:3). E como Cristo no Céu se regozija em Seu êxito e receberá a Sua Igreja, apresentada sem mácula, como Sua coroa eterna, assim, se o imitarmos em nosso trabalho, participaremos com Ele dessa alegria, e teremos as almas de cuja salvação somos os instrumentos para ser nossa coroa de alegria para sempre. Assim, nós e Cristo nos alegraremos juntos naquele mundo de glória e alegria onde não há mais labor ou tristeza, e entraremos nessa alegria e glória ao seguirmos Cristo em nosso trabalho. Não existe outro caminho para os ministros entrarem lá.

E para que possamos, assim, seguir o exemplo de Cristo e ser participantes com Ele em Sua glória, foi-nos necessário orar muito para receber o Seu Espírito. O próprio Jesus, mesmo sendo o Filho eterno de Deus, obteve o Espírito Santo para si mesmo por meio da oração. "...ao ser todo o povo batizado, também o foi Jesus; e, estando ele a orar, o céu se abriu, e o Espírito Santo desceu sobre ele em forma corpórea como pomba..." (LC 3:21-22). Se tivermos o Espírito de Cristo habitando em nós, teremos o próprio Cristo vivendo em nós, e então, sem dúvidas, viveremos como Ele. Se essa fonte de luz habitar ricamente em nós, brilharemos como Ele e, assim, seremos luzes que iluminam e reluzem.

Para podermos *ser* e *agir* como Cristo, devemos buscar incessantemente conhecê-lo, amá-lo e conversar em secreto com Ele. É natural, e, por assim dizer, necessário, que imitemos aqueles que conhecemos bem, com quem conversamos e por quem temos forte afeição.

Para imitarmos a Cristo na obra do ministério, em qualquer nível, não devemos ter o nosso coração sobrecarregado com sentimentos, ansiedades e ocupações mundanas. Os deveres de um ministro que foram recomendados são completamente inconsistentes com uma mente ocupada com lucros, glória, diversões e entretenimentos profanos.

Outro fato de grande importância para fazermos a obra que Cristo fez é que tenhamos cuidado para promovermos a mesma religião que Cristo ensinou e promoveu, e não uma religião falsa de aparências ilusórias, ou qualquer coisa substituída pelos artifícios sutis de Satanás, ou vãs imaginações dos homens. Se formos zelosos e dedicados em promover a religião, mas não tivermos o cuidado de distinguir a verdadeira da falsa, correremos o risco de trazer mais danos do que benefícios com o nosso zelo e atividade.

4. Chego agora à quarta e última proposta: mostrar que melhorias devem ser feitas do que foi dito pelas pessoas desta igreja e congregação, que estão prestes a confiar solenemente a alma aos cuidados daquele a quem escolheram para ser seu pastor e que agora será designado para esse ofício.

Vocês, meus irmãos, como todos têm alma imortal para salvar, se considerarem as palavras que foram ditas, não podem deixar de ser sensatos; não só diz respeito ao seu pastor eleito atentar para a forma como ele se comporta na sua grande obra, na qual ele deve agir como um cooperador de Cristo para a salvação de vocês, mas isso diz respeito infinitamente a vocês também, como o recebem e se comportam em relação a ele. Visto que é para a salvação eterna *de vocês* que ele foi designado para vigiar e trabalhar, fazendo o trabalho de Cristo por vocês, é natural e fácil presumir que a recepção e tratamento que vocês dispensam ao ministro deve, em algum aspecto, imitar a recepção de Jesus Cristo por parte da Igreja. "E, posto que a minha enfermidade na carne vos foi uma tentação, contudo, não me revelastes desprezo nem desgosto; antes, me recebestes como anjo de Deus, como o próprio Cristo Jesus" (GL 4:14). Cristo, no texto de João 13:15, ordena àqueles a quem envia que sigam o Seu exemplo e, na sequência, orienta aqueles a quem os envia como devem tratá-los. "Em verdade, em verdade vos digo: quem recebe aquele que eu enviar, a mim me recebe; e quem me recebe aquele que me enviou" (v.20). Ver a obra de seu ministro é, em alguns aspectos, igual à obra de Cristo, e ele deve ser designado e dedicado a fazer esta obra pela alma de vocês em particular. Certamente, vocês devem respeitá-lo muito em amor pelo seu trabalho e fazer tudo o que estiver ao alcance de vocês para ajudá-lo e colocá-lo sob os melhores benefícios a fim de que possa imitar seu grande Mestre, se entregar totalmente *nesta* obra e doar-se totalmente *para* Sua obra, como Cristo fez durante o tempo de Seu ministério e alcançou êxito *em* Sua obra. Como observado anteriormente, é impossível que os ministros imitem em qualquer nível tolerável o exemplo de Cristo em seu trabalho, se a mente deles estiver sobrecarregada com cuidados e preocupações mundanas. Vocês devem prover para ele e apoiá-lo, a fim de que não tenha necessidade de se envolver com essas coisas. Caso contrário, vocês não só trarão uma grande tentação sobre ele, o que tenderá imensamente a impedi-lo na obra de Cristo entre vocês, mas, para poupar um pouco de sua substância mundana para si mesmos, tola e miseravelmente deixarão com fome a própria alma de vocês e a de seus filhos, e apenas enganarão a si mesmos. Pois, vocês não estarão no caminho de prosperar em suas preocupações espirituais ou temporais. A maneira de ter suas casas repletas de abundância é esta: "Honra ao Senhor com os teus bens e com as primícias de toda a tua renda" (PV 3:9).

Assim como é o dever de vocês apoiar o seu ministro, também é o de orar sinceramente por ele, cada um fazendo o que pode, em todos os aspectos, para encorajá-lo e ajudá-lo. Devem fortalecer as suas mãos, auxiliando diligentemente o seu ministério, recebendo a verdade em amor, tratando-o com a honra devida a um mensageiro de Cristo, evitando cuidadosamente toda contenda com ele e uns com os outros. E muita atenção para não o abandonar para seguir aqueles que, sob o pretexto de pureza extraordinária, estão fazendo a obra do diabo, separando-se e se esforçando para afastar outros dos ministros e igrejas na Terra.

Se pensam que falei algo espontaneamente para vocês, espero que seja considerado que esta é, provavelmente, a última vez que me ouvirão falar do púlpito, e que jamais os verei novamente até que nos encontremos no mundo invisível e eterno, onde essas coisas se revelarão a todos nós em sua justa importância.

E agora nada resta senão expressar meus mais sinceros desejos e orações de que o Deus de toda graça esteja com vocês e seu pastor eleito, e que o Senhor lhes dê nele uma grande e duradoura bênção para que possam desfrutar muito da presença de Cristo. Que nele se recupere a grande perda que sofreram com a morte do seu antigo fiel e eminente pastor, cujo louvor esteve em todas as igrejas. Que o recebam como deve ser recebido um fiel ministro de Jesus Cristo, sendo um grande conforto para ele, e recebam grande benefício espiritual e eterno por meio dele. Sejam a coroa de alegria um do outro no Dia do Senhor Jesus.

A AGONIA DE CRISTO[20]

E, estando em agonia, orava mais intensamente.
E aconteceu que o seu suor se tornou
como gotas de sangue caindo sobre a terra.
(LUCAS 22:44)

O nosso Senhor Jesus Cristo, em sua natureza original, estava infinitamente acima de todo sofrimento, pois "é sobre todos, Deus bendito para todo o sempre" (RM 9:5). No entanto, quando se tornou homem, não apenas estava preparado para padecer como também fez parte dessa natureza imensamente fraca e sujeita ao sofrimento.

Nas Escrituras, a fraca natureza humana é comparada à erva do campo, que seca e decompõe-se facilmente. Portanto, é comparada a uma folha, ao restolho seco, a uma rajada de

---

[20] Ministrado em outubro de 1739, e novamente no inverno e na primavera de 1757.

vento. E é dito que a natureza frágil do homem é nada mais que pó e cinza, tendo sua fundação no pó e sendo esmagado como a traça.

Cristo, o Senhor Deus onipotente, tomou sobre si essa natureza, cheia de fraquezas e exposição aos sofrimentos. Ele não tomou a natureza humana em seu primeiro, mais perfeito e vigoroso estado, mas naquele estado de desamparo em que se encontra desde a queda. Dessa forma, Cristo é chamado de "renovo" e "raiz de uma terra seca":

> *Porque foi subindo como renovo perante ele e como raiz de uma terra seca; não tinha aparência nem formosura; olhamo-lo, mas nenhuma beleza havia que nos agradasse.* (ISAÍAS 53:2)

De acordo com isso, a principal missão de Cristo no mundo foi o sofrimento. Assim, de acordo com tal incumbência, Ele veio com essa natureza e nessas circunstâncias para que o caminho para o cumprimento da missão se abrisse. Sendo assim, toda a Sua vida foi carregada de sofrimento, começando na infância e aumentando à medida que o Seu fim se aproximava. O sofrimento de Cristo após o início de Seu ministério público provavelmente foi muito maior do que antes, e principalmente, a última parte desse tempo parece ter sido caracterizada por isso. Quanto mais Ele viveu no mundo, e os homens o viram e ouviram, mais o odiaram. A cada dia os inimigos ficavam mais furiosos com a contínua oposição que Jesus fazia às suas concupiscências, e o diabo, cada vez mais confundido por Ele, ficava grandemente enfurecido, intensificando ainda mais a batalha contra Cristo, de forma que a opressão sobre Jesus ficava cada vez mais intensa e atingiu o ápice de escuridão quando Ele foi pendurado na cruz e bradou: "Deus meu, Deus meu, por que me desamparaste?" (MT 27:46). Antes disso, no momento de Sua agonia no jardim, a escuridão era extrema, e temos um relato sobre essa agonia nas palavras agora lidas, a qual me proponho a tornar o tema de meu atual discurso.

A palavra agonia significa precisamente um *conflito sério*, como se pode perceber num combate, luta livre ou corrida. À vista disso, Lucas registra: "Porfiai por entrar pela porta estreita, porque eu vos digo que muitos procurarão entrar e não poderão" (LC 13:24 ARC). No original, a tradução de *porfiai* é αγωνιζεσθε [agōnidzesthe]. "*Agonize* para entrar pela porta estreita". Essa palavra era usada especialmente para esse tipo de esforço, que era demonstrado nos jogos olímpicos, nos quais os homens lutavam, se esforçavam pelo domínio da corrida, da luta livre e de outros esportes, e o vencedor recebia um cobiçado prêmio. Daqueles que competiam intensamente, dizia-se na linguagem usada na época que *agonizavam*.

Por isso, o apóstolo em sua epístola aos cristãos de Corinto, uma cidade da Grécia que anualmente sediava esses jogos, fala referindo-se aos esforços dos combatentes: "Todo atleta", no original, aquele que *agoniza*, "em tudo se domina" (1CO 9:25). Esses jogos eram realizados em um lugar chamado Αγων [Agōn], ou *o lugar da agonia*, e essa palavra é particularmente usada nas Escrituras para o esforço de orar fervorosamente, feito por pessoas que lutam com Deus: diz-se que *agonizam*, ou *estão em agonia*, em oração. A palavra é usada em Romanos : "Rogo-vos, pois, irmãos, por nosso Senhor

Jesus Cristo e também pelo amor do Espírito, que *luteis* juntamente comigo nas orações a Deus a meu favor" (15:30), no original, συναγωνιζεσθαι μοι [synagōnidzesthai moi] — que *agonizem junto* comigo. Também em Colossenses: "...o qual *se esforça* sobremaneira, continuamente, por vós nas orações, para que vos conserveis perfeitos e plenamente convictos em toda a vontade de Deus" (4:12), no original, αγωνιζων [agōnidzōn] — *agonizando* por vocês.

Assim, quando é mencionado no texto que Cristo estava *em agonia*, o significado é que Sua alma estava *em uma grande e séria luta e conflito*. Isso sucedeu-se em dois aspectos: enquanto a Sua alma estava em um grande e doloroso conflito com aquelas terríveis e surpreendentes visões e entendimento, os quais teve naquela ocasião; e enquanto Ele também estava em grande labuta e séria luta com Deus em oração.

Portanto, ao discorrer sobre o tema da agonia de Cristo, proponho desdobrá-lo distintamente em duas proposições. Primeira, em Sua agonia no jardim, a alma de Cristo teve um doloroso conflito com aquelas terríveis e incríveis visões e compreensões que se direcionavam a Ele, e, segunda, Ele teve um grande e terrível conflito e luta com Deus, em oração.

PARTE I

Em Sua agonia no jardim, a alma de Cristo teve um doloroso conflito com aquelas terríveis e incríveis visões e compreensões que se direcionavam a Ele.

Ao ilustrar essa proposição, tentarei mostrar: o que eram essas visões e compreensão; o conflito ou agonia da alma de Cristo foi ocasionado por essas visões e compreensão; este conflito foi particularmente grande e angustiante; e, o que podemos considerar ser o desígnio de Deus ao conceder a Cristo aquelas terríveis visões e entendimento e fazê-lo sofrer aquele doloroso conflito, antes da crucificação.

1. Proponho-me a mostrar o que eram aquelas visões terríveis e compreensões surpreendentes que Cristo teve em Sua agonia.
Isso pode ser explicado considerando: a causa de tais visões e entendimentos e a maneira como foram experienciadas.

a) *A causa dessas visões e compreensões que Cristo teve, em Sua agonia no jardim, foi o cálice amargo que em breve Ele beberia na cruz.* Embora os sofrimentos de Cristo tenham sido grandes em Sua agonia no jardim, não foram os maiores que Ele sofreu. Os Seus principais sofrimentos foram os últimos na cruz e são chamados de "o cálice que eu bebo" (MC 10:22). Os sofrimentos da cruz, sob os quais foi morto, são representados nas Escrituras como os principais sofrimentos de Cristo, especialmente porque "[carregou] ele mesmo em seu corpo, sobre o madeiro, os nossos pecados" (1PE 2:24) e fez expiação por eles. A perseverança do Senhor na cruz, Sua humilhação e Sua obediência até à morte, e morte de cruz, são mencionadas como os principais fatos que evidenciaram os Seus sofrimentos. Este é o cálice que Cristo colocou diante de si em Sua agonia. É evidenciado que Cristo tinha isso em mente, naquela hora, a partir das orações que Ele então ofereceu.

Conforme Mateus, Cristo fez três orações naquela noite enquanto estava no jardim do Getsêmani, e todas sobre o cálice amargo que deveria beber. Eis a narrativa da primeira oração:

> *Adiantando-se um pouco, prostrou-se sobre o seu rosto, orando e dizendo: Meu Pai, se possível, passe de mim este cálice! Todavia, não seja como eu quero, e sim como tu queres.* (MATEUS 26:39)

da segunda oração:

> *Tornando a retirar-se, orou de novo, dizendo: Meu Pai, se não é possível passar de mim este cálice sem que eu o beba, faça-se a tua vontade.* (MATEUS 26:42)

e da terceira:

> *Deixando-os novamente, foi orar pela terceira vez, repetindo as mesmas palavras.* (MATEUS 26:44)

Baseado nisso, fica claro do que se tratavam essas terríveis visões e compreensão que Cristo teve naquele momento. A forma como Ele insistiu em Suas orações demonstra *em qual assunto* Sua mente estava totalmente concentrada: nos sofrimentos na cruz, que Ele suportaria no dia seguinte, quando haveria trevas sobre toda a Terra e, ao mesmo tempo, uma escuridão mais profunda sobre a alma de Cristo, da qual agora tinha vívidas visões e entendimento angustiantes.

b) *A maneira pela qual este cálice amargo era agora colocado na visão de Cristo.*

Primeiro, Ele teve uma vívida compreensão disso reforçada naquele momento em Sua mente. Cristo teve uma compreensão do cálice que Ele deveria beber. Sua principal missão no mundo era bebê-lo, portanto, jamais se esqueceu disso, guardou em Sua mente e frequentemente a mencionou aos Seus discípulos.

Desde esse tempo, começou Jesus Cristo a mostrar a seus discípulos que lhe era necessário seguir para Jerusalém e sofrer muitas coisas dos anciãos, dos principais sacerdotes e dos escribas, ser morto e ressuscitado no terceiro dia.
(MATEUS 16:21)

Estando Jesus para subir a Jerusalém, chamou à parte os doze e, em caminho, lhes disse: Eis que subimos para Jerusalém, e o Filho do Homem será entregue aos principais sacerdotes e aos escribas. Eles o condenarão à morte. E o entregarão aos gentios para ser escarnecido, açoitado e crucificado; mas, ao terceiro dia, ressurgirá. (MATEUS 20:17-19)

O mesmo assunto foi abordado na conversa dele com Moisés e Elias no monte, em Sua transfiguração (VEJA LUCAS 9:29-31). Mais adiante, Jesus falou de Seu batismo de sangue:

Tenho, porém, um batismo com o qual hei de ser batizado; e quanto me angustio até que o mesmo se realize! (LUCAS 12:50)

Também falou sobre isso aos filhos de Zebedeu:

Mas Jesus respondeu: Não sabeis o que pedis. Podeis vós beber o cálice que eu estou para beber? Responderam-lhe: Podemos. (MATEUS 20:22)

Jesus falou de quando seria levantado:

Disse-lhes, pois, Jesus: Quando levantardes o Filho do Homem, então, sabereis que Eu Sou e que nada faço por mim mesmo; mas falo como o Pai me ensinou. (JOÃO 8:28)

Replicou-lhe, pois, a multidão: Nós temos ouvido da lei que o Cristo permanece para sempre, e como dizes tu ser necessário que o Filho do Homem seja levantado? Quem é esse Filho do Homem? (JOÃO 12:34)

Então, Ele falou sobre a destruição do templo de Seu corpo:

Jesus lhes respondeu: Destruí este santuário, e em três dias o reconstruirei. (JOÃO 2:19)

Pouco antes de Sua agonia, Cristo falou sobre isso em Seus últimos conselhos aos discípulos nos capítulos 12 e 13 de João.

Portanto, esta não foi a primeira vez que Cristo teve a visão do amargo cálice; parece que sempre o teve em vista. Mas, ao que tudo indica, nesta ocasião, Deus lhe deu uma percepção extraordinária acerca de tal cálice. Na mente de Cristo, ficou muito evidente a sensação da ira que seria derramada sobre Ele e dos sofrimentos terríveis que enfrentaria, pelo poder imediato de Deus; de modo que, naquele instante, teve uma compreensão muito mais completa e vívida da amargura do cálice que deveria beber do que havia tido antes, e essa compreensão era tão terrível que Sua frágil natureza humana se encolheu com tal visão e quase veio a sucumbir.

Segundo, o cálice amargo estava agora representado como se estivesse à mão. Ele não tinha apenas uma visão mais clara e viva do que antes, mas foi colocado diretamente diante dele, nesta hora, para que pudesse sem demora pegá-lo e bebê-lo, visto que no dia seguinte, naquela mesma hora, Judas viria com seu bando de homens, e Jesus deveria entregar-se em suas mãos a fim de beber tal cálice, exceto se recusasse a aceitá-lo e fugisse daquele lugar para onde Judas iria. Cristo tinha a oportunidade de fugir se assim desejasse.

Após apresentar quais eram as terríveis visões e entendimento que Cristo teve no tempo de Sua agonia, eu me esforçarei para mostrar,

2. Que o conflito que a alma de Cristo então suportou foi ocasionado por essas visões e compreensão.
A tristeza e a angústia que Sua alma sofreu, nessa ocasião, surgiram a partir daquela visão vívida, plena e imediata que lhe foi dada acerca do cálice de ira: o Pai colocando o cálice diante dele para beber. Alguns perguntaram o que pode ter ocasionado tamanha angústia e agonia, tem havido muitas especulações sobre isso, porém as próprias Escrituras nos

dão um relato suficientemente completo desse assunto e não deixa espaço para especulação ou dúvida. A única coisa da qual a mente de Cristo estava cheia naquele momento, e sua boca também, sem dúvida, era do pavor que Sua frágil natureza humana tinha daquele terrível cálice que era muito pior do que a fornalha ardente de Nabucodonosor (VEJA DANIEL 3). Então, teve uma visão próxima daquela fornalha da ira, na qual seria lançado: Ele foi levado à boca da fornalha para poder olhar lá dentro, observar as chamas furiosas e as brasas ardentes e entender para onde estava indo e o que estava prestes a sofrer. Essa terrível visão o esmagou e encheu Sua alma de tristeza e escuridão. Pois, o que era a natureza humana de Cristo para uma ira tão poderosa como esta? Ele era, sem o auxílio de Deus, apenas um verme débil "...cujo fundamento está no pó, e [é esmagado] como a traça!" (JÓ 4:19); nenhum dos filhos de Deus jamais teve tal cálice posto diante deles, sendo Cristo o primeiro. Todavia, para não me alongar mais nisso, apresso-me em mostrar,

3. Que o conflito na alma de Cristo, nesta visão de Seus últimos sofrimentos, era terrível além de qualquer expressão ou concepção.
Isso será evidenciado:

a) *A começar pelo que se diz de Sua aflição na história.* Um evangelista nos conta: "...começou a entristecer-se e a angustiar-se" (MT 26:37), e outro complementa: "E, levando consigo a Pedro, Tiago e João, começou a sentir-se tomado de pavor e de angústia" (MC 14:33). Essas expressões revelam a aflição intensa e devastadora em que Sua alma estava. A expressão de Lucas (que Ele estava em agonia), no texto original, não implica em um nível comum de tristeza, mas uma angústia tão terrível que Sua natureza teve um conflito violentíssimo com isso, como alguém que luta com todas as suas forças contra um homem forte, batalhando e exercendo grande esforço para obter a vitória.

b) *A partir do que o próprio Cristo diz sobre isso, o qual não costumava engrandecer as coisas além da verdade.* Ele diz: "A minha alma está profundamente triste até à morte; ficai aqui e vigiai comigo" (MT 26:38). Quais palavras poderiam expressar mais fortemente o nível dessa extrema tristeza? Sua alma não estava somente "triste", mas "profundamente triste", e como isso ainda não expressa o grau de Sua tristeza, Jesus acrescenta "até à morte". Tem-se a impressão de que as próprias dores e tristezas do inferno, da morte eterna, apoderaram-se dele. Os hebreus costumavam expressar o mais elevado nível de tristeza que qualquer criatura poderia sofrer com a frase: *a sombra da morte*. Cristo tinha agora, por assim dizer, a sombra da morte trazida sobre Sua alma, pela visão do cálice amargo que estava diante dele.

c) Pelo efeito que isso teve em Seu corpo, causando aquele suor de sangue que lemos no texto. Em nossa tradução, é dito que "o seu suor se tornou como gotas de sangue caindo sobre a terra" (LC 22:44). No original, a tradução de *grandes gotas* é θρομβοι [thromboi], que significa propriamente caroços ou coágulos, pois podemos presumir que o sangue que foi pressionado para fora dos Seus poros pela violenta luta interior que se travou, ao ficar exposto ao ar fresco da noite, congelou e endureceu, caindo não em gotas, mas em coágulos. Se o sofrimento de Cristo tivesse provocado apenas um suor violento, teria mostrado que Ele estava em grande agonia. Certamente, precisa ser uma tristeza excepcional e um exercício mental intenso para fazer com que o corpo transborde todo o suor ao ar livre, em uma noite fria como aquela.

> *Ora, os servos e os guardas estavam ali, tendo acendido um braseiro, por causa do frio, e aquentavam-se. Pedro estava no meio deles, aquentando-se também.*
> (JOÃO 18:18)

Esta foi a noite em que Cristo teve Sua agonia no jardim. No entanto, Suas angústia e tristeza interiores não foram apenas o motivo de Ele suar violenta e amplamente, mas o que o levaram a *suar sangue* também. A angústia e a aflição de Sua mente eram tão indescritivelmente extremas a ponto de forçar o Seu sangue através dos poros de Sua pele e a cair em grandes coágulos ou gotas no chão.

Agora venho mostrar,

4. Qual poderia ser o desígnio de Deus ao dar a Cristo, antecipadamente, essas terríveis visões de Seus últimos sofrimentos?

Em outras palavras, por que era necessário que Ele tivesse uma visão mais completa e extraordinária do cálice que beberia, antes de bebê-lo, como jamais teve? Ou por que deveria ter uma previsão sobre o quanto da ira de Deus lhe recairia na cruz, antes que chegasse o tempo de suportá-la?

Resposta. Isso foi necessário, para Ele tomar o cálice e bebê-lo já tendo *conhecimento do que fazia*. A menos que a natureza humana de Cristo tivesse uma visão extraordinária dada a Ele antecipadamente do que deveria sofrer, Ele não poderia saber, como homem, o que o aguardava nem o que estava fazendo quando pegasse o cálice para beber, pois era um cálice do qual nunca tinha bebido antes.

Se Cristo tivesse mergulhado nesses terríveis sofrimentos sem ter conhecimento antecipado da sua amargura e pavor, teria feito algo que não sabia o que era. Como homem, teria mergulhado em sofrimentos cuja quantidade lhe era desconhecida e agido como se estivesse de olhos vendados, não podendo tomar sobre si esses sofrimentos com completa compreensão deles. Cristo, como Deus, sabia perfeitamente o que eram esses sofrimentos, porém era necessário também que os conhecesse como homem. Ele deveria sofrer como homem, e tomar *de tal* cálice foi o ato de Cristo como Deus-homem. O homem Cristo Jesus, até então, nunca experimentara nenhum tipo de sofrimento como suportaria na cruz, portanto, não poderia saber plenamente o que eram antes, a não ser pela visão extraordinária colocada diante dele e a sensação assombrosa impressa em Sua mente.

Ouvimos falar de torturas que outras pessoas sofreram, mas não sabemos como foram, porque nunca as experimentamos, e é impossível que saibamos completamente, senão de duas formas: experimentando-as ou se for oferecida uma visão delas, ou uma sensação delas impressa de forma extraordinária. Tal sensação dos sofrimentos foi gravada na mente do homem Cristo Jesus, no jardim do Getsêmani, sendo a causa de tal agonia. Quando Ele recebeu a visão completa da ira de Deus que deveria sofrer, foi avassalador. Deixou Sua alma extremamente triste até à morte.

Cristo seria lançado em uma terrível fornalha de ira e não era adequado que se lançasse nela de olhos vendados, não sabendo o quão terrível seria. Portanto, para isso acontecer, Deus primeiro o levou para perto da boca da fornalha a fim de que Ele pudesse olhar as chamas violentas e furiosas, visse para onde estava indo, pudesse entrar voluntariamente nela e suportá-la pelos pecadores sabendo exatamente o que era. Foi essa visão que Cristo teve em Sua agonia. Assim, Deus trouxe o cálice amargo de que Jesus deveria beber e colocou-o diante de Seu Filho para Ele ter uma visão completa do que aconteceria antes de bebê-lo.

Se Cristo não soubesse completamente qual era o horror desses sofrimentos, antes de tomá-los sobre si, o ato de tomá-los não poderia ter sido totalmente Seu próprio ato como homem. Não poderia existir nenhum ato explícito de Sua vontade sobre o que ignorava. Não haveria uma prova adequada se Ele estava disposto ou não a passar por tais sofrimentos cruéis, a menos que soubesse antecipadamente quão terríveis seriam. No entanto, quando Jesus viu o que esses sofrimentos eram, por meio da visão assombrosa que lhe fora dada, se comprometeu a suportá-los. Ele agiu tendo conhecimento do que fazia, logo, tomar do cálice e suportar os terríveis sofrimentos foi devidamente Seu próprio ato de explícita vontade. Assim, Seu amor pelos pecadores demonstrado em tal escolha foi maravilhosíssimo, como também a Sua obediência a Deus.

E era necessário que a visão extraordinária do cálice que Ele devia beber fosse dada naquela hora, pouco antes de ser preso. Aquele era o momento mais adequado para isso, pouco antes de tomar o cálice e enquanto ainda tinha oportunidade de recusá-lo. Antes de ser preso pelos homens liderados por Judas, Cristo teve oportunidade de escapar facilmente. Visto que o local onde Ele estava era fora da cidade, não o confinava, era um lugar solitário, e era noite, Ele poderia fugir dali e Seus inimigos não saberiam onde encontrá-lo. A visão do cálice amargo lhe foi dada enquanto Jesus ainda estava em plena liberdade, antes de ser entregue nas mãos dos inimigos.

O ato de Cristo de se entregar nas mãos de Seus inimigos, quando Judas chegou, logo após Sua agonia, foi propriamente Seu ato de tomar o cálice para beber. Ele sabia que o resultado desse ato voluntário seria a Sua crucificação no dia seguinte. Essas coisas podem nos revelar a finalidade e a necessidade de tal agonia antes de Seus últimos sofrimentos.

APLICAÇÃO

1. Portanto podemos aprender quão terríveis foram os últimos sofrimentos de Cristo.

Aprendemos sobre isso a partir do efeito terrível que a vívida previsão deles teve sobre Cristo em Sua agonia. Como foi dito, Seus últimos sofrimentos foram tão terríveis que a visão dada anteriormente o assolou e o assombrou tanto que Ele começou a ficar profundamente aturdido.

A própria visão desses últimos sofrimentos foi tão terrível que mergulhou Sua alma na sombra escura da morte e, no doloroso conflito de Sua natureza com ela, Seu corpo suou gotas de sangue. Jesus teve todo o corpo coberto de sangue coagulado, e o próprio chão tinha sangue que caía dele, forçado através de Seus poros pela veemência de Sua agonia.

Se apenas a visão do cálice era tão assustadora, o próprio cálice deve ter sido mais terrível do que pode ser dito ou concebido! Muitos mártires suportaram torturas extremas, mas, pelo que se diz, temos todos os motivos para pensar que elas não se comparam aos últimos sofrimentos de Cristo na cruz. E há um argumento incontestável de que os sofrimentos que Cristo suportou em Seu corpo na cruz, embora tenham sido terríveis, foram ainda menores aos que Ele suportou em Sua alma. Pois, se fossem só os sofrimentos que suportou em Seu corpo, não podemos conceber que a simples antecipação deles teria tal efeito sobre Cristo. Muitos mártires, pelo que sabemos, suportaram torturas tão severas em seus corpos quanto Cristo. Muitos mártires foram crucificados, tal como Ele, e mesmo assim a alma deles não ficou tão atribulada. Não houve sinal de tamanha tristeza e angústia mental, seja na antecipação ou duração dos sofrimentos deles.

2. No que foi dito, podemos ver a maravilhosa força do amor de Cristo pelos pecadores.
A força do amor de Cristo é mostrada de duas maneiras:

a) *Seu amor era tão forte que o levou a suportar a terrível agonia em que se encontrava naquele momento.* O sofrimento a que Ele estava sujeito foi terrível e surpreendente, como foi abordado. E quão maravilhoso foi Seu amor que se manteve firme e se susteve! Sem dúvida, o amor de qualquer homem ou anjo teria sucumbido sob tão grande peso, jamais suportando o conflito de suor sangrento como o de Jesus Cristo.

Naquela ocasião, a angústia da alma de Cristo foi tão forte que causou esse efeito espantoso em Seu corpo. No entanto, o Seu amor pelos inimigos, mesmo eles sendo miseráveis e indignos como eram, foi imensamente mais forte. O coração de Cristo estava cheio de angústia, naquela hora, porém estava mais cheio de amor para com os vermes desprezíveis. Suas tristezas abundaram, mas Seu amor superabundou. A alma de Cristo foi inundada por uma torrente de sofrimento, mas isso aconteceu devido a uma torrente de amor pelos pecadores em Seu coração, grande o bastante para inundar o mundo e superar as montanhas mais altas de seus pecados. As grandes gotas de Seu sangue, que caíram no chão, eram a manifestação de um oceano de amor no coração de Jesus Cristo.

b) *Seu amor aparece principalmente no fato de, mesmo com a visão tão completa do horror do cálice que deveria beber, Ele ainda assim tê-lo tomado e bebido.* Esta parece ter sido a maior e mais peculiar prova da força do amor de Cristo: quando Deus colocou a porção amarga diante dele e o permitiu ver o que beberia, se Ele persistisse em Seu amor pelos pecadores. Deus também o levou à boca da fornalha para que Ele visse a ferocidade e tivesse uma visão completa da mesma, a fim de que assim tivesse tempo para considerar se deveria ou não sofrer as chamas daquela fornalha pelas criaturas indignas. Era como se estivesse propondo a última consideração de Cristo sobre o que faria, como se lhe fosse dito:

Aqui está o cálice que você deve beber, a menos que desista de Seu compromisso pelos pecadores e deixe-os perecer como merecem. Você beberá este cálice por eles ou não? Essa é a fornalha na qual você será lançado para salvá-los. Eles devem morrer ou você deve suportar isso por eles. Ali você vê como é terrível o calor da fornalha, vê a dor e a angústia que deve suportar no dia seguinte, a menos que desista da causa dos pecadores. O que você fará? Seu amor é tão grande assim que você irá em frente? Você se lançará nesta terrível fornalha de ira?

A alma de Cristo foi subjugada pelo pensamento. Sua frágil natureza humana se encolheu perante a sombria visão. Isso o colocou nesta terrível agonia que vocês ouviram ser descrita, porém o Seu amor pelos pecadores subsistiu.

Cristo não teria se submetido a esses sofrimentos desnecessariamente se os pecadores pudessem ser salvos de outra forma. Se não houvesse necessidade absoluta desse sofrimento para a salvação dos pecadores, Ele desejaria que o cálice passasse dele. Mas, se os pecadores, aos quais Ele dirigira Seu amor, não podiam, conforme a vontade de Deus, ser salvos sem que o cálice amargo fosse bebido, Cristo escolheu que a vontade de Deus fosse feita. Ele escolheu continuar e suportar o sofrimento, mesmo este sendo terrível.

E essa foi Sua decisão final, após o conflito sombrio de Sua natureza humana miserável e frágil, quando teve o cálice amargo posto a Sua frente e, por pelo menos uma hora, viu como seria assombroso. Ainda assim, Ele decidiu que o suportaria para que os pobres pecadores que Ele amou por toda a eternidade não perecessem. Quando o terrível cálice estava diante dele, Ele não pensou:

Por que Eu, que sou uma pessoa tão grande e gloriosa, infinitamente mais honrada do que todos os anjos do Céu, deveria me lançar em tão terrível e assombroso tormento por vermes miseráveis que não podem ser proveitosos para Deus, ou para mim, e merecem ódio e não amor? Por que deveria Eu, que tenho vivido toda a eternidade no deleite do amor do Pai, lançar-me em tal fornalha por eles, que nunca poderão retribuir isso? Por que deveria me entregar para ser esmagado pelo peso da ira divina por aqueles que não me amam e são Meus inimigos? Não merecem nenhuma união comigo, jamais fizeram e não farão nada para serem dignos de mim. No que me enriquecerei salvando um número de miseráveis inimigos de Deus e Meus, que merecem ter a justiça divina glorificada na destruição deles?

Entretanto, em tais circunstâncias, não foram esses pensamentos que passaram no coração de Cristo, e sim o oposto. O Seu amor persistiu, e Ele decidiu, apesar de Sua agonia, entregar-se à vontade de Deus, tomar o cálice amargo e bebê-lo.

Embora Cristo soubesse que alguns homens estavam vindo atrás dele, e que Judas os acompanhava, não fugiu, mas entregou-se voluntariamente a eles. Mesmo quando chegaram com espadas e porretes para prendê-lo, Jesus poderia ter chamado Seu Pai, que teria imediatamente enviado muitos anjos para impedir os Seus inimigos e libertá-lo, porém, não o fez. E até quando Seus discípulos mostraram resistência, Ele não tolerou tal coisa.

E eis que um dos que estavam com Jesus, estendendo a mão, sacou da espada e, golpeando o servo do sumo sacerdote, cortou-lhe a orelha. Então, Jesus lhe disse: Embainha a tua espada; pois todos os que lançam mão da espada à espada perecerão. Acaso, pensas que não posso rogar a meu Pai, e ele me mandaria neste momento mais de doze legiões de anjos? Como, pois, se cumpririam as Escrituras, segundo as quais assim deve suceder? (MATEUS 26:51-54)

Cristo, ao invés de se esconder de Judas e dos soldados, disse-lhes quem Ele era, quando pareciam não saber se Jesus era quem procuravam. E quando ainda pareciam hesitantes, tomados por algum terror na mente deles, Cristo falou-lhes novamente quem era e se entregou para que o amarrassem, logo após ter mostrado que poderia facilmente resistir-lhes se quisesse, quando uma única palavra dita por Ele, jogou-os ao chão.

Tendo, pois, Judas recebido a escolta e, dos principais sacerdotes e dos fariseus, alguns guardas, chegou a este lugar com lanternas, tochas e armas. Sabendo, pois, Jesus todas as coisas que sobre ele haviam de vir, adiantou-se e perguntou-lhes: A quem buscais? Responderam-lhe: A Jesus, o Nazareno. Então, Jesus lhes disse: Sou eu. Ora, Judas, o traidor, estava também com eles. Quando, pois, Jesus lhes disse: Sou eu, recuaram e caíram por terra. (JOÃO 18:3-6)

O amor de Cristo foi poderoso, constante e intenso. A prova especial de Seu amor, acima de todas as outras, parece ter sido no momento de Sua agonia. Porque, mesmo que os Seus sofrimentos tenham sido maiores quando estava na cruz, ainda assim Ele os viu plenamente antes, no momento de Sua agonia, e parece ser essa a primeira vez que Cristo Jesus teve uma visão realmente clara de quais eram esses sofrimentos. Após isso, a provação não foi tão grande, visto que o conflito havia acabado. A Sua natureza humana entrou em batalha contra o Seu amor pelos pecadores, porém Seu amor conquistou a vitória. A questão, diante de uma visão completa de Seus sofrimentos, havia sido resolvida e concluída. Portanto, quando chegou o momento, Ele decididamente foi adiante com os sofrimentos.

c) *Mas existem duas circunstâncias da agonia de Cristo que tornam a força e a constância de Seu amor pelos pecadores ainda mais evidente.* Enquanto Ele teve tal visão do horror de Seus sofrimentos, também teve a visão extraordinária da odiosa maldade daqueles que receberiam expiação pelos sofrimentos suportados por Ele.

Existem duas coisas que tornam o amor de Cristo maravilhoso: Ele estava disposto a suportar tão grandes sofrimentos e estava disposto a isso para fazer expiação pela imensa maldade dos pecadores. Porém, para ser dito de maneira apropriada, que Cristo, por decisão própria, escolheu e suportou os grandes sofrimentos para fazer expiação pela odiosa maldade humana, duas coisas eram necessárias: primeiro, Ele deveria ter uma percepção extraordinária de quão grandes seriam tais sofrimentos antes de suportá-los

(Isso lhe foi revelado em Sua agonia). Segundo, Ele também deveria, ao mesmo tempo, ter uma compreensão singular de quão grande e odiosa era a maldade dos homens pelos quais sofreria para fazer expiação, ou de quão indignos eram aqueles por quem morreria. E ambas foram oferecidas simultaneamente.

Quando Cristo teve essa percepção excepcional do quanto seria amargo o Seu cálice, Ele também sentiu o quanto era indigna e odiosa a impiedade dos homens pelos quais sofreria, pois a natureza odiosa e maligna da corrupção deles nunca apareceu mais plenamente do que no rancor e na crueldade dos homens nesses sofrimentos, e mesmo assim, o Seu amor era tal que Ele continuou a sofrer por aqueles que estavam cheios de tão odiosa corrupção.

Foi a corrupção e a injustiça dos homens que tramaram e levaram a cabo a Sua morte. Foi a impiedade humana que conspirou com Judas. Foi a maldade dos homens que traiu, prendeu, amarrou e conduziu Cristo como um malfeitor. Foi pela corrupção e iniquidade dos homens que Ele foi falsamente acusado e injustamente julgado. Foi pela perversidade humana que Cristo foi censurado, zombado, esbofeteado e cuspido. Foi pela maldade dos homens que Barrabás foi escolhido no lugar dele. E foi a perversidade humana que o fez carregar a cruz, pregou-o nela e o levou a uma morte tão cruel e vergonhosa.

Isso deu a Cristo um senso extraordinário da grandiosidade e maldade da depravação da humanidade.

- *No momento de Seus sofrimentos, Ele teve a depravação colocada diante dele como ela é, sem disfarces.* Quando ela matou Cristo, apareceu em suas cores verdadeiras. Cristo a viu em sua verdadeira natureza, que é o extremo ódio e desprezo por Deus. Cristo viu a depravação em seu principal desejo e tendência, que é matar Deus, e em seu maior agravamento e ato, que é matar uma pessoa que era Deus.

- *Nesses sofrimentos, Ele sentiu os frutos de tal impiedade.* Esses frutos foram rigorosamente direcionados contra Cristo, gerando reprovação e tormento para intencionalmente demonstrar um sentimento mais forte de seu ódio sobre a natureza humana de Cristo.

No entanto, ao mesmo tempo, tão maravilhoso era o amor de Cristo por aqueles que exibiam essa odiosa corrupção que Ele suportou esses sofrimentos para livrá-los do castigo daquela mesma corrupção. A grandiosidade do amor sacrificial de Cristo aparece em parte por morrer por aqueles que eram tão indignos, sendo que toda a humanidade possui o mesmo tipo de corrupção em seu coração, e em parte por morrer por aqueles que não eram apenas tão perversos, mas cuja maldade consistia em serem Seus inimigos. Assim, Cristo não morreu somente pelos ímpios, mas por Seus próprios inimigos, em parte porque estava disposto a morrer por Seus inimigos ao mesmo tempo em que sentia os frutos da impiedade deles, os efeitos e esforços do ódio deles, no maior desprezo, crueldade, tormentos e morte, e em parte porque estava disposto a fazer expiação por Seus inimigos nesses mesmos sofrimentos, e por meio da mesma ignomínia, tormento e morte que eram o fruto disso.

O pecado e a maldade dos homens, pelos quais Ele sofreu para fazer expiação, foram, por assim dizer, colocados diante de Cristo em Sua visão.

- *Essa impiedade foi apenas uma amostra da maldade da humanidade, pois a corrupção de toda a humanidade é da mesma natureza, e a maldade que está no coração de um homem tem as mesmas natureza e tendência da que está no de outro.* Como na água, o rosto corresponde ao rosto, assim o coração do homem ao homem.

- *É provável que Cristo tenha morrido para fazer expiação por aquela verdadeira maldade real individual que causou os Seus sofrimentos, que o reprovou, zombou, esbofeteou e crucificou.* Alguns dos que o crucificaram, por quem Ele orou para serem perdoados, enquanto estavam no próprio ato da crucificação, foram posteriormente convertidos pela pregação de Pedro, em resposta à oração de Cristo, como temos num relato no capítulo 2 de Atos.

d) *Outra circunstância da agonia de Cristo que mostra a força de Seu amor é a ingratidão de Seus discípulos ao abandá--lo naquele momento.* Os discípulos de Cristo estavam entre aqueles pelos quais Ele resistiria e suportaria os últimos sofrimentos, dos quais Ele tinha terríveis compreensões.

Ainda assim, Cristo já havia concedido a eles algum ganho nos benefícios desses sofrimentos. Os pecados deles já haviam sido perdoados mediante o sangue que Jesus derramaria. Eles já eram beneficiários infinitos por aquela piedade e amor sacrificial que Jesus tinha por eles e, pelos sofrimentos do

Senhor, foram distinguidos de todos os demais. Cristo deu-lhes maior honra do que a qualquer outro tornando-os Seus discípulos em um sentido mais honroso do que havia feito a qualquer outro.

E mesmo agora, quando tinha diante de si aquele cálice terrível, o qual pretendia beber por eles, e estava em grande agonia diante disso, não recebeu nenhum retorno da parte dos Seus discípulos, senão indiferença e ingratidão. Quando Cristo desejou que vigiassem com Ele, para que recebesse consolo na companhia deles, adormeceram naquele triste momento, demonstrando que não se preocupavam o suficiente para se manterem acordados mesmo que por uma hora, embora Cristo desejasse isso deles ocasionalmente.

Entretanto, ainda assim, esse tratamento ingrato por parte dos discípulos, pelos quais também beberia o cálice da ira que Deus colocou diante dele, não o desencorajou de aceitá-lo e bebê-lo por eles. Seu amor estendeu-se a eles: "...tendo amado os seus [...], amou-os até o fim" (JO 13:1). Ele não disse a si mesmo quando o cálice estava diante dele:

> Por que Eu deveria suportar tanto por aqueles que são tão ingratos? Por que deveria lutar com a expectativa da terrível ira de Deus, que será suportada por mim amanhã, por aqueles que, nesse meio tempo, não têm tanta preocupação comigo a ponto de se manterem acordados, nem por uma hora, quando desejo isso deles?

Todavia, em vez disso, com ternas e paternais compaixões, Cristo perdoa a ingratidão de Seus discípulos e diz: "Vigiai e orai, para que não entreis em tentação; o espírito, na verdade, está pronto, mas a carne é fraca" (MT 26:41). Em seguida, Jesus foi preso, escarnecido, açoitado e crucificado, derramando Sua alma até à morte, sob o peso da terrível ira de Deus na cruz, por eles.

3. Com base no que foi dito, podemos aprender a maravilha da submissão de Cristo à vontade de Deus.

Cristo, sendo uma pessoa divina, era o soberano absoluto do Céu e da Terra, e mesmo assim foi o exemplo mais maravilhoso de submissão à soberania de Deus que já existiu. Quando Ele teve a visão da crueldade de Seus últimos sofrimentos e orou para que, se possível, o cálice passasse dele, ou seja, se não houvesse uma necessidade absoluta daquele cálice para a salvação dos pecadores, ainda assim isso foi uma submissão perfeita à vontade de Deus. Ele acrescenta: "...contudo, não se faça a minha vontade, e sim a tua" (LC 22:42).

Ele preferiu que a inclinação de Sua natureza humana, que temia os tormentos intensos, fosse ignorada e que a vontade de Deus prevalecesse. Jesus se regozijava em pensar na vontade de Deus sendo feita. Quando orou pela segunda vez, Ele não tinha mais nada a dizer a não ser: "Meu Pai, se não é possível passar de mim este cálice sem que eu o beba, faça-se a tua vontade" (MT 26:42), e assim aconteceu pela terceira vez.

O que são as provações de submissão que, às vezes, enfrentamos nas aflições que sofremos em comparação a esta? Se Deus, em Sua providência indicasse ser Sua vontade que nos separássemos de um filho, quão dificilmente seríamos levados a ceder a isso, quão prontos a sermos insubmissos e perversos (obstinados)! Ou se Deus permitir sobre nós alguma dor aguda no corpo, quão prontos estamos para ficar descontentes e impacientes, quando o inocente Filho de Deus, que não merecia sofrer, silenciosamente submeteu-se a sofrimentos inconcebivelmente grandes e disse repetidamente que fosse feita a vontade de Deus! Ele foi levado e colocado diante daquela terrível fornalha de ira, de modo a ter uma visão completa de sua ferocidade. A Sua carne se encolheu e Sua natureza ficou em conflito, a ponto de Seu corpo suar sangue, porém a Sua alma silenciosamente cedeu à vontade de Deus, ao contrário da vontade ou inclinação de Sua natureza humana.

4. O que foi dito sobre este assunto também nos mostra a glória da obediência de Cristo.

Cristo estava sujeito à lei moral como Adão e também estava sujeito às leis cerimoniais e judiciais de Moisés, mas a ordem principal que recebeu do Pai foi que deveria dar a Sua vida, voluntariamente se entregar a esses terríveis sofrimentos na cruz. Fazer isso era a Sua principal missão, para a qual fora enviado.

O Pai, ao enviá-lo ao mundo, enviou-o com mandamentos sobre o que Ele deveria fazer no mundo. A principal ordem que Ele recebeu do Pai foi a principal incumbência para qual foi enviado: sacrificar Sua vida. Portanto, essa ordem foi a principal prova de Sua obediência, visto que essa foi, de longe, a ordem mais difícil. Todo o restante foi fácil em comparação a isso.

A principal provação que Cristo enfrentou na obediência a tal ordem foi no momento de Sua agonia. Isso aconteceu uma hora antes de Jesus ser preso, quando poderia escolher se render a eles ou fugir. Então, foi a primeira vez que Cristo teve a visão completa da dificuldade dessa ordem, tão terrível a ponto de causar aquele suor de sangue. Naquele momento, deu-se o conflito da fraca natureza humana com a dificuldade, da dolorosa luta com o intenso julgamento que Ele teve, e, logo após, Cristo obteve a vitória sobre a tentação, derivada do medo de Sua natureza humana. A Sua obediência resistiu em meio ao conflito.

Portanto, podemos supor que Satanás foi especialmente solto para se lançar no pavor natural que a natureza humana sentia desses tormentos e tentar ao máximo dissuadir Cristo de beber o amargo cálice. Nesse tempo, próximo ao fim de Sua vida, Ele foi especialmente entregue nas mãos de Satanás para ser tentado, mais do que foi após Seu batismo. Cristo fala desse tempo: "Diariamente, estando eu convosco no templo, não pusestes as mãos sobre mim. Esta, porém, é a vossa hora e o poder das trevas" (LC 22:53).

Assim, Cristo, no tempo de Sua agonia, lutou não apenas com visões assombrosas de Seus últimos sofrimentos, mas também com principados e potestades, naquele suor de sangue. Ele lutou com o grande leviatã que batalhou ao máximo para levá-lo à desobediência. Cristo foi tentado de todas as maneiras para desviá-lo da obediência a Deus. Ele sofreu tentações de Sua fraca natureza humana, que temia esses tormentos. Teve tentações dos homens, que eram Seus inimigos, tentações pela ingratidão de Seus próprios discípulos ao abandoná-lo e tentações do diabo. Ele também passou por uma prova intensa da manifestação da própria ira de Deus quando, conforme as palavras de Isaías, aprouve ao Senhor feri-lo e fazê-lo sofrer (VEJA ISAÍAS 53). Contudo ainda assim

Cristo não falhou, obteve a vitória sobre todos e realizou o grande ato de obediência ao Deus que, naquele momento, se ocultou dele e desferiu a Sua ira sobre Ele por conta dos pecados dos homens. Nada poderia afastá-lo de Sua inabalável obediência a Deus. Jesus persistia em dizer: "Seja feita a tua vontade", expressando não apenas Sua submissão, mas obediência; não somente Sua conformidade com a vontade de Deus, mas também com Sua vontade preceptiva. Deus havia lhe dado tal cálice e ordenado que o bebesse, sendo isso razão suficiente para que Cristo assim o fizesse; por isso o Senhor diz, no final de Sua agonia, quando Judas aproximou-se com Seus inimigos: "...não beberei, porventura, o cálice que o Pai me deu?"(JO 18:11).

Cristo, no momento de Sua agonia, deu uma prova de obediência incomparavelmente maior do que qualquer homem ou anjo jamais deu. Não há comparação entre o alto custo dessa prova de obediência do segundo Adão e a prova de obediência do primeiro Adão! A tentação de nosso primeiro pai foi leve em comparação a essa! E mesmo assim, nosso primeiro fiador falhou, e nosso segundo não falhou, mas obteve uma vitória gloriosa: "...tornando-se obediente até à morte e morte de cruz" (FP 2:8). Desse modo, a obediência de Cristo foi maravilhosa e gloriosa, por intermédio da qual efetuou a justiça para os que creem, e cuja obediência a eles é imputada. Não é de se admirar que seja uma doce penalidade semeada, e que Deus esteja disposto a conceder o Céu como recompensa a todos os que creem nele.

5. O que foi dito nos mostra a insensatez dos pecadores confiantes em serem tão destemidos perante a ira de Deus.

A ira de Deus era tão terrível que, enquanto Cristo apenas a *esperava*, Sua natureza humana foi quase dominada pelo medo, Sua alma ficou assombrada, e Seu corpo suou sangue. Como os pecadores são insensatos! Eles estão sob a ameaça dessa ira, a cada momento condenados e expostos a ela, e ainda assim, em vez de manifestar preocupação intensa, estão calmos e despreocupados. Em vez de ficarem tristes e pesarosos, andam com o coração leve e indiferente. Em vez de gritarem em amarga agonia, frequentemente estão alegres e felizes, comendo, bebendo, dormindo tranquilamente e continuam no pecado, provocando a ira de Deus cada vez mais, sem grande preocupação. Como essas pessoas são estúpidas e insensatas!

Que esses pecadores insensatos considerem que essa miséria, da qual estão em perigo pela ira de Deus, é infinitamente mais terrível do que aquela cujo medo provocou agonia e suor de sangue em Cristo. É mais terrível, porque difere em natureza, nível e duração.

Cristo sofreu o que, ao defender a honra da lei divina, era totalmente equivalente à miséria dos condenados. Em alguns aspectos, foi o mesmo sofrimento, porque era a ira do mesmo Deus, mas, em outros, difere enormemente. A diferença não surge da ira derramada sobre um e sobre o outro, pois é a mesma ira, mas da diferença do sujeito, melhor ilustrada pela própria comparação feita por Cristo: "Porque, se em lenho verde fazem isto, que será no lenho seco?" (LC 23:31). Aqui Ele chama a si mesmo de lenho verde e os ímpios de seco, sugerindo que a miséria que sobrevirá aos ímpios será mais terrível do que os sofrimentos que Ele suportou, e a diferença surge da natureza diferente do sujeito. O lenho verde e o seco são igualmente lançados no fogo, mas as chamas se apoderam e se acendem no lenho seco com mais intensidade do que no verde.

Os sofrimentos que Cristo suportou diferem da miséria dos ímpios no inferno, em natureza e grau, nos seguintes aspectos:

a) *Cristo não sentiu os tormentos de uma consciência culpada e condenadora.*

b) *Ele não sentiu nenhum tormento do reinado de corrupções interiores e luxúrias como os condenados.* Os ímpios são seus próprios algozes no inferno, suas concupiscências são seus carrascos, e, sem restrições (pois não há graça restritiva no inferno), suas concupiscências se enfurecerão como chamas no coração deles. Eles serão atormentados com a fúria desenfreada de um espírito de inveja e maldade entre eles mesmos, e contra Deus, os anjos e os santos no Céu. Cristo não sofreu nada disso.

c) *Cristo não teve que considerar que Deus o odiava.* No inferno, os ímpios têm sua miséria completa, porque sabem que Deus os odeia devidamente sem a menor piedade ou consideração para com eles, e isso encherá a alma deles com uma miséria inexprimível. No entanto, não foi assim com Cristo. Deus retirou de Cristo o conforto de Sua presença e escondeu Seu rosto dele, derramando Sua ira sobre Ele, o que o fez sentir terríveis efeitos em Sua alma, porém, ainda assim, Ele sabia que o Pai não o odiava, mas o amava infinitamente. Ele clamou por Deus tê-lo abandonado, mas ao mesmo tempo chamou por Ele: "Deus meu, Deus meu..." (MC 15:34), sabendo que Ele ainda era o Seu Deus. Porém, os ímpios, no inferno, saberão que Ele não é o Deus deles, mas Juiz e inimigo irreconciliável.

d) *Cristo não sofreu desespero, como os ímpios sofrem no inferno.* Ele sabia que seu sofrimento chegaria ao fim em poucas horas e que, depois disso, entraria na glória eterna. No entanto, será muito diferente para vocês que são impenitentes; se morrerem em sua atual condição, ficarão em completo desespero. Por esses relatos, a miséria dos ímpios no inferno será imensamente mais terrível em natureza e grau do que aqueles dolorosos sofrimentos pelos quais a alma de Cristo foi tão afligida.

e) *Esta miséria terá uma duração infinitamente diferente.* Os sofrimentos de Cristo duraram apenas algumas horas, terminando para sempre, seguidos da glória eterna. Mas vocês, pecadores confiantes e insensatos, estão diariamente expostos ao perigo de serem lançados na miséria eterna, num fogo que nunca se apagará.

Se o Filho de Deus estava tão assombrado na expectativa do que sofreria por algumas horas, como vocês são insensatos ao continuarem expostos a sofrimentos muito mais terríveis em natureza e grau, que não terão fim, mas que deverão ser suportados dia e noite, eternamente!

Se vocês tivessem uma compreensão plena da grandeza da miséria a que estão expostos e de quão terrível é sua condição atual, isso os colocaria em uma agonia tão terrível quanto aquela pela qual Cristo passou. Sim, se a natureza de vocês pudesse suportá-la, uma muito mais terrível. Devemos agora ver vocês caírem em um suor de sangue, chafurdando em seu sangue e gritando de assombroso espanto.

PARTE II

Esforcei-me para explicar e ilustrar a primeira das duas proposições mencionadas no início deste discurso. Agora prosseguirei mostrando que,

Em Sua agonia no jardim, a alma de Cristo teve um grande e terrível conflito e luta com Deus em oração.
A labuta e a luta da alma de Cristo em oração foram uma porção de Sua agonia, e foram, sem dúvida, mencionadas no texto quando é dito que Cristo estava em agonia, porque, como mostramos no início, essa palavra é especialmente usada em outros lugares das Escrituras no sentido de se esforçar ou lutar com Deus em oração. A partir desse fato, e da menção do evangelista de Sua agonia e Sua oração fervorosa na mesma frase, podemos entendê-lo mencionando Sua luta em oração como parte de Sua agonia. As palavras do texto parecem mostrar que Cristo estava em agonia na oração: "E, estando em agonia, orava mais intensamente. E aconteceu que o seu suor se tornou como gotas de sangue caindo sobre a terra" (LC 22:44). Esta linguagem parece indicar que a labuta e o fervor da alma de Cristo foram tão intensos em Sua luta com Deus em oração, que Ele estava em agonia e banhado em suor de sangue.

Nesta segunda proposição, com a ajuda de Deus, desejo explicar esta parte que consiste na agonia e luta da alma de

Cristo em oração. Isso é digno de uma investigação particular, sendo provavelmente pouco compreendido, embora, como veremos na sequência, o entendimento correto disso é de grande utilidade e consequência na divindade.

Não se deve analisar com entendimento comum o que é expresso no texto: que Cristo orou mais intensamente, ou pelo que Ele lutou com Deus, ou qual foi o assunto desta oração fervorosa, ou qual a razão para Ele ser tão fervoroso em oração, em tal ocasião. Portanto, para esclarecer essas questões, particularmente pergunto: De que natureza foi essa oração? Qual foi o assunto desta fervorosa oração de Cristo ao Pai? Em que qualificação Cristo ofereceu esta oração a Deus? Por que Ele foi tão fervoroso em Sua oração? Qual foi o resultado de Sua luta fervorosa com Deus em oração? E na sequência, faço alguns aprimoramentos.

1. De que natureza foi esta oração de Cristo?

As orações feitas a Deus podem ser de vários tipos: algumas são confissões, ou expressões da compreensão de nossa própria indignidade diante de Deus, sendo orações de penitência a Deus. Outras são doxologias ou orações destinadas a louvar a grandeza e glória de Deus, como os salmos de Davi. Outras são orações de gratidão ou expressões de agradecimento e louvor pelas misericórdias recebidas. Outras são orações de submissão, ou expressões de submissão e resignação à vontade de Deus, quando aquele que dirige-se à Majestade do Céu expressa a conformidade de sua vontade com a vontade soberana de Deus, dizendo: "Seja feita a Tua vontade, ó Senhor!", como Davi: "Se ele, porém, disser: Não tenho prazer em ti, eis-me aqui; faça de mim como melhor lhe parecer" (2SM 15:26). Outras são petições ou súplicas, quando a pessoa implora a Deus e clama a Ele por algum favor desejado.

Portanto, a pergunta é: De qual desses tipos foi a oração de Cristo lida no texto.

Resposta. *Foi principalmente de súplica.* Não foi de penitências ou confessional, porque Cristo não possuía pecado ou indignidade para confessar. Nem foi uma doxologia, ação de graças ou meramente uma expressão de submissão, pois nenhuma destas concorda com o que é relatado no texto, ou seja, que "orava mais intensamente".

Quando é dito que alguém ora fervorosamente, isso implica um pedido sincero de algum benefício ou favor, e não simplesmente uma confissão, submissão ou ação de graças. Eis o que o apóstolo fala sobre tal oração:

Ele, Jesus, nos dias da sua carne, tendo oferecido, com forte clamor e lágrimas, orações e súplicas a quem o podia livrar da morte e tendo sido ouvido por causa da sua piedade. (HEBREUS 5:7)

Isso mostra que ela era petição, ou uma súplica sincera por algo desejado. Não são confissões, doxologias, ações de graças ou resignações que são chamadas de "súplicas" e "fortes clamores", mas petições por algo intensamente almejado. Tendo, assim, resolvido a primeira questão e mostrado que essa fervorosa oração de Cristo era uma súplica por algum benefício ou favor que Cristo sinceramente desejava, prossigo para a outra questão:

2. Qual foi o assunto dessa súplica, ou que favor e benefício foi aquele pelo qual Cristo, tão fervorosamente, suplicou nessa oração da qual temos um relato no texto? Bem, as palavras do texto não são específicas sobre este assunto, apenas mencionam que Cristo "estando em agonia, orava mais intensamente", contudo não dizem pelo que orou tão fervorosamente. E aqui está a maior dificuldade em tratar de tal relato: o que Cristo tão ardentemente desejou, pelo que Ele tanto lutou com Deus naquela hora. Embora não seja expressamente dito no texto, ainda assim, as Escrituras não nos deixam sem luz suficiente neste assunto. Para evitar erros, eu responderia

a) *Negativamente: aquilo pelo qual Cristo orou tão fervorosamente nesta hora não foi para que o cálice amargo que tinha que beber passasse dele.* Cristo havia orado por isso antes, dizendo:

Pai, se queres, passa de mim este cálice; contudo, não se faça a minha vontade, e sim a tua. (LUCAS 22:42)

É depois disso que temos o relato de que Cristo, estando em agonia, orou mais intensamente. Porém, não devemos entender que orou com mais fervor do que antes, para que tal cálice passasse dele.

Não foi por esse motivo que Ele orou tão fervorosamente nessa segunda oração, e os seguintes fatos parecem provar:

Primeiro, essa segunda oração foi depois que o anjo apareceu do Céu, fortalecendo-o, para mais alegremente pegar o cálice e bebê-lo. Os evangelhos nos informam que, quando Cristo foi ao jardim, começou a entristecer-se e a ficar muito pesaroso, a ponto de dizer que Sua alma estava triste, até à morte, e logo após isso, Ele foi e orou a Deus para que, se possível, passasse tal cálice dele.

Ele, por sua vez, se afastou, cerca de um tiro de pedra, e, de joelhos, orava, dizendo: Pai, se queres, passa de mim este cálice; contudo, não se faça a minha vontade, e sim a tua. (LUCAS 22:41-42)

E então, no versículo 43, é dito que "lhe apareceu um anjo do céu que o confortava".

Isso não pode ser entendido de outra forma senão que o anjo apareceu para fortalecê-lo e encorajá-lo a passar por Sua grande e difícil obra: beber do amargo cálice. Consequentemente, devemos presumir que agora Cristo estava mais fortalecido e encorajado a passar por Seus sofrimentos. Portanto, não podemos supor que depois disso Ele oraria com mais fervor do que antes para não passar pelos sofrimentos. Certamente, foi outra coisa pela qual Cristo orou intensamente após o fortalecimento que o anjo lhe trouxe, e não que o cálice passasse dele. Embora Cristo pareça ter uma visão maior de Seus sofrimentos após tal fortalecimento do que antes, o que causou tanta agonia, ainda assim esse fortalecimento foi para prepará-lo para uma visão mais ampla deles. Ele teve mais força e coragem do que antes para lidar com essas compreensões terríveis. Sua força para suportar os sofrimentos é aumentada com o conhecimento de Seus sofrimentos.

Segundo, Cristo, antes de Sua segunda oração, teve uma indicação do Pai de que não era Sua vontade que o cálice fosse afastado dele. A vinda do anjo do Céu para confortá-lo deve assim ser compreendida.

Cristo ora primeiro para que, se fosse a vontade do Pai, o cálice passasse dele; porém, se não fosse essa a vontade de Deus, que não acontecesse dessa forma. Então, imediatamente um anjo é enviado para fortalecê-lo e encorajá-lo a tomar o cálice, sendo uma nítida indicação a Cristo de que era a vontade do Pai que Ele o tomasse, e que este não deveria passar dele. E assim Cristo o recebeu, como aparece no relato que Mateus fornece dessa segunda oração:

Tornando a retirar-se, orou de novo, dizendo: Meu Pai, se não é possível passar de mim este cálice sem que eu o beba, faça-se a tua vontade. (MATEUS 26:42)

O Senhor fala como alguém que teve agora uma indicação, visto que orou antes, de que não era a vontade de Deus livrá-lo. Lucas nos diz como, a saber, por Deus lhe enviar um anjo. Como Lucas, Mateus nos informa que, em Sua primeira oração, Jesus orou para que, se possível, o cálice passasse dele, mas então Deus envia um anjo para mostrar-lhe qual era a Sua vontade e para encorajá-lo a aceitá-la. Cristo, tendo recebido essa nítida indicação, aceita a mensagem que havia recebido e diz: "Meu Pai, se não é possível passar de mim este cálice sem que eu o beba, faça-se a tua vontade".

Portanto, podemos certamente concluir que Cristo orou com mais intensidade depois disso, não para que o cálice passasse dele, mas por outra coisa. Ele não oraria mais intensamente para que o cálice passasse dele depois que Deus lhe revelara que isso não era a Sua vontade. Supor isso seria uma blasfêmia.

Terceiro, a linguagem da segunda oração, conforme escrito por Mateus — "Meu Pai, se não é possível passar de mim este cálice sem que eu o beba, faça-se a tua vontade" —, *mostra então que Cristo não orou para que o cálice passasse dele.* Certamente, não se trata de orar mais fervorosamente para evitar o cálice, mas, antes, ceder nessa questão, não insistir mais e se submeter a ele como algo agora determinado pela vontade de Deus, revelada pelo anjo.

Quarto, no relato que se encontra em Hebreus sobre essa oração, as palavras do apóstolo são estas:

Ele, Jesus, nos dias da sua carne, tendo oferecido, com forte clamor e lágrimas, orações e súplicas a quem o podia livrar da morte e tendo sido ouvido por causa da sua piedade. (HEBREUS 5:7)

O forte clamor e as lágrimas de que fala o apóstolo são, sem dúvida, os mesmos mencionados por Lucas: "estando em agonia, orou mais intensamente", pois esse foi o clamor mais sério e fervoroso de Cristo, do qual temos qualquer relato em qualquer lugar.

Entretanto, conforme o relato do apóstolo, aquilo que Cristo temia e pelo qual clamou tão intensamente a Deus nessa oração foi algo em que foi ouvido, algo pelo qual Deus lhe concedeu Seu pedido, portanto, não foi que o cálice passasse dele. Tendo assim apresentado pelo o que Cristo *não* orou nessa fervorosa oração, prossigo para mostrar,

b) *Pelo que Cristo buscou tão fervorosamente a Deus nessa oração?*
Eu respondo: foi para *que a vontade de Deus fosse feita, no que se referia aos Seus sofrimentos*. Mateus apresenta o relato disso na oração que já foi mencionada várias vezes: "Meu Pai, se não é possível passar de mim este cálice sem que eu o beba, faça-se a tua vontade" (26:42). Isso é uma expressão de submissão e de entrega, mas não é apenas isso.

As palavras "faça-se a tua vontade" não são entendidas como uma súplica ou pedido, mas como uma expressão de submissão. No entanto, as palavras nem sempre devem ser entendidas nesse sentido nas Escrituras, pois às vezes devem ser entendidas como um pedido. Portanto, elas devem ser compreendidas conforme a terceira petição na Oração do Pai nosso: "...faça-se a tua vontade, assim na terra como no céu" (MT 6:10). Tais palavras devem ser entendidas tanto como uma expressão de submissão quanto como um pedido, conforme são explicadas no *Breve Catecismo de Westminster* (pergunta 103), e é dessa forma que devem ser entendidas aqui.

O evangelista Marcos diz que Cristo se retirou novamente para orar e falou as mesmas palavras que havia dito em Sua primeira oração (VEJA MARCOS 14:39). Devemos entender isso como as mesmas palavras da última parte de Sua primeira oração: "Todavia, não seja como eu quero, e sim como tu queres", como mostra o relato mais completo e detalhado de Mateus. Portanto, o que é mencionado no texto, pelo que Cristo estava lutando com Deus nessa oração, era que a vontade de Deus fosse feita no que se referia aos Seus sofrimentos.

c) *Mas então outra pergunta pode surgir aqui: O que está implícito na oração de Cristo para que a vontade de Deus fosse feita em relação aos Seus sofrimentos?* A isso eu respondo:

Primeiro, isso sugere um pedido para que Ele fosse fortalecido, apoiado e capacitado para fazer a vontade de Deus, passando por esses sofrimentos. O mesmo de quando ele diz: "Eis aqui estou (no rolo do livro está escrito a meu respeito), para fazer, ó Deus, a tua vontade" (HB 10:7). Era a vontade preceptiva de Deus que Jesus aceitasse o cálice e bebesse dele; era a ordem do Pai para Ele. O Pai deu-lhe o cálice e, por assim dizer, colocou-o diante de Cristo com a ordem de que Ele bebesse dele.

Esse foi o maior ato de obediência que Cristo deveria realizar. Então, Ele ora por força e auxílio, para que Sua pobre e frágil natureza humana fosse sustentada, para que Ele não viesse a fraquejar nessa grande provação, não sucumbisse e fosse tragado, para que Sua força fosse sobrepujada, para que Ele não apresentasse resistência e, assim, falhasse em cumprir a ordem designada. Isso era o que Cristo temia, conforme o que o apóstolo fala em Hebreus, quando diz: Ele "foi ouvido quanto ao que temia" (5:7 ARC). Quando Jesus teve uma compreensão tão extraordinária do horror de Seus sofrimentos firmada em Sua mente, o medo disso o espantou. Ele temia que Sua fraca força fosse vencida, que falhasse em tão grande provação, que fosse tragado por aquela morte que estava para morrer e assim não fosse salvo da morte. Portanto, Jesus apresentou grande clamor e lágrimas Àquele que era capaz de fortalecê-lo, ampará-lo e salvá-lo da morte, para que a morte que sofreria não superasse Seu amor e obediência, mas que Ele pudesse vencê-la e ser salvo dela.

Se a coragem de Cristo tivesse falhado na provação e Ele não tivesse resistido aos sofrimentos, Ele jamais teria sido salvo da morte, antes teria se atolado em profundo lamaçal. Jesus jamais ressuscitaria dos mortos, pois Sua ressurreição foi uma recompensa por Sua vitória. Se Ele tivesse desistido, teria permanecido sob o poder da morte e todos nós teríamos perecido em nossos pecados. Se Jesus tivesse falhado, todos teriam falhado. Se Ele não tivesse vencido aquele penoso conflito, nem Ele nem nós poderíamos ter sido libertos da morte, mas morreríamos juntos.

Portanto, esta foi a salvação da morte de que o apóstolo fala, que Cristo temeu e pela qual orou com forte clamor e lágrimas. Ser vencido pela morte era o que Ele temia, e por isso foi ouvido naquilo que temia. Cristo orou para que a vontade de Deus fosse feita em Seus sofrimentos, mesmo que não pudesse falhar em obedecer à vontade de Deus em Seus sofrimentos, e, portanto, "...embora sendo Filho, aprendeu a obediência pelas coisas que sofreu" (HB 5:8).

Foi a respeito disso que Cristo, em Sua agonia, orou tão fervorosamente para que a vontade de Deus fosse feita, ou seja, para que Ele tivesse força a fim de fazer a vontade do Pai e não sucumbir ou falhar diante de tão grandes sofrimentos; isso está confirmado pelas Escrituras do Antigo Testamento, em particular pelo Salmo 69. O salmista representa Cristo nesse salmo, como é evidente no fato de que as palavras do salmo são representadas como de Cristo em muitos lugares do Novo Testamento. Esse salmo é retratado como a oração de Cristo a Deus quando Sua alma, em Sua agonia, foi tomada pela tristeza e pelo assombro.

Salva-me, ó Deus, porque as águas me sobem até à alma. Estou atolado em profundo lamaçal, que não dá pé; estou nas profundezas das águas, e a corrente me submerge. (SALMO 69:1-2)

Mas aquilo que é representado como o que Ele temia estava falhando e sendo subjugado nesta grande provação:

...livra-me do tremedal, para que não me afunde; seja eu salvo dos que me odeiam e das profundezas das águas. Não me arraste a corrente das águas, nem me trague a voragem, nem se feche sobre mim a boca do poço.
(SALMO 69:14-15)

Vê-se isso novamente no Salmo 22, que também é representado como a oração de Cristo sob Sua terrível tristeza e sofrimentos.

*Tu, porém, S*ENHOR*, não te afastes de mim; força minha, apressa-te em socorrer-me. Livra a minha alma da espada, e, das presas do cão, a minha vida. Salva-me das fauces do leão...* (SALMO 22:19-21)

Foi conveniente e adequado que Cristo, quando estava prestes a se envolver naquele terrível conflito, tenha buscado fervorosamente a ajuda de Deus para capacitá-lo a fazer Sua vontade, pois Ele precisava da ajuda de Deus. A força de Sua natureza humana, sem a ajuda divina, não era suficiente para sustentá-lo. Essa foi, sem dúvida, a falha do primeiro Adão em sua primeira provação, visto que não estava ciente de sua própria fraqueza e dependência. Se ele estivesse e tivesse se apoiado em Deus, clamado por Sua ajuda e força contra a tentação, com toda certeza teríamos permanecido criaturas inocentes e felizes até hoje.

Segundo, isso insinua um pedido para que a vontade e o propósito de Deus sejam obtidos nos efeitos e frutos de Seus sofrimentos, na glória ao Seu nome, que era Seu desígnio neles. E particularmente, na glória de Sua graça, na salvação eterna e felicidade de Seus eleitos.

Agora, está angustiada a minha alma, e que direi eu? Pai, salva-me desta hora? Mas precisamente com este propósito vim para esta hora. Pai, glorifica o teu nome. Então, veio uma voz do céu: Eu já o glorifiquei e ainda o glorificarei. (JOÃO 12:27-28)

No salmo, o primeiro pedido é o mesmo que o primeiro pedido de Cristo aqui em semelhante tribulação: "Agora, está angustiada a minha alma, e que direi eu? Pai, salva-me desta hora". Ele primeiro ora para ser salvo de Seus últimos sofrimentos. Em seguida, após determinar dentro de si que a vontade de Deus diferia, que não deveria ser salvo daquela hora, Ele diz: "...mas precisamente com este propósito vim para esta hora". Então, Seu segundo pedido é: "Pai, glorifica o teu nome!".

Portanto, este é, sem dúvida, o significado do segundo pedido em Sua agonia, quando Jesus orou para que a vontade de Deus fosse feita. Que a vontade de Deus fosse feita naquela glória ao Seu próprio nome que Ele pretendia nos efeitos e frutos de Seus sofrimentos; vendo ser Sua vontade que Ele sofresse, ora fervorosamente para que a finalidade de Seu sofrimento, na glória de Deus e na salvação dos eleitos, não falhasse.

Essas são as coisas pelas quais Cristo lutou tão fervorosamente com Deus em Sua oração, conforme o relato no texto, e não temos motivo para pensar que não foram expressas em oração, bem como implícitas. Não é sensato supor que o evangelista, em seu outro relato, mencione todas as palavras da oração de Cristo. Ele apenas menciona a essência.

3. Em que qualificação Cristo ofereceu aquelas orações fervorosas a Deus em Sua agonia?

Em resposta a essa pergunta, observo que Ele não as ofereceu como um indivíduo, mas como Sumo Sacerdote. O apóstolo fala de forte clamor e lágrimas, como os que Cristo ofereceu como Sumo Sacerdote.

> ...*como em outro lugar também diz: Tu és sacerdote para sempre, segundo a ordem de Melquisedeque. Ele, Jesus, nos dias da sua carne, tendo oferecido, com forte clamor e lágrimas, orações e súplicas...* (HEBREUS 5:6-7)

As coisas pelas quais Cristo orou naqueles fortes clamores não eram de caráter particular, mas de interesse comum a toda a Igreja, da qual era o Sumo Sacerdote. A vontade de

Deus ser feita em Sua obediência até à morte e Sua força e coragem não falharem, mas Ele tudo suportar, eram de interesse comum, porque se Jesus tivesse falhado, todos teriam falhado e perecido para sempre. E, também, o nome de Deus ser glorificado nos efeitos e frutos de Seus sofrimentos e na salvação e glória de todos os Seus eleitos era algo de interesse comum.

Cristo ofereceu fortes clamores com Sua carne da mesma maneira que os sacerdotes anteriormente ofereciam orações com sacrifícios. Cristo mesclou forte clamor e lágrimas com Seu sangue e assim ofereceu-os juntos para que o efeito e o êxito de Seu sangue pudessem ser obtidos. Essas orações agonizantes e fervorosas foram oferecidas com Seu sangue, e Seu infinitamente precioso e meritório sangue foi oferecido com Suas orações.

4. Por que Cristo foi tão fervoroso em tais súplicas?

Lucas as menciona como muito intensas. O apóstolo as menciona como um forte clamor, e Sua agonia, em parte, consistia nesse fervor. O relato que Lucas nos fornece parece sugerir que Seu suor de sangue foi, ao menos em parte, pelo grande esforço e fervor de Sua alma na luta com Deus em oração. Houve três coisas que aconteceram naquele momento, especialmente para fazer com que Cristo fosse tão fervoroso e comprometido.

a) *Ele teve uma compreensão extraordinária de quão terrível seria a consequência se a vontade de Deus não fosse feita.* Ele teve então uma compreensão extraordinária do Seu próprio último sofrimento sob a ira de Deus, e se Ele tivesse falhado naqueles sofrimentos, sabia que as consequências seriam terríveis. Jesus, tendo agora uma visão tão extraordinária da aterradora ira de Deus, o Seu amor para com os eleitos tendia a deixá-lo mais do que determinado para que pudessem ser libertos do sofrimento dessa ira por toda a eternidade, o que não poderia ter acontecido se não tivesse cumprido a vontade de Deus, ou se a vontade de Deus no efeito de Seu sofrimento tivesse falhado.

b) *Não é de se admirar que essa compreensão extraordinária que Cristo teve do alto preço dos meios de salvação dos pecadores o tornasse muito mais determinado na busca pelo êxito de tais meios, como vocês já ouviram falar.*

c) *Cristo tinha uma compreensão extraordinária de Sua dependência de Deus e da necessidade da ajuda divina para capacitá-lo a fazer a vontade de Deus nessa grande provação.* Embora Ele fosse inocente, precisava da ajuda do Pai. Cristo era dependente de Deus, como homem, e por isso lemos que Ele confiava em Deus. "Confiou em Deus; pois venha livrá-lo agora, se, de fato, lhe quer bem; porque disse: Sou Filho de Deus" (MT 27:43). E quando teve uma visão tão extraordinária do horror daquela ira que sofreria, Ele viu o quanto isso estava além da força de Sua natureza humana.

5. Qual foi o êxito dessa oração de Cristo?
A isso respondo: Ele obteve todos os Seus pedidos. O apóstolo diz: Ele "foi ouvido quanto ao que temia" (5:7 ARC), ou seja, em *tudo* o que temeu. Ele obteve força e ajuda de Deus, tudo de que precisava, e foi sustentado. Foi capacitado para

cumprir e sofrer toda a vontade de Deus e alcançou o desígnio de Seus sofrimentos: a plena expiação pelos pecados de todo o mundo, a salvação completa de cada um daqueles que lhe foram dados na aliança da redenção e toda a glória do nome de Deus, que Sua mediação foi destinada a cumprir. Assim, nem um jota ou til falhou.

Nisso, Cristo em Sua agonia foi, acima de todos os outros, antítipo de Jacó em sua luta com Deus por uma bênção, o que Jacó fez, não em caráter particular, mas como o cabeça de sua posteridade, a nação de Israel e por meio da qual obteve um elogio de Deus: "...como príncipe lutaste com Deus" (GN 32:28), e nisso havia um tipo de Cristo que era o Príncipe dos príncipes.

APLICAÇÃO

Pode ser feita grande melhoria na consideração do forte clamor e lágrimas de Cristo nos dias de Sua vida terrena, de muitas formas para nosso benefício.

1. Isso pode nos ensinar de que maneira devemos orar a Deus.

Não de uma forma fria e descuidada, mas com grande seriedade e comprometimento de espírito, especialmente quando estamos orando a Deus por coisas que são de infinita importância, como bênçãos espirituais e eternas. Estes foram os benefícios pelos quais Cristo orou com tão grande clamor e lágrimas: que Ele pudesse ser capaz de fazer a vontade de Deus nessa grande e difícil obra da qual Deus lhe havia incumbido, que Ele não sucumbisse e falhasse, mas conquistasse a vitória, e assim finalmente pudesse ser liberto da morte, e que a vontade e o propósito de Deus fossem obtidos como fruto de Seus sofrimentos, na glória de Deus e na salvação dos eleitos.

Quando chegamos perante Deus em oração com um coração frio e insensível e oramos de modo desanimado e apático por bênçãos eternas e de grande significado para nossa alma, devemos lembrar das fervorosas orações de Cristo que Ele derramava diante de Deus com lágrimas e suor de sangue. Ao levarmos isso em consideração, devemos nos envergonhar de nossas insensíveis e inertes orações a Deus, em que, de fato, mais pedimos por uma negação do que para sermos ouvidos. Pois, nessa linguagem de oração, não damos a devida importância ao benefício de orar, de modo que é indiferente se Deus nos responde ou não. O exemplo de Jacó em sua luta com Deus pela bênção deve nos ensinar a termos determinação em nossas orações, mas mais ainda o faz o exemplo de Jesus Cristo, que lutou com Deus em um suor de sangue. Se fôssemos sensíveis como Cristo era, dando grande importância aos benefícios de consequências eternas, nossas orações a Deus por tais benefícios seriam diferentes. Nossa alma também estaria, em labor intenso e luta, empenhada em tal dever.

Há muitos benefícios que pedimos a Deus em nossas orações que são tão importantes para nós quanto aqueles que Cristo pediu em Sua agonia. É de grande relevância para nós que sejamos capazes de fazer a vontade de Deus e exercer uma obediência sincera, absoluta e perseverante aos Seus mandamentos, da mesma forma que foi para Cristo fazer a vontade de Deus em Sua grande obra. É de fundamental importância para nós sermos salvos da morte, como foi para

Cristo obter a vitória sobre a morte e, assim, ser salvo dela. É de tão grande e infinitamente maior importância para nós que a redenção de Cristo seja bem-sucedida em nós, como foi para Ele que a vontade de Deus fosse feita, nos frutos e no êxito de Sua redenção.

Cristo recomenda a intensa vigilância e devoção a Seus discípulos, pela oração e pelo exemplo, ambas simultaneamente. Quando Cristo estava em agonia, chegou e encontrou os discípulos dormindo, Ele pediu-lhes que vigiassem e orassem: "Vigiai e orai, para que não entreis em tentação; o espírito, na verdade, está pronto, mas a carne é fraca" (MT 26:41). Ao mesmo tempo, deu-lhes o exemplo do que lhes ordenou; embora dormissem, Jesus vigiava e derramava Sua alma em orações intensas de que já ouviram falar. Em outra passagem, Cristo nos ensinou a pedir tais bênçãos de Deus que são de infinita importância, como aquelas que não serão negadas.

Temos outro exemplo dos grandes conflitos e comprometimento do espírito de Cristo quanto a esse dever. "Naqueles dias, retirou-se para o monte, a fim de orar, e passou a noite orando a Deus" (LC 6:12). Ele muitas vezes recomendou intensidade em clamores a Deus em orações, a exemplo dos textos a seguir:

> *Disse-lhes Jesus uma parábola sobre o dever de orar sempre e nunca esmorecer: Havia em certa cidade um juiz que não temia a Deus, nem respeitava homem algum. Havia também, naquela mesma cidade, uma viúva que vinha ter com ele, dizendo: Julga a minha causa contra o meu adversário. Ele, por algum tempo, não a quis atender; mas, depois, disse consigo: Bem que*

eu não temo a Deus, nem respeito a homem algum; todavia, como esta viúva me importuna, julgarei a sua causa, para não suceder que, por fim, venha a molestar-me. Então, disse o Senhor: Considerai no que diz este juiz iníquo. (LUCAS 18:1-6)

Disse-lhes ainda Jesus: Qual dentre vós, tendo um amigo, e este for procurá-lo à meia-noite e lhe disser: Amigo, empresta-me três pães, pois um meu amigo, chegando de viagem, procurou-me, e eu nada tenho que lhe oferecer. E o outro lhe responda lá de dentro, dizendo: Não me importunes; a porta já está fechada, e os meus filhos comigo também já estão deitados. Não posso levantar-me para tos dar; digo-vos que, se não se levantar para dar-lhos por ser seu amigo, todavia, o fará por causa da importunação e lhe dará tudo o de que tiver necessidade. (LUCAS 11:5-8)

Ele ensinou isso em Sua própria maneira de responder à oração, como na resposta à mulher cananeia:

E eis que uma mulher cananeia, que viera daquelas regiões, clamava: Senhor, Filho de Davi, tem compaixão de mim! Minha filha está horrivelmente endemoninhada. Ele, porém, não lhe respondeu palavra. E os seus discípulos, aproximando-se, rogaram-lhe: Despede-a, pois vem clamando atrás de nós. Mas Jesus respondeu: Não fui enviado senão às ovelhas perdidas da casa de Israel. Ela, porém, veio e o adorou, dizendo: Senhor, socorre-me! Então, ele, respondendo, disse: Não é bom tomar o pão dos filhos e lançá-lo aos cachorrinhos. Ela, contudo, replicou: Sim, Senhor, porém os cachorrinhos comem das migalhas que caem da mesa dos seus donos. Então, lhe disse Jesus: Ó mulher, grande é a tua fé! Faça-se contigo como queres. E, desde aquele momento, sua filha ficou sã. (MATEUS 15:22-28)

E como Cristo orou em Sua agonia, assim como já mencionei em vários textos das Escrituras, somos orientados a agonizar em nossas orações a Deus.

2. Essas orações intensas e os fortes clamores de Cristo ao Pai em Sua agonia revelam a grandeza de Seu amor pelos pecadores.
Pois, como foi mostrado, esses fortes clamores de Jesus Cristo foram o que Ele ofereceu a Deus como uma pessoa pública, na qualidade de Sumo Sacerdote e em nome daqueles de quem era sacerdote. Ele ofereceu Seu sacrifício pelos pecadores a quem amava desde a eternidade e, além disso, ofereceu orações fervorosas. Seus fortes clamores, Suas lágrimas e Seu sangue foram oferecidos juntos a Deus, oferecidos para a mesma finalidade, para a glória de Deus na salvação dos eleitos. Eles foram todos oferecidos em favor das mesmas pessoas, ou seja, do Seu povo. Por eles, Jesus verteu Seu sangue, suou gotas de sangue coagulado que caíam ao chão e, por eles, clamou fervorosamente a Deus. Tudo isso para que a vontade de Deus fosse feita no êxito de Seus sofrimentos, no êxito de tal sangue, na salvação daqueles por quem esse sangue foi derramado. Portanto esse forte clamor demonstra o Seu grande amor e o quanto Ele desejava a salvação dos pecadores.

Ele clamou a Deus para que não sucumbisse e não falhasse naquele grande empreendimento, pois, se isso acontecesse, os pecadores não poderiam ser salvos e todos pereceriam. Cristo orou para poder obter a vitória sobre a morte, porque sem esse triunfo, Seu povo jamais teria a vitória; e eles jamais conquistariam, a não ser pela conquista dele. Se o Capitão da nossa salvação não tivesse vencido esse feroz conflito, nenhum de nós poderia ter vencido, e sucumbiríamos com Ele. Cristo clamou a Deus para ser salvo da morte, e, se não tivesse sido salvo da morte em Sua ressurreição, nenhum de nós jamais o seria.

Foi uma grandiosa visão contemplar a Cristo no grande conflito em Sua agonia, porém tudo que aconteceu nisso ocorreu a partir do amor, do forte amor que estava em Seu coração. Suas lágrimas que jorravam, Seu grande suor, Seu sangue, Seu prostrar-se ao chão diante do Pai, Seu fervoroso clamor a Deus, tudo isso por causa de Seu grande e ardente amor. Orar de coração uns pelos outros é considerado como a única e principal forma na qual o verdadeiro amor e boa vontade são demonstrados em amigos cristãos, uns para com os outros. E é uma maneira pela qual Cristo nos direciona a demonstrar nosso amor aos nossos inimigos, inclusive orando por eles. "Eu, porém, vos digo: amai os vossos inimigos e orai pelos que vos perseguem" (MT 5:44).

Alguma vez já houve qualquer oração que manifestasse o amor aos inimigos a tal ponto, semelhante aos fortes clamores e lágrimas do Filho de Deus pela eficácia de Seu sangue na salvação de Seus inimigos? Alguma luta e conflito de cuja alma em oração foram tais a produzir a Sua agonia e Seu suor de sangue?

3. Se Cristo foi assim intenso em oração a Deus, para que o desígnio de Seus sofrimentos fosse alcançado na salvação dos pecadores, então quanto deveriam ser reprovados os pecadores que não buscam sinceramente sua própria salvação!

Se Cristo ofereceu clamores tão fortes pelos pecadores como seu Sumo Sacerdote que comprou a salvação deles (sendo que não precisava deles, que havia sido feliz sem eles desde toda a eternidade e não poderia ser tornado mais feliz por eles), então, como é grande a estupidez dos pecadores que buscam sua própria salvação de uma maneira monótona e sem vigor, que se contentam com uma participação formal nos deveres da religião, com o coração, nesse meio tempo, muito mais intensamente empenhado em outras coisas!

Eles, de certa forma, participam do dever de oração social, em que oram a Deus pedindo misericórdia e para os salvar, mas de que maneira pobre e tediosa fazem isso! Eles não aplicam o coração à sabedoria, nem inclinam os ouvidos ao entendimento. Não clamam pela sabedoria, nem erguem a voz por entendimento. Não a buscam como a prata nem a procuram como a tesouros escondidos. Os clamores intensos de Cristo em Sua agonia podem nos convencer de que não foi sem motivo que Ele insistiu nisso (VEJA LUCAS 13:24), de forma que devemos lutar, esforçar-nos para entrar pela porta estreita, que é, como já foi observado anteriormente, no original αγωνιζεσθε [agōnidzesthe], "*Agonize* para entrar pela porta estreita".

Se os pecadores estivessem em um caminho esperançoso para obter sua salvação, deveriam agonizar nessa grande preocupação como alguém que toma violentamente uma cidade: "Desde os dias de João Batista até agora, o reino dos céus é tomado por esforço, e os que se esforçam se apoderam dele" (MT 11:12). Quando uma tropa de soldados obstinados está tentando tomar uma cidade forte na qual encontram grande oposição, que conflitos violentos existem antes que a cidade seja tomada! Como os soldados avançam contra a própria boca dos canhões dos inimigos e sobre as pontas de suas espadas! Quando os soldados estão escalando os muros e fazendo sua primeira entrada na cidade, que luta violenta existe entre eles e seus inimigos, que se esforçam para mantê-los fora! Como eles, por assim dizer, agonizam com todas as suas forças! Assim devemos buscar nossa salvação, se houvesse a possibilidade de obtê-la. Como é grande a loucura, então, daqueles que se contentam em buscá-la com um espírito frio e sem vida, e assim continuam, mês após mês e ano após ano, e ainda assim se gabam de que terão sucesso!

Quanto mais devem ser reprovados, os que não buscam absolutamente sua salvação, mas negligenciam totalmente sua preciosa alma e participam dos deveres da religião não mais do que o necessário para manter seu crédito entre os homens e, em vez de se esforçarem para entrar no reino de Deus, estão avançando veementemente em direção à sua própria destruição e ruína, sendo conduzidos por suas muitas obstinadas concupiscências, como a manada de porcos foi empurrada pela legião de demônios e caiu de um despenhadeiro no mar, perecendo nas águas (VEJA MATEUS 8:32)!

4. Pelo que foi dito sob tal proposição, podemos aprender de que maneira os cristãos devem realizar a obra que está diante deles.

Cristo tinha uma grande obra diante de si quando isso aconteceu, da qual temos um relato no texto bíblico. Apesar de ter sido muito perto do fim de Sua vida, Ele, em tal ocasião, quando Sua agonia começou, teve a principal parte da obra que veio fazer no mundo diante dele: oferecer como sacrifício Seus últimos sofrimentos e nisso realizar o maior ato de Sua obediência a Deus. Assim os cristãos têm uma grande obra a desempenhar, um serviço a prestar a Deus realizado com grande dificuldade. Eles têm uma corrida diante deles a ser concluída, uma batalha que lhes fora designada. Cristo foi objeto de uma grande provação por ocasião de Sua agonia, então, Deus costuma exercitar Seu povo com grandes provações. Jesus encontrou grande oposição na obra que tinha de realizar. Sendo assim, os crentes encontram grande oposição na corrida que lhes está proposta. Cristo, como homem, tinha uma natureza débil, insuficiente para suster tal conflito ou suportar a carga que estava vindo sobre Ele. Portanto, os santos têm a mesma fraca natureza humana e, além disso, grandes fragilidades pecaminosas, o que Cristo não tinha, as quais os colocam em grandes desvantagens e aumentam grandemente a dificuldade do trabalho deles. As grandes tribulações e dificuldades que estavam diante de Cristo foram o meio pelo qual Ele deveria entrar no reino dos Céus. Logo, Seus seguidores devem esperar que "...através de muitas tribulações, nos importa entrar no reino de Deus" (AT 14:22). A cruz foi para Cristo o caminho para a coroa de glória, e assim é para Seus discípulos.

As circunstâncias de Cristo e de Seus seguidores nessas coisas são iguais, e o comportamento de Cristo sob tais circunstâncias foi um exemplo adequado para seguirem. Eles deveriam olhar para seu Capitão e observar de que modo Ele realizou Sua grande obra e as grandes tribulações que suportou. Eles devem observar de que maneira Ele entrou no reino dos Céus e obteve a coroa de glória, e assim também devem correr a carreira que lhes está proposta.

Portanto, também nós, visto que temos a rodear-nos tão grande nuvem de testemunhas, desembaraçando-nos de todo peso e do pecado que tenazmente nos assedia, corramos, com perseverança, a carreira que nos está proposta, olhando firmemente para o Autor e Consumador da fé, Jesus, o qual, em troca da alegria que lhe estava proposta, suportou a cruz, não fazendo caso da ignomínia, e está assentado à destra do trono de Deus. (HEBREUS 12:1-2)

Particularmente,

a) *Quando outros estão dormindo, eles devem estar acordados, como Cristo estava.* A hora da agonia de Cristo foi à noite, o horário em que as pessoas costumavam dormir. Era o momento em que os discípulos que estavam ao redor de Cristo dormiam. Porém Jesus tinha algo a fazer além de dormir. Ele tinha uma grande obra a cumprir. Ficou acordado com Seu coração empenhado nessa obra, e assim deve ser com os crentes em Cristo. Enquanto a alma de seus semelhantes está adormecida em seus pecados e sob o poder de uma insensibilidade letárgica preguiçosa, eles devem vigiar e orar e manter um senso vívido da infinita importância de seus interesses espirituais. "Assim, pois, não durmamos como os demais; pelo contrário, vigiemos e sejamos sóbrios" (1TS 5:6).

b) *Devem realizar seu trabalho com intenso labor, como Cristo o fez.* A hora em que outros dormiam era a hora quando Cristo realizava Sua grande obra e nela se empenhava com todas as Suas forças, agonizando nela, em conflito e luta, em lágrimas e em sangue. Desse modo, os cristãos devem, com a máxima seriedade, remir seu tempo, com a alma engajada em tal obra, superando a oposição que encontram, passando por todas as dificuldades e sofrimentos que existem no caminho, correndo com paciência a corrida que lhes está proposta, lutando contra os inimigos de sua alma com todas as suas forças. Como aqueles que não lutam contra carne e sangue, mas contra principados e potestades, e os príncipes das trevas deste mundo, e hostes espirituais da maldade nas regiões celestiais.

c) *Esse labor e essa luta devem ser para que Deus seja glorificado e sua própria felicidade eterna seja obtida ao fazer a vontade de Deus.* Assim foi com Cristo: Ele tão fervorosamente lutou para fazer a vontade de Deus, para manter Sua difícil ordenança sem falhar, e desta forma a vontade divina pudesse ser cumprida, para a glória de Seu eterno grande nome e para a salvação de Seus eleitos, o que Ele desejava por meio de Seus sofrimentos. Aqui está um exemplo a ser seguido pelos santos nessas santas lutas, corridas e batalhas para as quais Deus os designou. Devem se esforçar para fazer a vontade de seu Pai celestial, conforme expresso por Paulo: "...para que experimenteis qual seja a boa, agradável e perfeita vontade de Deus" (RM 12:2), e dessa forma possam glorificar a Deus e finalmente ser felizes para sempre no Seu prazer.

d) *Em toda a grande obra que eles têm de fazer, a sua visão deve estar em Deus para que Sua ajuda os capacite a vencer.* Assim fez o homem Cristo Jesus: Ele se esforçou em Sua obra até grande agonia e suor de sangue. Mas como Ele se esforçou? Não foi por Sua própria força, porém Seus olhos estavam voltados para Deus. Ele clamou ao Pai por ajuda e força para sustentá-lo, de modo a não falhar. Jesus vigiou e orou, assim como desejava que Seus discípulos fizessem. Lutou com Seus inimigos e com Seus grandes sofrimentos, contudo, ao mesmo tempo, lutou com Deus para obter Sua ajuda, para capacitá-lo a conquistar a vitória. Desse modo, os santos devem usar Sua força na trajetória cristã ao máximo, não dependendo de sua própria força, porém clamando fortemente a Deus pela força dele a fim de torná-los vencedores.

e) *Dessa forma, eles devem resistir até o fim como Cristo fez.* Cristo, desta forma, teve êxito, obteve a vitória e ganhou o prêmio. Ele venceu e está assentado com o Pai em Seu trono. Portanto, os cristãos devem perseverar e resistir em sua grande obra até o fim. Devem continuar a correr tal corrida até o fim dela. Devem ser fiéis até a morte assim como Cristo foi, e então, quando eles vencerem, sentarão com Ele em Seu trono. "Ao vencedor, dar-lhe-ei sentar-se comigo no meu trono, assim como também eu venci e me sentei com meu Pai no seu trono" (AP 3:21).

5. Consequentemente, pecadores oprimidos e sobrecarregados, se houver algum aqui presente, podem ter amplo fundamento de encorajamento a fim de ir a Cristo para a salvação.
Aqui está um grande encorajamento para os pecadores irem a esse Sumo Sacerdote que ofereceu tão forte clamor e lágrimas com Seu sangue, pelo êxito de Seus sofrimentos na salvação dos pecadores. Pois,

a) *Aqui está um grande fundamento de segurança de que Cristo está pronto para aceitar os pecadores e conceder-lhes a salvação, pois aqueles fortes clamores que Ele ofereceu na qualidade de nosso Sumo Sacerdote demonstram quão intensamente desejava isso.* Se Ele não desejava que pecadores fossem salvos, mesmo sendo tão indignos, então por que lutaria tanto com Deus por isso, com tanto suor de sangue? Alguém clamaria tão fervorosamente a Deus com clamores tão árduos, em tão grande esforço e angústia de alma por isso, se não desejasse que Deus o concedesse? Certamente não! Mas isso mostra quão grandemente Seu coração estava estabelecido no êxito da redenção que efetuaria. Portanto, visto que Ele, por tais orações fervorosas e por tal suor de sangue, obteve a salvação do Pai para outorgar aos pecadores, certamente estará pronto para concedê-la a eles, se forem a Cristo por ela. Caso contrário, Ele frustrará Seu próprio plano. E Aquele que clamou tão fervorosamente a Deus para que Seu plano não fosse frustrado, no final das contas, não fará isso Ele mesmo.

b) *Aqui está o mais forte motivo de segurança de que Deus está pronto para aceitar todos aqueles que vão a Ele em busca de misericórdia por meio de Cristo*, pois Cristo orou por isso em Suas fervorosas preces, e elas sempre foram ouvidas, conforme Ele afirma: "...eu sabia que sempre me ouves..." (JO 11:42). E, especialmente, que eles possam concluir que ouviram seu Sumo Sacerdote naqueles fortes clamores que Ele ofereceu com Seu sangue, em especial no relato a seguir.

Primeiro, foram as orações mais fervorosas que já foram feitas. Jacó foi muito determinado quando lutou com Deus. Muitos outros lutaram com Deus cheios de lágrimas. Sim, sem dúvida, muitos dos santos pelejaram com Deus com tanto esforço interior e luta que produziram efeitos poderosos no corpo. Mas tão determinado foi Cristo, tão forte foi a labuta e fervor de Seu coração que Ele clamou a Deus suando sangue, de forma que, se algum fervor e alguma insistência na oração prevaleceram com Deus, podemos concluir que *esse* prevaleceu.

Segundo, Aquele que orou foi a pessoa mais digna que já fez uma oração. Cristo teve mais dignidade do que os homens ou anjos tiveram aos olhos de Deus; como por herança, Ele obteve um nome mais excelente do que eles, pois Ele era o Filho unigênito de Deus, infinitamente amável aos olhos do Pai, o Filho em quem o Pai declarou se deleitar (VEJA MATEUS 3:17). Jesus era infinitamente próximo e amado de Deus e tinha dez mil vezes mais dignidade aos Seus olhos do que todos os homens e anjos juntos. E podemos supor qualquer outra coisa senão que tal Pessoa foi ouvida quando clamou a Deus com tanta intensidade? Jacó, um pobre homem pecador, não obteve de Deus o nome de ISRAEL, e o tributo de que como um príncipe lutou com Deus e prevaleceu? E Elias, que era um homem de paixões e corrupções como nós, quando orou, não prevaleceu com Deus de forma a realizar grandes maravilhas? Não prevalecerá então o Filho unigênito de Deus ao lutar com Seu Pai em lágrimas e sangue e terá Seu pedido atendido?

Certamente, não há espaço para supor tal coisa. Logo, a pedido de Seu Filho, não há espaço para duvidar se Deus concederá a salvação àqueles que creem em Cristo.

Terceiro, Cristo ofereceu essas orações fervorosas com o melhor apelo que jamais foi oferecido a Deus por uma resposta, a saber, Seu próprio sangue, que era equivalente ao que Ele pediu. Ele não apenas ofereceu fortes clamores, mas os ofereceu com um preço totalmente suficiente para comprar o benefício que pediu.

Quarto, Cristo ofereceu tal preço e fortes clamores juntos, pois, ao mesmo tempo em que estava derramando Seus fervorosos pedidos para o êxito da redenção que efetivaria a fim de salvar os pecadores, também derramava Seu sangue. O Seu sangue caiu no chão no mesmo instante em que Seus clamores subiram ao Céu. Que os pecadores sobrecarregados e angustiados, que estão prontos para duvidar da eficácia da intercessão de Cristo por tais criaturas indignas como eles e colocar em questão a prontidão de Deus em aceitá-los por causa de Cristo, considerem estas coisas. Vão para o jardim, onde o Filho de Deus estava em agonia e clamou a Deus tão intensamente e onde o Seu suor tornou-se, por assim dizer, grandes gotas de sangue, e depois vejam qual conclusão vocês extrairão dessa visão estupenda.

6. Os piedosos podem obter grande consolo no fato de que Cristo, como o Sumo Sacerdote deles, ofereceu fortes clamores a Deus.
Vocês que têm boas evidências de serem crentes em Cristo e são verdadeiros seguidores e servos dele podem se consolar nisto: que Jesus é o Seu Sumo Sacerdote; que aquele sangue que Cristo derramou em Sua agonia foi por vocês; que aqueles clamores intensos foram enviados a Deus por vocês, para o êxito de Seus esforços e sofrimentos em todo aquele bem que vocês precisavam neste mundo e em sua felicidade eterna no mundo vindouro. Isso pode ser um conforto para vocês nas perdas e dificuldades, para poder encorajar sua fé, fortalecer sua esperança e fazê-los se regozijarem. Se estivessem passando por alguma dificuldade singular, seria um grande consolo para vocês terem as orações de um Homem que considerassem ser de eminente piedade e que tivesse um grande prestígio junto ao trono da graça e, especialmente, se soubessem ser Ele fervoroso e muito empenhado em orar por vocês. Porém, como ouviram, quanto mais podem vocês ser consolados nisto: que vocês têm parte nas orações e clamores do Unigênito, o infinitamente digno Filho de Deus, e que Ele foi tão intenso em Suas orações por vocês!

7. Disso podemos aprender como os cristãos devem ser fervorosos em suas orações e empenhar-se pela salvação de outros.

Os cristãos são os seguidores de Cristo e devem segui-lo nisso. Percebemos, a partir do que ouvimos, quão grande foi o esforço e a luta da alma de Cristo pela salvação dos outros e que intensos e fortes clamores a Deus acompanharam Seus esforços! Ele estabeleceu um modelo.

Nisso Ele deixou um exemplo para os ministros, que devem, como cooperadores de Cristo, ter dores de parto com eles até que Cristo seja gerado neles: "...meus filhos, por quem, de novo, sofro as dores de parto, até ser Cristo formado em vós" (GL 4:19). Eles devem estar dispostos a se gastarem e serem gastos pelos outros. Devem não apenas se esforçar e orar fervorosamente por eles, mas, se preciso for, estar prontos a sofrer por eles e despender não apenas suas forças, mas seu sangue. "Eu de boa vontade me gastarei e ainda me deixarei gastar em prol da vossa alma. Se mais vos amo, serei menos amado?" (2CO 12:15).

Aqui está um exemplo para os pais, pois indica como devem se esforçar e clamar a Deus pelo bem espiritual de seus filhos. Vocês veem como Cristo labutou, esforçou-se e clamou a Deus pela salvação de Seus filhos espirituais, porventura vocês não buscarão e clamarão intensamente por seus filhos naturais?

Aqui está um exemplo para todos de como devem procurar e clamar pelo bem da alma um do outro, pois este é o mandamento de Cristo: "...que vos ameis uns aos outros, assim como eu vos amei" (JO 15:12).

Eis um modelo para nós que mostra como devemos buscar e orar intensamente pelo bem espiritual e eterno de nossos inimigos, pois Cristo — enquanto alguns de seus inimigos estavam, naquele mesmo instante, tramando a Sua morte e ocupados maquinando o saciar da maldade e crueldade deles —, clamou ao Pai por eles em Seus mais extremos tormentos e mais vergonhosa destruição.

> ...quão grande foi o esforço e a luta da alma de Cristo pela salvação dos outros e que intensos e fortes clamores a Deus acompanharam Seus esforços!"